掌尚文化

Culture is Future

尚文化·掌天下

贵州省 2021 年度哲学社会科学规划重点课题"贵州县级政府投融资治理现代化的制度设计与实践路径研究"

R

RESEARCH ON THE IMPROVEMENT OF
GUIZHOU ECONOMIC QUALITY

贵州省社会科学院博士后文库

贵州经济发展
质量提升研究

杜欣欣　著

经济管理出版社
ECONOMY & MANAGEMENT PUBLISHING HOUSE

图书在版编目（CIP）数据

贵州经济发展质量提升研究／杜欣欣 著 . —北京：经济管理出版社，2021.6
ISBN 978-7-5096-8073-5

Ⅰ.①贵…　Ⅱ.①杜…　Ⅲ.①区域经济发展—研究—贵州　Ⅳ.①F127.73

中国版本图书馆 CIP 数据核字（2021）第 115812 号

策划编辑：宋　娜
责任编辑：张　昕　张玉珠
责任印制：黄章平
责任校对：陈　颖

出版发行：经济管理出版社
　　　　　（北京市海淀区北蜂窝 8 号中雅大厦 A 座 11 层　100038）
网址：www. E-mp. com. cn
电话：（010）51915602
印刷：唐山昊达印刷有限公司
经销：新华书店
开本：710mm×1000mm /16
印张：20.25
字数：294 千字
版次：2021 年 10 月第 1 版　2021 年 10 月第 1 次印刷
书号：ISBN 978-7-5096-8073-5
定价：98.00 元

摘　要

　　面临经济逆全球化的隐忧和贸易保护主义抬头的外部格局，中国经济在增长放缓的情况下遭遇消费和进出口下滑的双重挑战，在这样的局面下坚持探寻经济发展质量的提升显得尤为紧迫和必要。

　　改革开放以来，贵州经济社会的历史性跨越被誉为"中国之治""中国奇迹"的一个缩影，贵州的经济发展质量既具有普遍性，又具有独特性。本书聚焦贵州经济发展质量，以理论探索和实证分析为先导，较为系统地研究了提升经济发展质量的理论逻辑与作用机制；以实证分析和数据挖掘为支撑，较为全面地分析了贵州在提升经济发展质量中的实践探索和客观困难；以省情分析和比较研究为基础，提出了下一步贵州经济发展质量提升的政策建议。

　　本书除概述外，正文分为四个部分、十个章节。其中四个部分分别是理论研究部分（第二章）、实证研究部分（第三章）、分维度研究部分（第四章至第九章）和对策研究部分（第十章）。主要观点分别是：

　　第一部分从经济增长和经济发展质量的理论出发，厘清经济增长与经济发展质量之间的关系，初步形成具有一定创新性的理论思路和一套较为完整系统的理论范式。对于贵州的经济发展而言，由于基础发展条件的落后和独特的资源禀赋，经济增长的传统框架并不适合照搬用于贵州实际。本书从经济增长理论中寻找到技术扩散、条件收敛、资本积累和制度变迁四个方面来为研究贵州经济发展提供理论支持。从经济发展的稳定性、结构均衡、人民福祉及自然资源的可持续性四个方面构建了一个全新的经济发展质量理论分析范式，并提出了理论推理性假设。

　　第二部分在理论研究基础之上，采用统计研究方法，利用多维指标合成技术构建一个呼应国家导向、回应学术界前沿研究、与国际接轨、符合贵州实际战略的经济发展质量指标体系，利用贵州 2012~2018 年的数据，以及全国各省市数据从两个方面测度贵州的经济发展质量。在总体测度的基础上，运用计量经济学的方法，对经济发展质量关于经济发展的稳定性、多元结构的均衡状态、人民的福祉和自然资源的可持续发展进行了经验检验。数据结果发现，贵州经济发展质量持续向好，在稳定发展维度和结构均衡维度均有较好表现，但人民福祉维度显著地拖累了贵州经济发展质量的提升。

　　第三部分全方位、立体式地从结构均衡、稳定发展、人民福祉、生态发展、政府治理等研究维度结合贵州发展实际和要素禀赋，通过对历史规律和国际国内经验的学习理解和参考借鉴，比较分析全球、全国、贵州在各个研究维度上的发展机制。从结构均衡维度来看，本书突破现有研究的局限，从产业结构、金融结构、所有制结构方面研究了贵州经济发展的结构均衡问题。动力变革维度上，采用面板模型从行业角度研究了促进动力变革的因素，结果发现金融资源的分配对于行业发展有显著的促进作用，但新动能相关行业所获得的金融支持相对较少。根据贵州新旧动能转化的实际，并结合全国的创新发展状况提出贵州经济发展动力变革的建议。从风险因素来看，现在的经济高质量发展研究几乎均着力于正向因素，对经济发展质量中存在的风险却鲜有关注。但近年来贵州的地方债务风险不容忽视，金融风险显著增加，因此本书将经济发展质量的风险因素提到与影响经济发展质量的正向因素同等位置上进行研究。从人民福祉维度来看，一方面该维度在前文实证中被证明是严重拖累贵州经济发展质量的重要方面；另一方面该维度在既有文献中被忽视的情况严重，因此本书将其作为经济发展质量的必要内容进行研究。从生态发展维度来看，由于贵州的生态基础较好，因此建立在"两山"理论基础上的生态发展对贵州经济发展质量的持续提升非常重要。从政府治理维度来看，本书为界定和衡量政府治理因素为经济发展质量带来的影响，创新性地将地方政府年度工作报告作为度量基础来评估地方经济发展质量中政府治理的导向性和影响力。运用文本挖掘和数据处理技术，分别从学术界、公众舆论、政府治理这三个方向的文本信息中提取信息，绘制以"经济发展、社会发展、人的发展、生态发展"四个维度的词母表，并据以对贵州省级和地市级对于高质量发展的政府治理导向加以运用。本书发现经济发展质量虽然在近年来才进入贵州省政府工作报告的话语体系，但实际上贵州在生态发展等方面取得的样板成果与制度引领关联密切，政府治理的导向对于实现内涵式增长和质量型增长具有积极意义。从经济发展质量的各个子指标来看，由于一个地区的政府在一定时间段内的政策关注度和资金总量限制，政府治理本质上代表一个地区财力精力的调节和配置，因此政府的关注度本质上是一种稀缺资源。因为经济发展质量的各个维度对于政府关注度和财力的需求是没有上限的，所以政府决策面临着关注度和财力分配的取舍和权衡。这种资源配置所需要考虑的不仅是决策的机会成本和边际效用，还要考虑长短期的均衡。在同一时段内完全平均地将政府治理资源和关注度分配给所有的子指标既不可能也不可行。但本书提出结合中央精神和地区要素禀赋在一定时间段内集中能量解决和攻克经济发展质量提升中的关键环节是可行且有效的。从已经获得的成果来看，这样的制度导向和制度设计有效并且符合地方发展的实际和有效提升经济发展质量。

第四部分在前文的研究基础上提出了贵州经济发展质量的提升建议。

关键词：经济发展质量；贵州；经济发展质量提升

Abstract

Facing the hidden worries of economic reversal globalization and the external pattern of rising trade protectionism, China's economy faces the twin challenges of falling consumption and imports and exports amid slowing growth. Under such circumstances, it is particularly urgent and necessary to insist on exploring the quality of economic development.

Since the reform and opening up, the historic leap of Guizhou's economy society has been hailed as a microcosm of "rule of China" and "Chinese miracle". The quality of Guizhou's economic development is both universal and unique. Focusing on the quality of Guizhou's economic development, this paper, guided by theoretical exploration and empirical analysis, systematically studies the theoretical logic and mechanism of improving the quality of economic development. With the support of empirical analysis and data mining, this paper comprehensively analyzes the practical exploration and objective difficulties in improving the quality of economic development in Guizhou. Based on provincial analysis and comparative studies, this paper puts forward some policy suggestions for improving the quality of Guizhou's economic development on the next step.

In addition to the overview, this study is divided into four parts and ten chapters. The four parts are theoretical research part (Chapter 2), empirical research part (Chapter 3), dimensional research part (Chapter 4 to Chapter 9) and countermeasure research part (Chapter 10). The main points are:

The first part starts from the theory of economic growth and the quality of economic development, clarifies the relationship between economic growth and the quality of economic development, and initially forms a theoretical theory with a certain innovation and a set of complete and systematic theoretical paradigms. For the economic development of Guizhou, due to the backwardness of basic development conditions and unique resource endowments, the traditional framework of economic growth is not suitable to copy the reality of Guizhou. This research provides theoretical support for the study of Guizhou's economic development from the four aspects of technology, convergence, capital accumulation and institutional change. From the four aspects of economic development stability, structural balance, people's welfave and the sustainability of natural resources, a brand-new theoretical analysis paradigm of economic development quality is constructed, and theoretical reasoning assumptions are proposed.

The second part, on the basis of theoretical research, uses statistical research methods and multi-dimensional indicators to construct a quality index system of economic development that echoes the national orientation, responds to the frontier research of academic circles, is in line with international standards and conforms to the actual strategy of Guizhou. Using the data of Guizhou from 2012 to 2018 and the data of all provinces and cities in China, the paper measures the quality of Guizhou's economic development from two aspects. On the basis of the overall measurement, using the method of econometrics, this paper makes an empirical test on the quality of economic development, the stability of economic development, the equilibrium state of multiple structures, the well-being of the people and the sustainable development of natural resources. The results show that the quality of Guizhou's economic development continues to improve, with good performance in both the dimension of stable development and the dimension of structural balance, but the dimension of people's well-being significantly drags the improvement of Guizhou's economic development quality.

The third part is a comprehensive and three-dimensional study of structural balance, stable development, people's well-being, ecological development, government governance and other research dimensions combined with Guizhou's development reality and factor endowments. Through learning and understanding of historical laws and international and domestic experience, we can learn from the comparing and analyzing the development mechanism of the global, national and Guizhou in various research dimensions. In the dimension of structural equilibrium, this research breaks through the limitations of existing research, and studies the structural equilibrium of Guizhou's economic development from the aspects of industrial structure, financial structure and ownership structure. In the dimension of dynamic change, this study uses panel model to study the factors that promote dynamic change from the perspective of industry. The results found that the allocation of financial resources has a significant role in promoting the development of the industry, but the financial support of new kinetic energy related industries is relatively small. According to the actual transformation of the old and new kinetic energy in Guizhou, and combined with the country's innovation and development status, this paper puts forward suggestions on the reform of the driving force of Guizhou's economic development. In terms of risk factors, almost all the researches on high-quality economic development focus on positive factors, but little attention is paid to the risks in the quality of economic development. But in recent years, the local debt risk in Guizhou can not be ignored, and the financial risk has increased significantly. Therefore, this paper refers to the risk factors of economic development quality at the same position as the positive factors of economic development quality. On the dimension of people's well-being, on the one hand, this dimension has been proved to be an important aspect that seriously drags down the quality of Guizhou's economic development, on the other hand, this dimension has been seriously ignored in the existing literature, so this article regards it as a necessary content of the quality of economic development. In terms of ecological development, Guizhou has a good ecological foundation, so the ecological development based on the theory of "two mountains" is very important for the continuous improvement of the quality of Guizhou's economic development. In the dimension of government governance, this article defines and measures the influence of government governance factors on the quality of economic development. This paper takes the annual work report of local govern ment as a measurement basis to evaluate the direction and influence of government governance in the quality of local economic development. This paper uses text mining and data processing techniques to extract information from the text information of academic circles, public opinion and government governance, and draws the word matrix of "economic development, social development, human development and ecological development" in four dimensions, so as to apply the government governance guidance of Guizhou province and prefecture level for high-quality development. The study founds that although the quality of economic development has only entered the discourse system of Guizhou provincial government work report in recent years, in fact, the model achivements in ecological development in Guizhou are closely related to the system leadership, and the guidance of government governance is of positive singnificance to realize connotative growth and quality growth. From the perspective of each subindicator of the quality of economic development, due to the policy attention and the limitation of the total amount of funds within a certain period of time, government governance essentially represents the adjustment and allocation of a region's financial resources and energy, so the governments attention is essentially a kind of scarce resources. Because each dimension of economic development quality has no upper limit for the demand of government's attention and financial resources, government decision-making is faced with the trade-off and trade-off of attention and financial resources. This kind of resource allocation needs to consider not only the opportunity cost and marginal utility of decision-making, but also the long-term and short-term equilibrium. It is neither possible nor feasible to focus government governance resources and attention on all subindicators in the same period. However, this study suggests that it is feasible and effective to combine the central spirit and regional factor endowments to concentrate energy to solve key problems in improving the quality of economic development within a certain period of time. Judging from the results that have been obtained, such system orientation and system design are effective and in line with the reality of local development and effectively improve the quality of economic development.

The fourth part puts forward suggestions to improve the quality of Guizhou's economic development on the basis of the previous research.

Key words: Quality of Economic Development; Guizhou; Improving the Quality of Economic Development

目　录

Contents

第一章　绪　论

第一节　研究背景和研究意义

2017 年 10 月，习近平总书记在中国共产党第十九次全国代表大会上所作的报告《决胜全面建成小康社会　夺取新时代中国特色社会主义伟大胜利》中指出，"我国经济已由高速增长阶段转向高质量发展阶段，正处在转变发展方式、优化经济结构、转换增长动力的攻关期""我国社会主要矛盾已经转化为人民日益增长的美好生活需要和不平衡不充分的发展之间的矛盾""大力提升发展质量和效益"。2020 年 4 月《中共中央　国务院关于构建更加完善的要素市场化配置体制机制的意见》中提出"推动经济发展质量变革、效率变革、动力变革"。近半个世纪来的经济学研究都基于经济持续增长和技术创新—扩散背景下开展探究，当下我国面临复杂多变的外部形势和内外需乏力的现实考验，迫切需要经济学从理论角度为经济发展质量变革提供逻辑支持。

在这样的现实情况下，贵州经济潜在增长率可能面临长期趋缓的局面，这使贵州加快经济发展的迫切需求遭遇"拦腰一刀"。贵州不仅要顶住全局性的压力持续推进经济社会发展，还要在经济增长速度放缓的同时实现经济发展质量的提升。但现有大量以经济持续高速增长为基础的先发展地区研究成果并不能完全适用于贵州经济发展质量提升的需要，本书正是为了应对这一亟待解决的理论需求而提出的。

第一，研究贵州经济质量增长理论，是贵州实现后发赶超战略任务不可忽视的重要部分。贵州的经济发展质量多年来虽然一直在持续提升，但很多方面的情况仍然不容乐观。人均地区生产总值是评价经济体经济增长成果的重要指标，改革开放四十多年来贵州人均GDP虽然在逐渐提高，但2018年贵州人均地区生产总值为41244元，仍居于31个省市自治区的倒数第三位；且仅有当年人均国内生产总值的62.48%，与全国平均水平差异巨大。技术创新和技术变革是公认的经济发展内驱动力，但截至2018年贵州研发费用投入强度不及全国平均水平的四成，亟待提高投入。贵州的自然资源和空气质量在全国名列前茅，但人均寿命却远低于备受雾霾污染的北方城市。贵州的教育资源、教育质量远远不能满足数字时代对于人才培养的迫切需求。贵州的金融债务风险形式仍然严峻且与引人瞩目的经济总量增长速度难以匹配，不符合经济发展质量变革要求的现状。因此，研究经济发展质量提升对贵州奋力后发赶超，走出一条有别于东部、不同于西部其他省市的发展新道路具有很强的实践意义，这也是满足人民日益增长的美好生活需要的解决方案和路径选择。

第二，研究贵州经济质量增长理论，对其他欠发达地区乃至一些欠发达国家有着重要的意义。贵州具有经济总量小、人均水平低、产业品类少、产业链条短、加工深度低、单位GDP能耗高、生态环境改善基础薄弱等特点。习近平总书记2015年在贵州考察时指出，要大力推进经济结构性战略调整，把创新放在更加突出的位置，继续深化改革开放，为经济持续健康发展提供强大动力。经济发展、人的发展、生态发展和制度发展都和提高经济发展质量密不可分，互为因果，提高经济发展质量的各种政策、措施都围绕着"经济发展、人的发展、生态发展和制度发展"来推进。探索出一条提升贵州省经济发展质量的有效路径，无疑对我国其他欠发达地区乃至一些欠发达国家有着重要的示范意义和推广价值。

第三，研究贵州经济质量增长理论，是2020年全国同步建成小康社会的关键环节。贵州是我国西部多民族聚居的省份，也是贫困问题最突出的欠发达省份。国家统计局的相关数据显示，截至 2019 年末全国农村贫困人口有 551 万人，贵州是全国贫困人口最多、贫困面积最大、贫困程度最深的省份，是全国脱贫攻坚的主战场、决战区，贵州实现富裕是西部和欠发达地区与全国其他地区缩小差距的一个重要象征，也是国家兴旺发达的一个重要标志。

第二节 相关文献回顾

经济发展质量的研究脱胎于经济增长理论的发展，相比百家争鸣的古典经济增长而言，经济发展质量的研究可以说是一个年轻的研究领域。对经济发展质量最早可追溯到 1977 年苏联经济学家卡马耶夫出版的《经济增长的速度和质量》一书，相较于亚当·斯密 1776 年在《国富论》中对经济增长的研究晚了两百多年。

纵览国内外经济发展质量理论的发展，主要体现在对两个问题的回答上，一是决定经济发展质量的因素有哪些，由此引发如何促进和提升经济发展质量的讨论，该类研究更多的集中在宏观视角；二是探讨经济发展质量的最终目标，该类文献的主要落脚点在于微观主体特别是个人的福祉，如何能让每个人过上更好的生活，获得更好的机会。

一、探讨经济发展质量的决定因素的相关文献

蒋伏心（1996）认为只有提高经济运行的质量才能改变经济的增长方式，而经济运行质量取决于企业内部的管理制度、技术设备条件、企业规模及内部分工情况，让企业获得竞争的动力是提升经济发展质量的关键。郭克莎（1996）认为经济增长效率与一国的环境污染、物价水平以及国家竞争实力等功能构成了经济发展质量的核心内容。李京文和汪同三（1998）提出可通过选用一些能够表述经济运行质量的指标，并用 GDP 增速弹性来代表经

济发展质量。田晓文（1997）将双向纯增长模型用于中国经济增长的估计，提出经济增长源于资源投入与市场效率这两者的增量。刘树成（2007）认为提高经济发展质量是指不断提高经济增长态势的稳定性，不断提高经济增长方式的可持续性，不断提高经济增长结构的协调性，不断提高经济增长效益的和谐性。胡艺和陈继勇（2010）从经济增长的能耗、效率、环境压力、平衡性和平稳性五个方面对中美两国的经济发展质量进行了全面的实证分析，发现虽然中国在经济增长的效率、能耗、环境压力、平衡性四个方面与美国存在巨大差距，但动态趋势非常好，各方面的差距都在快速缩小。任保平（2010）从经济增长的效率、收入分配、生态环境代价、国家创新能力等五个方面对经济发展质量进行了界定。马秩群和史安娜（2012）将经济发展质量分解为经济增长方式质量、经济增长过程质量和经济增长结果质量三个方面进行实证分析。唐毅南（2014）通过比较研究发现，中国经济是高投资、高效率、高技术进步和低能耗的高质量增长。吴敬琏（2014）认为经济发展质量与全要素成产率（TFP）和由此导致的潜在增长率正相关。黄茂兴和李军军（2009）认为地区经济的增长动力是内生性的，结合地区要素禀赋特点的技术选择，适当调整产业结构对经济增长的促进效果明显。叶初升和李慧（2014）从微观数据得出中西部地区的经济发展质量远高于东部和中部地区，经济发展质量与经济增长水平之间并非简单的线性关系。

二、探讨经济发展质量的最终目标的相关文献

Martinez 和 Mlachila（2013）认为高质量增长意味着稳定、强劲、可持续、生产力增长和引导提升生活质量的社会期望。Dollae 等（2013）认为过去几十年来许多发展中国家由于宏观经济的稳定、良好的政策和不断强大的组织机构实现了强劲的经济增长，但在减贫、消除不平等和解决失业方面信息公布的相对较少。

三、探讨经济发展质量的文献综述

在梳理国内外文献的过程中，本书发现从 2010 年左右开始，国内外对

经济发展质量的研究速度加快，也出现了很多重要的研究成果。学术界普遍认为经济高增长并不一定带来良好的社会外部性。但国内学者的研究路径和国外学者的研究路径逐渐分成较为明晰的不同方向。

国内学者在研究经济发展质量时更多的从宏观层面入手，研究经济增长的速度与效率、创新、产业结构调整之间的关系。其中，产业结构、能源消费、全要素生产率、技术效率、创新型经济等方面是研究者关注的重点，但对这些方面与经济发展质量的内在相互作用研究得不够深入；对经济增长数量与质量的关系，特别是对经济发展质量对经济增长作用的探讨相对较少，国内学者的研究内容如图 1-1 所示。

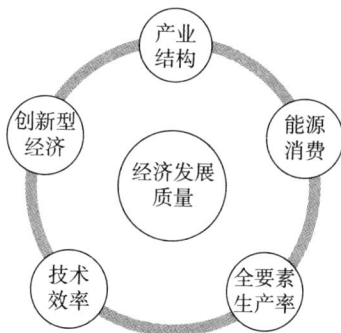

图 1-1 国内学者研究经济发展质量的五个方面

国外学者则更加重视微观经济现象，从经济发展成果的普惠出发，研究可持续发展和减贫效果。以民众的福祉为提升经济增长的目标，围绕这一逻辑起点，对教育和卫生资源的公平分配、经济增长的稳定性、环境代价、制度质量和减贫方面的深入探究成为国外学者研究的分核心，如图 1-2 所示。

相对而言，微观视角更具人文关怀，从理论逻辑上与经济发展质量有更为紧密的联系。国外学者在探究创新和技术进步是否能够推动经济增长也做了更大范围内的实证研究；同时把经济发展质量作为经济增长的一个方面来看待，并不回避经济发展质量在促进和维护经济增长方面的作用；对从投入端或产出端考量经济发展质量也有各自的主张。

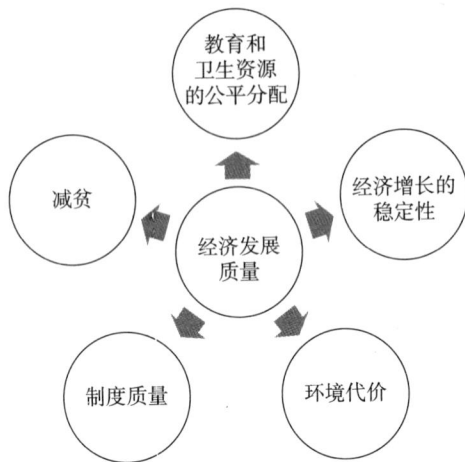

图 1-2 国外学者研究经济发展质量的关注点

综上所述，关于经济发展质量的研究文献浩如烟海，相应的理论与实证分析均有不同的设计和结论，但既有的研究成果呈现"四多四少"的特点：关注国家宏观层面的研究成果多，而地区经济发展和国家经济发展在政策制定、制度制定、资源约束等方面既有紧密联系又有显著区别，对于经济落后地区提升经济发展质量的系统研究很少；建立在经济持续高速增长基础上的研究成果多，研究经济下行期经济发展质量的研究较少；关注经济发展质量提升正向指标的研究成果多，将风险因素纳入研究范围的研究较少；将经济高质量发展作为研究背景的研究成果多，研究如何提升经济发展质量的实证研究少。贵州在经济持续发展的同时，面临着经济总量小、人均水平低、产业链条短、加工深度低、单位 GDP 能耗高、生态环境改善基础薄弱等现状，本书所指经济发展质量是既满足经济持续增长，也重视人文关怀的经济发展。经济发展质量提升的落脚点是人民生活更加幸福、人民福祉的总量和平均水平的提高。因此本书基于地区发展差异、要素资源禀赋、发展动力变革、人民福祉、生态发展、政府治理等方面对贵州经济发展质量的作用机制进行研究，并提出提升贵州经济发展质量的对策建议。

第三节 内容安排和主要结论

一、内容安排

本书分为四个部分，共十个章节，分别是理论研究部分（第二章）、分维度研究部分（第三章至第七章）、实证研究部分（第八章）和对策研究部分（第十章）。

第一部分从经济增长和经济发展质量的理论出发，厘清经济增长与经济发展质量之间的关系，提出从经济发展的稳定性、结构均衡、人民福祉及自然资源的可持续性四个方面构建一个全新的经济发展质量理论分析范式，并做出推理性假设。在此基础上，对贵州经济增长和提升经济发展质量从技术扩散、条件收敛、资本积累和制度变迁四个方面进行理论阐释。

第二部分在理论研究基础和理论范式之上，采用统计研究方法，利用多维指标合成技术构建一个呼应国家导向、回应学术界前沿研究、与国际接轨、符合贵州实际战略的经济发展质量指标体系，从时间序列（2012～2018年）和截面数据两个方面对贵州的经济发展质量进行评价。实证发现，贵州经济发展质量持续向好，在稳定发展维度和结构均衡维度均有较好表现，但人民福祉维度显著地拖累了贵州经济发展质量的提升。

第三部分从稳定发展、结构均衡、人民福祉、生态发展四个分维度进行全面分析。结合贵州要素禀赋和发展实际，结合历史规律和国际国内经验研究贵州在各个分维度上的发展机制，并针对稳定发展分维度中贵州提升经济发展质量继续的动力变革和贵州突出的风险因素进行了详细的展开。

第四部分从政府治理的角度研究提升经济发展质量的机制设计并就前文中贵州经济发展质量提升中存在的阻碍和问题提出相应的对策建议。本书创新性地将政府治理与经济发展质量相结合。分别从学术界、公众舆论、政府治理这三个方向的文本信息中提取信息，绘制"经济发展、社会发展、人的发展、生态发展"四个维度的词母表，并对贵州省级和地市级高质量发展政府治理效果加以运用。研究发现，政府治理资源的配置对提升经济增长质量有显著的关联。最后，对策建议部分在前文基础上提出了贵州经济发展质量的提升建议。

全书研究框架如图1-3所示。

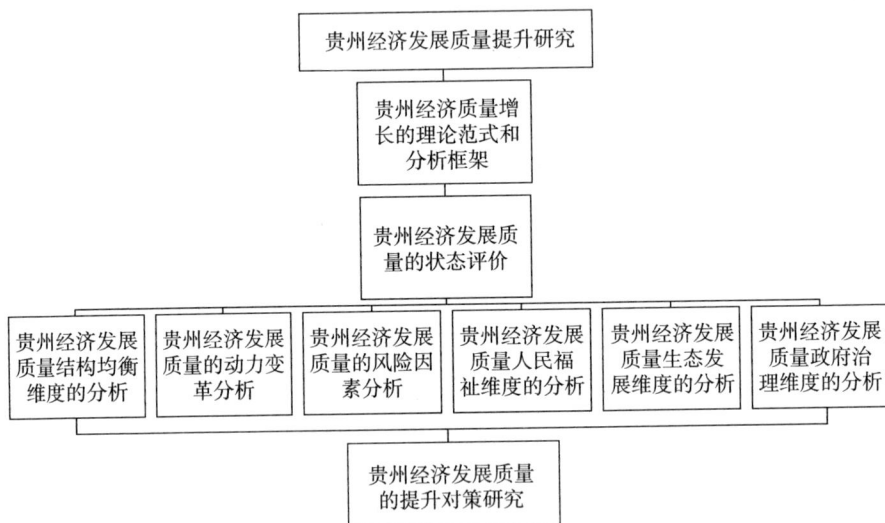

图1-3　研究框架

二、主要结论

（1）从近年来全球的经济增长主要由新兴市场国家贡献可以看出，由于增长收敛的存在，经济存量较大的先发达地区往往难以实现持续的、高速的经济增长；增长极限论也支持这一观点。但在经济发展质量的提升上，先发达地区和后发展地区都有可能实现并保持相对较高的经济发展水平。对于后发展地区而言，同时实现经济增长和质量提升是有可能的，并且能够形成螺旋式正向驱动的良性发展机制。

（2）为了更多的分享技术创新—扩散所带来的发展红利，贵州应当充分利用被科技集群围绕的空间优势，加大对教育、科技、信息产业的资源投入，以加快实现新旧动能的接续转换。

（3）无论对贵州的发展历程纵向比较还是与全国各省市的横向比较，贵州在结构均衡和动力变革两个维度上都有着良好的表现和改善，但人民福祉维度是拖累贵州经济发展质量提升的主要因素。

（4）将风险问题纳入经济发展质量的考量范围不仅是必要的，而且非常紧迫，应当对风险进行持续动态监测和管理。

（5）无论从省级层面纵向统计还是从市级层面横向统计，"建设"始终在政府治理和政策导向上是最高昂的主旋律，与国家政府工作报告相比，揭示了在过去14年中，贵州从上至下对各个方面各个领域从无到有、填补空白、后发赶超的制度引领作用。

（6）经济发展质量虽然在近年来才进入政府工作报告的话语体系，但实际上对于生态发展等方面取得的成果与制度关联密切，政府治理的导向对于实现内涵式增长和质量型增长具有积极意义。但由于地区财力精力的限制，政府治理作为一种稀缺资源，难以同时均等分配于所有发展维度，贵州选择结合中央政策和地区特色在一定时间内集中能量补短板。从已经获得的结果来看，这样的制度导向和制度设计有效并且符合地方发展的实际。

第四节　研究方法和可能的创新之处

一、研究方法

（1）假说演绎推理法。首先从对经济发展质量的影响维度进行观察，在现有研究成果的基础上进行归纳概括，通过理论推导，提出四个理论假设，构成了具有地方特色的经济发展质量分析框架。

（2）个体固定效应面板模型分析。为了探寻有效促进新旧动能接续转换、动力变革的途径，本书采用个体固定效应面板模型考察了不同金融资源对于行业发展的促进作用，并发现银行信贷及资本市场对于行业发展的金融支持更加有效，但教育、科技、信息、医疗等领域的金融支持仍然相对较少，这也制约了新经济新动能的发展，不利于经济发展质量的提升。

（3）多指标降维方法。为了用低维空间数据在尽可能损失较少信息的情况下代替高维空间数据，使低维数据能够保留多维指标的重要方面，将多维指标转化为少数综合指标的研究方法。

二、可能的创新之处

首先，本书在理论研究基础之上，采用统计研究方法，利用多维指标合成技术构建一个呼应国家导向、符合贵州实际战略的经济发展质量指标体系，利用改革开放四十多年来的数据测度贵州的经济发展质量。在总体测度的基础上，运用计量经济学的方法，对经济发展质量关于经济发展的稳定性、多元结构均衡状态、人民福祉和自然资源可持续发展进行了经验检验。

其次，与前人的研究成果相比，本书将以人民福祉作为经济发展质量产出的重要指标，并疾呼学界与政界将这些因素纳入各级经济发展质量的研究和统计体系，因为这不仅是经济持续稳定增长、经济质量持续稳定提升的基础，更是关切到"人的全面发展""以人民为中心""人民对美好生活的向往"的落脚点。

再次，为了明确经济增长动力变革的内在作用机理，本书使用动态面板模型研究了不同来源的金融支持对行业发展的促进作用。本书发现，银行体系的金融资源和资本市场的金融资源能够为行业提供持续有效的发展支持，而新动能相关产业获得的金融支持不能满足行业发展的需求。

最后，本书创新运用大数据计量手段，从学术界的研究成果、舆论界的关注热点和政府制度质量和制度导向三个全新的视角对经济发展质量进行分析。创新地使用了省市两级的政府工作报告从纵向视角和横向视角分别作为制度研究的客体，从而得出政府治理密切关联经济发展质量的结论。

第二章　贵州经济质量增长的
理论范式和分析框架

　　1978 年改革开放以来，贵州经济经历了四十多年的转型发展，经济增长呈现两极态势：一方面，经济总量迅速增长，地区生产总值由 1978 年的 46.62 亿元增加到 2019 年的 16769.34 亿元，地区生产总值增速连续 9 年位居全国前列，人均 GDP 由 1978 年的 175 元增加到了 2018 年的 41244 元。人民生活水平彻底告别了"人无三分银"的标签向着富足安康稳步前进；另一方面，面对既要赶速度、又要调结构的双重挑战，从横向对比和相对数量来看贵州仍存在经济总量小，人均水平低，城乡差距大，社会事业发展滞后；工业化、城镇化水平不高，传统产业转型升级慢，新兴产业规模较小，体制机制不够灵活，创新能力不足，生态环境保护压力大，转方式、调结构任务艰巨；固定资产投资增幅回落，工业经济增速放缓，农业基础比较薄弱，服务业整体水平较低，部分行业企业生产经营困难。贵州稳增长、扩总量任务艰巨，社会治理能力还不强，部分市县政府债务风险较高等经济质量问题也已经凸显出来，成为制约贵州经济社会进一步发展的障碍。

第一节　经济增长与经济发展质量的比较

一、经济增长研究

经济发展质量相关理论是经济增长理论的构成部分和衍生，直到现在，关于经济发展质量的一些争论核心和学术交锋仍然要追溯到经济增长理论的发展和学派。

本书将对经济增长理论研究进行梳理。经济增长理论的产生和发展一般认为经历了四个重要的发展阶段，如图 2-1 所示。

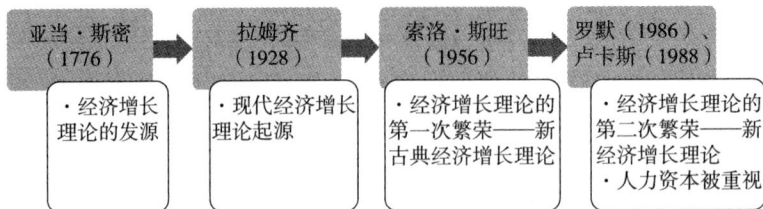

图 2-1 经济增长理论发展的标志性理论

从 Roma（1986）关于规模收益递增情况下经济增长模型的讨论以来，经济增长理论重新回到了经济学舞台的中心并获得了长足的发展。对经济增长问题研究的焦点也日益从早期描述经济自我持续增长和内生技术进步的理论模型转向对各种经济增长事实的解释。Gerschenkron（1962）首先从"相对落后"经济体的"后发优势"中提出经济增长收敛效应，指经济体的经济增长速度与其人均收入的量值之间存在负相关关系。也就是说，落后经济体由于增长收敛效应将会以更快的增长速度与发达经济体最终收敛于相同的人均收入。针对贵州的实际，结合新古典增长理论中的条件收敛和内生增长理论中的技术扩散模型（见图 2-2），构建成为本书的经济理论基础。

虽然探索哪些因素会对经济产生什么样的影响一直是经济学家实证研究的重要领域，这不仅对经济学理论研究的发展具有重要的推进作用，同时也为政府的政策制定提供重要的依据。Xavier（1997）在《I Just Run Two Million Regression》一文中对文献中的 62 个影响变量的指标进行了系统的实证分析。其中他将 1960 年的收入水平（条件收敛）、1960 年的期望寿命及 1960 年的小学入学率（后两者被广泛的用于衡量人力资本的初始余量）作为先验的固定变量，得到了剩下 59 个变量中显著的 22 项指标，如表 2-1 所示。

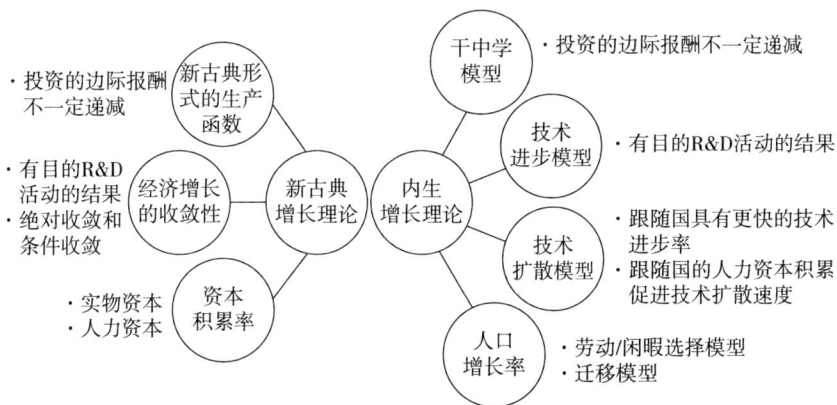

图 2-2　新古典增长理论与内生增长理论的核心要点

表 2-1　Xavier 得到的影响经济增长的变量

一级变量	二级变量	与增长的关系	数据来源
地区变量	非洲撒哈拉地区、拉丁美洲（与经济增长负相关）	负相关	Barro 和 Jong（1993）
	纬度	远离赤道有利于增长	
制度变量	法治	有利于增长	Barro 和 Jong（1993）
	社会动荡	不利于经济增长	
市场扭曲和市场绩效	实际汇率扭曲	负相关	Barro 和 Jong（1993）
	外汇黑市溢价的标准差	负相关	
投资品种	设备投资	正相关	Bradford 和 Lawrence（1991）
	非设备投资	正相关	
主要生产部门	总出口中的主要产品比例	负相关	Jeffrey 和 Andrew（1995）Robert 和 Charles（1996）
	采矿业占 GDP 比例	正相关	
开放度	1952~1990 年经济开放的年份	正相关	Sachs 和 Warner（1995）

　　Xavier 认为政府开支（包括投资）、金融市场成熟度、通货膨胀率这些变动不显著也许是因为它们和经济之间并不是线性关系。从这些变量中我们可以看到有些变量虽然能够促进经济增长，但对于经济发展质量是无益甚至是有害的，如采矿业占 GDP 的比例虽然可以促进经济增长，但会带来自然

资本的消耗，形成对自然资源的依赖，不利于经济增长的稳定持续和经济发展质量的提升。

二、经济发展质量的界定

1. 质

在中国哲学史中，"质"与"形"相联系。范缜在《神灭论》中论述"形者神之质，神者形之用，是则形称其质，神言其用，形之与神，不得相异也。"中的"质"与"用"相对，指事务外部的"体"。王夫之在《思问录·外篇》中称"型者，言其规模仪象也，非谓质也""质日代而形如一"，即"质"和"形"有联系又有区别，事务外部形体不变而其质不断变化。①

在马克思主义哲学辩证唯物主义中，"质"是一事物区别于他事物的内部规定性，由事务本身的特殊矛盾规定。"量"是"质"的等级、规模、范围和结构的表现，是一种可以用数量表示的规定性。"质"与"量"一起构成事物的规定性，一切事物都是"质"和"量"的辩证统一。②

2. 质量

质量一词在《大辞海》《管理学卷》中表征事务满足特定需要能力的特征的综合，用于衡量产品和工作的优劣程度。

微观层面对质量的定义也可以给我们一些参考，在"ISO 9000：2015 质量管理体系"③中对质量做出以下定义：一个关注质量的组织倡导一种文化，其结果导致其行为、态度、活动和过程，它们通过满足顾客和其他有关的相关方的需求和期望创造价值。组织的产品和服务质量取决于满足顾客的能力以及对有关的相关方预期或非预期的影响。产品和服务的质量不仅包括其预期的功能和性能，而且还涉及顾客对其价值和利益的感知。

3. 增长质量

在《大辞海》中并未找到"增长质量"一词，与之最为接近的是《大

---

①② 大辞海编辑委员会 · 大辞海 ［M］. 上海：上海辞书出版社，2015.
③ 质量管理体系技术委员会 . ISO 9000：2015（第四版）［R］. 2015.

辞海政治学·社会学卷》中"发展质量"一词，指在现代化进程的一定时点上社会在一起拥有的资源总量满足自身需要上所呈现的全部功能特性及其社会整体运行的优劣状态，是衡量经济社会发展的动态、综合性指标。经济较好的发展应该是数量、速度、水平、结构、效益和质量的统一。由于经济增长理论与经济发展理论日益融合是经济增长理论发展的重要趋势，本书可以将以上发展质量的定义近似地理解为增长质量的定义。

质量是相对于"需求"而言的，而在经济学领域中，需求是多元的、动态的；既有宏观的需求，也有微观的需求。对于经济发展质量而言，需要满足的需求应该是中观以上层面的，是相对抽象的，并且在不断变化乃至跃迁的状态中。

4. 经济发展质量的研究维度

Montfort 等（2014）认为并不是所有的经济增长都有一样的效果，只有强劲的、平稳的、可持续的、提高全要素生产率的、由广基部门贡献的、出口导向的经济增长才能更有效的增加社会需要的产出，如图 2-3 所示。

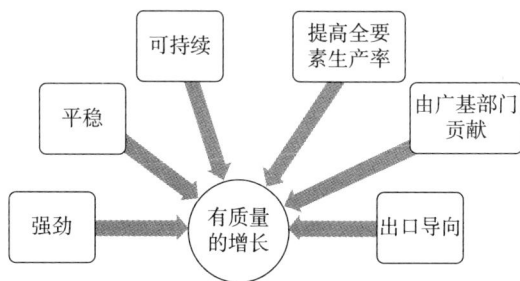

图 2-3　经济发展质量的特征

从经济发展质量的各个研究维度而言（见图 2-3），它们互相之间并不是独立的，Ramon 和 Amparo（2014）的研究意味着地方政府支出向人力资本支持转变，其结果是降低地方经济对自然资源的依赖程度，促使产业结构调整，这意味着多赢的局面可能实现。林兆木（2018）认为经济高质量发展的内涵应该体现在：商品质量和服务质量的普遍持续提高、投入产出效率的不断提高、创新提供发展的动力、绿色发展、深化改革开放，其根本目的体现在共享发展。刘尚希等（2018）认为高质量发展涉及三个方面：物的高质量——商品服务等供给的高质量；人的高质量——人口、劳动力素质、劳动者技能的提升；环境的高质量——生产生活所处环境的改善。潘建成等（2018）认为高质量发展意味着资源节约型环境的绿色发展；意味着依靠产品质量和品牌而不是依靠低廉的人工成本和资源价格来开展竞争；意味着劳动生产率、资本产出效率和全要素生产率的不断提高；意味着经济内生动力、创新动力的增强；意味着金融与实体经济更紧密的融合；意味着风险防控能力的提高；意味着发展的协调性和平衡度不断完善。史丹、赵剑波和邓洲（2019）认为高质量发展要关注增长的结果和增长的效益；要关注经济发展、生态环境、社会公平等多角度；要关注以人民为中心的制度安排和协调城乡差距。

三、经济发展数量与经济增长数量的关系

1. 量变与质变的关系

质量是相对于数量而言的，量变到质变的转化规律是唯物辩证法的基本规律之一，但其中的细节却常常被忽视。例如，量变到质变是否存在一个确定的转折点或者区间，产生质变以后对于量变是否存在反向的促进作用，量变与质变是矛盾的两方面吗，同时实现质变和进一步的量变是否可行，经济增长的数量一般用经济增长的速度表达。

质变在马克思主义哲学辩证唯物主义中是指与"量变"相对应的概念，是指事物从一种质向另一种质的突变或飞跃。[①] 质变是渐进过程的中断，是事物发展的决定性环节，是事物根本性质的变化。[②]

量变指事物逐渐的不显著变化，量变的形式包含数量上的增减、场所的变换、构成事务的成分（要素）排列次序和结构次序的变化，如图 2-4 所示。

---

① 事物从量变到质变，从一种质态到另一种质态的转变过程是渐进过程的中断，是旧事物灭亡与新事物产生的决定性环节。质变分为爆发式和非爆发式两种基本形式。
② 大辞海编辑委员会·大辞海［M］．上海：上海辞书出版社，2015．

构成事务的成分（要素）排列次序	数量的增减
量变	
构成事务的成分（要素）结构次序	场所的变换

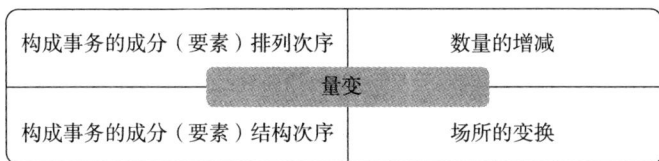

图 2-4 量变的主要形式

质变和量变都由事物的内部矛盾引起，量变是质变的基础，质变凝结着量变的积极成果，是量变发展到一定程度的必然结果，并为新的量变开拓道路。由于经济系统的复杂性，在经济增长量变过程中包含着部分质变，在质变过程中存在量的扩张。

2. 经济增长数量与经济发展质量

经济发展质量是经济增长中的重要构成，重视经济发展质量并不意味着要放弃经济增长的速度，国民生产总值是一个很重要的发展指标，但它不能代表与人类发展相关的全部内容，甚至和一些指标相向而行（如资源与环境）。长期将经济增长的关注聚焦于国民生产总值会使一国对于实物资本的依赖越来越强，如图 2-5 所示。

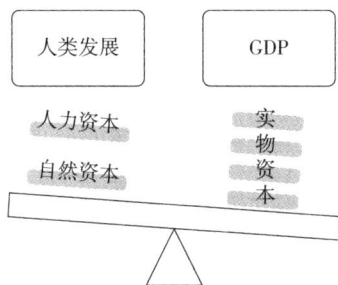

图 2-5 经济增长数量与经济发展质量的平衡

因此，本书研究经济发展质量，并不意味着经济增长的数量不重要或者放在次要位置，提高经济发展质量恰恰是为了实现更加稳定的经济增长，并且丰富增长的内涵（见图 2-6）。维诺德·托马斯和王燕（2017）认为当把经济增长的质量视为影响增长速度的一部分时，有利于降低经济增长的波动性，并且增强经济增长的可持续性。

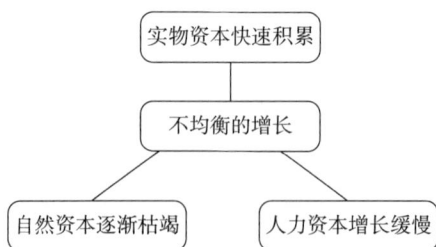

图 2-6　不均衡的经济增长

卢现祥（2009）认为经济增长除了需要提高大多数公民生活水平，更多的就业机会、对多样性的容忍、坚持公平和保持社会的流动性等同样应该受到重视。世界银行增长与发展委员会（2010）指出经济增长并不总是有利于减贫、缩小和消除不平等。但减贫、缩小和消除不平等确实是经济发展质量提升所需要致力于解决的问题，这一方面有助于经济的可持续增长，另一方面也有助于提高经济发展质量。维诺德·托马斯和王燕（2017）认为不平衡增长的标志是资本的快速积累、自然资源的逐渐枯竭、人力资本的增长缓慢。持同样观点的还有杨伟民，他认为经济发展与人类发展之间的转化并不是自动转化的，经济发展不平衡不充分主要体现在人的发展、经济发展和可持续发展之间的不充分和不平衡。

因此，经济快速增长和经济高质量发展并不是不可调和的矛盾的两个方面，经济高质量的对立面应该是经济不均衡的增长，既然追求高质量的增长不应该站在经济增长的对立面，那么在研究时也需要将经济增长的相关理论加以结合，毕竟经济增长理论的发展不仅远远早于经济发展质量理论的发展，而且现有的经济发展质量理论也是建立在经济增长理论的基础之上的。

3. 经济增长数量的增加与经济发展质量的提升

从近年来全球的经济增长主要由新兴市场国家贡献可以看出，由于增长收敛的存在，经济存量较大的先发达地区往往难以实现持续的、高速的经济增长；增长极限论也支持这一观点。但在经济发展质量的提升上，先发达地区和后发展地区都有可能实现并保持相对较高的经济发展水平，对于后发展地区而言，同时实现经济增长的数量增加和经济发展质量的提升是有可能的，并且能够形成正向驱动的互为推进的良性发展机制。

第二节　经济发展质量的理论范式和分析框架

一、经济发展质量增长函数构建

基于上文的分析，本书拟从经济发展的稳定性、结构均衡、人民福祉及自然资源的可持续性四个方面对经济发展质量进行考察。

$$EDQ = f(Stab, Bala, Wel-b, Eco-s) \qquad (2-1)$$

其中：EDQ（Economic Development Quality）代表经济发展质量；Stab 表示稳定发展；Bala 表示结构均衡；Wel-b 表示人民福祉；Eco-s 表示自然资源的可持续性。

假设四个维度都为正值，即 Stab>0，Bala>0，Wel-b>0，Eco-s>0，每一维度的状态改良都会引起 EDQ 函数正向的改善，因此可得：

EDQ 关于 Stab 的偏导数为 $f'_{Stab} = \dfrac{\partial EDQ}{\partial Stab} > 0$，它描述了其他维度固定不变，发展稳定性变化时，经济发展质量的变化率。

EDQ 关于 Bala 的偏导数为 $f'_{Bala} = \dfrac{\partial EDQ}{\partial Bala} > 0$，它描述了其他维度固定不变，结构均衡变化时，经济发展质量的变化率。

EDQ 关于 Wel-b 的偏导数为 $f'_{Wel-b} = \dfrac{\partial EDQ}{\partial Wel-b} > 0$，它描述了其他维度固定不变，人民福祉变化时，经济发展质量的变化率。

EDQ 关于 Eco-s 的偏导数为 $f'_{Eco-s} = \dfrac{\partial EDQ}{\partial Eco-s} > 0$，它描述了其他维度固定不变，生态发展变化时，经济发展质量的变化率。

假设以上这种正向作用存在边际递减，则有：

$$f''_{Stab} = \frac{\partial^2 EDQ}{\partial Stab^2} < 0$$

$$f''_{Bala} = \frac{\partial^2 EDQ}{\partial Bala^2} < 0$$

$$f''_{Wel-b} = \frac{\partial^2 EDQ}{\partial Wel-b^2} < 0$$

$$f''_{Eco-s} = \frac{\partial^2 EDQ}{\partial Eco-s^2} < 0$$

假设式（2-1）是符合柯布—道格拉斯偏好的效用函数，则其全微分可表达为：

$$dEDQ = \frac{\partial EDQ}{\partial Stab}dStab + \frac{\partial EDQ}{\partial Bala}dBala + \frac{\partial EDQ}{\partial Wel-b}dWel-b + \frac{\partial EDQ}{\partial Eco-s}dEco-s \qquad (2-2)$$

为进一步了解各研究维度的改变对经济发展质量的影响程度，对式（2-2）右侧各项分别乘以 $\frac{Stab}{Stab}$，$\frac{Bala}{Bala}$，$\frac{Wel-b}{Wel-b}$，$\frac{Eco-s}{Eco-s}$；左右两边同时除以 EDQ，得到：

$$\frac{dEDQ}{EDQ} = \frac{\partial EDQ}{\partial Stab} \times \frac{dStab}{Stab} \times \frac{Stab}{EDQ} + \frac{\partial EDQ}{\partial Bala} \times \frac{dBala}{Bala} \times \frac{Bala}{EDQ} +$$

$$\frac{\partial EDQ}{\partial Wel-b} \times \frac{dWel-b}{Wel-b} \times \frac{Wel-b}{EDQ} + \frac{\partial EDQ}{\partial Eco-s} \times \frac{dEco-s}{Eco-s} \times \frac{Eco-s}{EDQ} \qquad (2-3)$$

设 $y = \frac{dEDQ}{EDQ}$；$\alpha_1 = \frac{\partial EDQ}{\partial Stab} \times \frac{Stab}{EDQ}$，$x_1 = \frac{dStab}{Stab}$；$\alpha_2 = \frac{\partial EDQ}{\partial Bala} \times \frac{Bala}{EDQ}$，$x_2 = \frac{dBala}{Bala}$；

$\alpha_3 = \frac{\partial EDQ}{\partial Wel-b} \times \frac{Wel-b}{EDQ}$，$x_3 = \frac{dWel-b}{Wel-b}$；$\alpha_4 = \frac{\partial EDQ}{\partial Eco-s} \times \frac{Eco-s}{EDQ}$，$x_4 = \frac{dEco-s}{Eco-s}$。

则式（2-3）可写为：

$$y = \alpha_1 x_1 + \alpha_2 x_2 + \alpha_3 x_3 + \alpha_4 x_4 \qquad (2-4)$$

其中：y 表示经济发展质量的相对改变量，x_1 表示稳定发展的相对改变量，x_2 表示结构均衡的相对改变量，x_3 表示人民福祉的相对改变量，x_4 表示生态发展的相对改变量。α_1 表示稳定发展水平变动时，经济发展质量变动的强弱，它反映了经济发展质量对稳定发展水平变动的敏感程度；α_2 表示结构均衡水平变动时，经济发展质量变动的强弱，它反映了经济发展质量对结构均衡水平变动的敏感程度；α_3表示人民福祉水平变动时，经济发展质量变动的强弱，它反映了经济发展质量对人民福祉水平变动的敏感程度；α_4表示生态发展水平变动时，经济发展质量变动的强弱，它反映了经济发展质量对生态发展水平变动的敏感程度。

二、关于经济发展质量函数的理论推理性假设

假设经济发展质量对各个维度变化的敏感程度不变，各个维度的弹性函数皆为不变弹性函数。那么经济发展质量的改善则取决于各个维度的相对改变量，因此，本书提出以下理论推理性假设：

H_1：当经济发展的稳定性得到改善时，有助于提升经济发展质量。

狭义上经济发展的稳定性指经济运行中经济增长速度波动幅度的大小，持续而稳定的增长幅度有助于经济发展质量的提升。本书在狭义的经济发展稳定性基础上加入以下三个方面的观察以形成广义的经济发展稳定：一是对增长动力变革的考量，由于从新经济增长理论出发，技术革新是促进经济增长的内生变量和重要原动力，因此将科技创新、技术变革、技术扩散、技术的吸收和运用对经济稳定性的影响考虑在内；二是对财政金融风险的考量，这一点在现有的研究中几乎没有得到体现，地方财政金融风险的发展和传导对经济发展的稳定是潜在的不利因素；三是对金融发展状态的度量，建立健全有效的金融体系和有利于金融资源合理配置的金融政策对于经济增长的稳定和经济发展质量的提升都有着重要意义。

H_2：多元经济结构均衡发展有助于提升经济发展质量。

既有的研究成果将对经济结构的观察约束在产业结构层面，结构的转变是实现经济增长持续的关键因素。本书认为从经济发展质量的角度来看，对于经济结构的研究，除了传统的产业结构视角，还应该加入新兴产业与传统产业的均衡发展、民营经济与国有经济的均衡发展、外向型经济与内需的均衡发展和城乡二元结构的均衡发展等。这五个方面多元均衡的共同作用有助于经济发展质量的提升。

H_3：社会福利和减贫的持续改进有助于提升经济发展质量。

基础教育数量和质量的增长是实现知识驱动型增长的基础，同时教育和医疗资源的偏态分布也是影响经济增长的重要指标。减少贫困、改进教育和医疗资源分配与改善就业状况，既是经济发展的重要条件，也是促进社会福利的完善的重要方面。

H_4：自然资本可持续发展有助于提升经济发展质量。

自然资本的过度开发、环境治理的滞后将会显著减少未来经济发展的潜力，甚至成为妨碍人民福祉改善的障碍。

第三节　贵州经济增长与经济发展质量的理论支持

一、贵州经济增长的理论来源

对于贵州的经济发展来说，由于初始发展条件的落后，本书从经济增长理论中寻找到技术扩散、条件收敛、资本积累和制度变迁四个可能为贵州经济发展提供理论支持的具体方面进行研究。

1. 技术进步和技术扩散

（1）后发展地区更加依赖技术扩散的红利。从经济增长理论的发展而言，内生增长模型中将技术进步视为经济长期增长的决定因素。对于亚洲的经济增长，经济学家们都非常关注，Paul Krugman（2007）与 Young 和 Alwyn（1995）等提出中国、东亚国家取得了令人瞩目的经济增长，但这些经济增长几乎可以全部归因于投入的增加、人力资本的价值提升，而不是由于技术进步。在国内学者的研究中，傅晓霞和吴利学（2002）也认为技术进步和人力资本对中国经济的贡献很小（约为5%）。易刚、樊纲和李岩（2003）认为这种结论是由于不同国家间技术进步机制不同及投资方向不同导致的。

在现如今这样信息化高速发展的时代下，技术的创新与提高成为衡量一个国家发展的重要指标。后发优势是由后发展地区所获得的特殊益处，这一优势来源于落后本身，后发展是与先发展相对的概念，Gerchonkron（1962）提出了后发优势理论，他认为工业化的前提条件差异将影响发展的进程，相对越落后的国家，其增长速度就越快。Abramovitz（1986）进一步提出一国经济发展的初始条件与其经济增长速度呈反向关系的追赶假说，这一假说的成立建立在技术差距和社会能力的限制条件之上。Brezis、Krugman 和 Tsiddon（1993）证明后发国家的优势是以高新技术为起点，可以直接选择和采用某些较为成熟的技术，从而避免了先发展国家因技术发展而付出的沉淀成本和高机会成本。Elkan（1996）强调经济欠发达地区可以通过技术模仿、技术引进，最终实现技术和经济水平的赶超。通过技术扩散的外溢效应，任何一国技术投资的增加都可能同时导致本国与其他国家经济的增长和收入水平的提高。因此，一国的学习模式将始终处于动态改进的状态。经济落后的国家可以通过大量的技术模仿以缩小与发达国家之间的技术差距，提高本国的技术水平，但是随着模仿技术的增多，技术模仿的成本也逐渐增加。因而，在形成了一定的技术能力之后，一国将从技术模仿阶段转向技术创新阶段。利用后发优势所能够获得的益处，与一个地区的开放程度密切相关。贵州虽然近几年力争在创新和技术上有所突破，但是贵州技术的发展相对于发达地区来说仍有一定的差距。这恰巧可以利用技术创新以及技术外溢的后发优势，通过技术强国或地区的技术发明、推广，以及吸引外商投资、跨国企业等引进高新技术，在此基础上进行消化、吸收、改进，这样才能增强贵州技术的自主创新能力，为技术发展创造良好的机遇。因此，可充分发挥技术创新和技术外溢的后发优势，提高技术水平。

（2）贵州的技术扩散投入尚存缺口。贵州 2013 年科技进步贡献率为 43.5%，2014 年科技进步贡献率为 44.5%，2018 年科技进步贡献率为 48.68%，科技增长显著，但也要看到和全国还存在明显差距，2018 年全国科技进步贡献率为 57.5%，贵州科技进步贡献率仅占全国的八成，还存在较大的提升空间。

如图 2-7 所示，从科技研发投入来看，贵州 1999 年 R&D 经费投入强

度①为0.54%，2018 年 R&D 经费投入强度为 0.82%，增长显著，但 2018 年
同期全国 R&D 经费投入强度为 2.13%，贵州的研发费用投入强度不及全国
平均水平的四成，亟待提高投入。

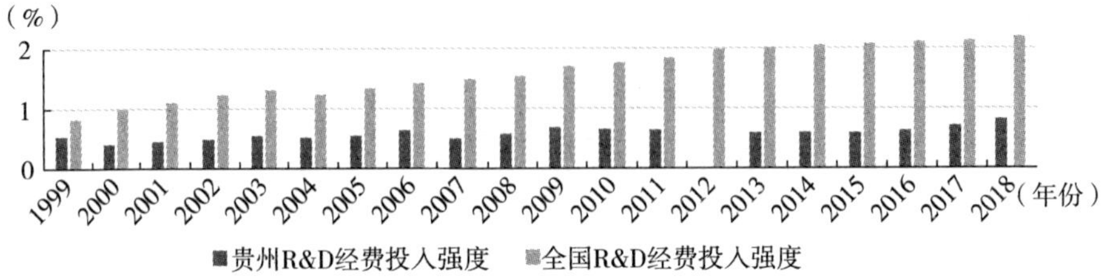

图 2-7　贵州与全国研究与试验发展（R&D）经费投入强度对比

资料来源：历年《全国科技经费投入统计公报》。

2. 条件收敛

（1）绝对收敛与条件收敛。绝对收敛意味着贫穷经济相对于富裕经济倾
向于有更高的增长速度。条件收敛是指各经济体真实人均 GDP 的起始水平
相对于各自的长期稳态水平越低，其增长率越快。

（2）条件收敛的实证分析。Robert（1991）基于经济均衡水平结合储蓄
率S_K、人力资本积累率S_H以及人口增长率 n、技术进步率 g 和折旧率 δ 将模
型设定为：

$$g_{yi} = \alpha + b_1 \ln y_{0i} + b_2 \ln S_{Ki} + b_3 \ln S_{Hi} + b_4 \ln (n_i + g + \delta)$$

其中，g_{yi}为某一时期内真实人均 GDP 增长率，$\ln y_{0i}$为真实人均 GDP 水
平的对数，b_1如果小于零，表示一个经济体的初始收入高出其他经济的程度
就是该经济体随后经济增长落后的程度。反言之，一个经济体的初始收入低
于其他经济体的程度就是该经济体随后经济增长超越的程度。通过该模型，
Robert 得出的收敛速度为 1.24%，这说明经济要花费 50 年以上的时间才能
达到均衡水平。

随着内生增长理论的发展，结合 Penal Data 的运用使独立衡量经济体之

---

①　投入强度是研究与试验发展（R&D）经费与地区生产总值之比。

间技术水平和社会基础结构（Social Infrastructure）[①] 的不同成为可能，Nazrul Slam[②]（1995）在内生增长理论的框架下，为进一步探究增长和初始水平之间的关系，设定了以下动态面板数据模型用于研究不同国家人均收入稳定水平的收敛过程：

$$y_{it} = \gamma y_{i,t-1} + \sum_{j=1}^{2} \beta_j x_{it}^j + \omega_t + \mu_i + v_{it}$$

其中：

$$y_{it} = \ln y(t_2)$$

$$y_{i,t-1} = \ln y(t_1)$$

$$\gamma = e^{-\lambda \tau}$$

$$\beta_1 = (1-e^{-\lambda \tau}) \frac{\alpha}{1-\alpha}$$

$$\beta_2 = -(1-e^{-\lambda \tau}) \frac{\alpha}{1-\alpha}$$

$$x_{it}^1 = \ln(s)$$

$$x_{it}^2 = \ln(n+g+\delta)$$

$$\mu_i = (1-e^{-\lambda \tau}) \ln A(0)$$

$$\omega_t = g(t_2 - e^{-\lambda \tau} t_1)$$

$$\tau = t_2 - t_1$$

$$\lambda = (n+g+\delta)(1-\alpha)$$

$y(t_2)$ 是 t_2 期人均收入水平的实际值，n 是人口增长率，s 是储蓄率[③]，α 是资本产出弹性的估计值，g 是技术进步的外生速率，$(g+\delta)$ 假设对于所有国家都相同并且等于 0.05；$A(0)$ 不仅反映了技术，而且反映了资源禀赋、气候、制度等，它可能因国家/地区而异；$(1-e^{-\lambda \tau}) \ln A(0)$ 是一个不随

[①]　包括各个经济体之间法律法规、文化、经济体制等方面的特征。

[②]　Nazrul Slam. Growth Empirics：A panel Data Approach［J］. Quarterly Journal of Economics, 1995, 110：1127-1170.

[③]　此处假设 n 和 s 在 t_1 到 t_2 的时间内保持不变。

时间改变的个体国家效应项。

3. 资本积累

由于资本在经济增长中所起的效果不容忽视，在索洛增长模型中引入了人力资本从而更好地衡量实物资本和人力资本对经济增长的贡献。

$$\ln y_i = \alpha + b [\ln S_{Ki} - \ln (n_i + 0.05)] + c [\ln S_{Hi} - \ln (n_i + 0.05)] + \varepsilon_i$$

其中，y 为经济的均衡水平，α 为资本的收入比例，S_{Ki} 为储蓄率即实物资本累计率、S_{Hi} 为人力资本积累率。

Mankiw、Romer 和 Weil（1992）将技术进步率 g 与资本折旧率 δ 的和设为 0.05，运用多国数据进行估计之后得到资本的收入比例为 7.86，实物资本的收入份额为 0.31，人力资本的收入份额为 0.28。

4. 制度变迁

作为制度学派和新制度经济学开创者的诺斯（1991）认为制度变迁对经济增长的作用超过技术进步的拉动，甚至在没有技术进步的条件下仍然可以提高劳动生产率和促进经济增长。制度变迁中产权的明确有利于微观主体掌握投入和收益间的匹配，如图 2-8 所示。

图 2-8　制度变迁与经济增长的关系

傅晓霞和吴利学（2002）在研究中国制度变迁对经济增长的贡献时，认为在 1978~1999 年前制度变迁的贡献率为 35.28%。

二、贵州经济发展质量的相关研究

胡晓登（2011）提出必须把贵州资源型经济及其加工业明确定位为经济发展方式转变的重点领域和重点产业，构建并实施贵州经济发展方式转变重点领域、重点产业的系统对策。万力（2008）从经济运行、居民生活质量和生存质量三个子系统构建了贵州经济发展质量的指标体系，发现贵州经济发

展质量受到产业结构不合理且科技发展水平落后等主要因素制约。何强
(2014) 通过随机边界异质面板构建的经济发展质量指数分析后认为贵州、
甘肃、西藏自治区经济发展质量指数位于各省、自治区、直辖市之后，与人
均 GDP 呈现较强的线性关系。矿产开采权对经济质量的影响过程与效果受
到地区经济发展水平的限制，对权证资产的投资、开发与利用低效容易导致
生产能耗和环境污染，阻碍经济质量的改善。

　　郝颖、辛清泉和刘星 (2014) 从微观视角入手，认为贵州仍然处于工业
化的中前期，在这个时期固定资产投资对 GDP 增长具有较高的弹性。陈红
艳 (2014) 发现从 2000~2011 年，废水排放量对贵州经济增长的影响程度
最大，废气中污染物排放总量影响程度次之，工业固体废物排放量影响程度
最小。促进基本公共服务均等化，注重环境保护和生态建设，转变国家对西
部地区的支持方式，不断增加西部地区人力资本存量，充分激发西部地区发
展的内在活力，构建西部地区现代产业体系等方面来培育我国西部地区自我
发展能力。

三、贵州经济增长与经济发展质量的关系

1. 贵州经济增长效率与经济发展质量

　　效率与质量之间存在正相关关系，也就是说两者之间可以相互促进，但
也会因为一者单方面的降低而影响到另一者。其实，在经济增长的过程中也
是如此，经济增长的效率与经济增长的质量贯穿于经济发展的全过程，经济
增长的效率是制约经济发展质量的重要方面。那么也就是说经济增长的效率
与经济发展质量之间也是存在着一种正相关关系。只有在经济发展的过程中
降低成本，才能获得最大的效益；转变推动国家经济增长的动力，不断提高
经济增长的效率，才能更好确保经济发展质量。在当前经济增长数量放缓的
情况下，贵州需要转变经济增长方式，使经济增长从主要依靠资本驱动转变
为主要依靠技术扩散红利和技术效率的提高上来。从产业结构的视角而言，
将发展的重心放在第三产业上，有助于降低交易成本，提高经济增长效率。
不断提高贵州经济增长的质量，实现贵州经济又好又快发展。

2. 经济增长的协调性对于经济发展质量的影响

近几年来，贵州经济水平得到了较大的提升，在经济快速增长的同时，经济的运行质量也在不断的提高，并且经济增长的协调性也在不断增加。投资、消费以及出口是拉动经济增长的"三驾马车"，因此，第一，贵州的投资、消费和进出口的结构要得到不断改善，通过集中发展工业园区，规范建设标准厂房，搭建研发和转化平台，引导企业入园区、进厂房、用好平台，改善产业协作条件，提高土地利用效率，实现项目配套组合、企业集聚共生、产业集群发展，防止低水平重复和粗放式增长；但截至 2016 年，贵州的出口仅占全国的 0.2%，这在经济全球化的时代显得相对弱势，加强优势产业走出国门，强化国际竞争力，将会成为经济发展质量提升的新动力。第二，在经济增长较快的同时物价温和上涨也呈现出了良好的局面。第三，货币的供应能够跟上经济发展的速度，没有出现通货膨胀或者通货紧缩。第四，随着经济的不断发展使城乡之间的差距逐渐缩小，两者之间的关系进一步稳定和相对平衡，强化以城带乡、城乡一体的政策激励机制，推进城乡基本公共服务均等化、基础设施联通化、居民收入均衡化、要素配置合理化、产业发展融合化，发挥自然、人文优势建设山水田园城市和美丽乡村，让城乡居民享受到更多的发展成果。第五，各个不同行业之间竞争的积极因素不断增多，使各行业之间的关系得到改善。以上五个方面的协调性不断增强，说明我国经济的内部机制也得到了不断的优化改善，能够更好的保证经济增长的质量，促进经济增长的可持续发展。

3. 经济增长的稳定性对经济发展质量的重要性

贵州经济增长的稳定性和协调性一样，都得到了一定空间的提升。从经济增长的稳定性来看，在一些政策和发展理念的转变下，经济增长逐渐放缓，在相对窄幅度的区间波动。从产业结构来看，贵州近年来的服务业比重也在不断上升，产业结构得到了优化升级。从消费需求来看，人们逐渐从物质消费需求转变为精神消费需求，这也是拉动服务业发展的重要原因之一，这在很大程度上拉动了内需，因此消费贡献率逐渐提升，这表明居民的经济消费水平得到了不断提高。在这种经济快速发展的情况下，能源使用效率也得到了提高，以此降低了能源消耗量。因此，不管是经济消费需求还是产业结构，都能够使得整体的经济发展保持稳定提升，为经济发展质量奠定了稳定的基础。

第四节　小结

本章从经济增长和经济发展质量的理论出发，厘清经济增长与经济发展质量之间的关系。针对贵州的实际，结合新古典增长理论中的条件收敛模型和内生增长理论中的技术扩散模型，构建本书的经济理论基础。初步形成具有一定创新性的理论思路和一套较为完整的理论范式，在此基础上提出了四个理论推理性假设：当经济发展的稳定性得到改善时，有助于提升经济发展质量；多元经济结构均衡发展有助于提升经济发展质量；社会福利和减贫的持续改进有助于提升经济发展质量；自然资本可持续发展有助于提升经济发展质量。

对于贵州的经济发展而言，由于初始发展条件的落后和独特的资源禀赋，经济增长的传统框架并不适合贵州实际。本书具体分析贵州经济增长的协调性、稳定性和效率性并为研究贵州的经济发展质量创造了条件。

第三章　贵州经济发展质量的
状态评价

本书在前文中已经讨论了经济发展质量和经济增长的关系。但对于经济发展质量则需要量化评价。

首先，量化评价经济发展质量是理论研究的需要。本章需要围绕两个核心问题进行研究，一是研究哪些因素决定了一个经济体的经济发展质量水平；二是研究如何提升一个经济体的经济发展质量水平。第一个问题是第二个问题的基础，而对第一个问题的研究和认识也是一个动态深化的过程，在梳理文献时发现不同的研究者从不同的视角来探寻第一个问题的答案，第一个问题的结论必须是普适性的，相对简洁易用的，如果一些指标获取的难度很大，成本很高，那么这项指标体系的维护和运作就会存在一定的困难。

其次，量化评价经济发展质量是客观实践的需要。2017年12月，习近平总书记在中央经济工作会议会上要求加快形成推动高质量发展的指标体系、政策体系、标准体系、统计体系、绩效评价、政绩考核。经济发展质量指数有望取代经济增长指数作为考核各个地方政府的一项重要指标，促使相关部门的政策制定和资源分配向这一指标倾斜。截至2020年5月，全国已有多个省、自治区、直辖市公布了高质量发展的指标体系，但各个省、自治区、直辖市设计的指标体系各有不同，本章将在对这些已有的指标体系进行充分研究的基础上制定适合贵州实际的指标体系。

经济发展质量的评价相对于经济增长的评价有以下三个方面的特点和难点：一是主观性，这一点在不同的研究中存在争议，罗连发（2015）从微观产品质量的评价标准出发提出经济发展质量的评价应该落脚于居民主体的客观评价。这个思路虽然具有一定的价值，但产品和服务的质量提升目的在于提升销量和利润率，经济发展质量的落脚点则在于提升最广大人民群众的福祉，目的的不同对质量评价主体的选择可能会存在差异性。二是动态性，经济发展质量对于不同发展阶段的经济体可能会有着不同的侧重点。因此随着群体认知水平的提高，对于经济发展质量的要求可能是动态的。三是相对性，除了提升经济发展质量，也要衡量提升经济发展质量的边际成本，并且对影响经济发展质量的不同方面做出阶段性安排。

第一节 经济发展质量指数研究综述

一、国内研究梳理

近年来，对于测度和评价经济发展质量的需求非常紧迫，也有很多学者就指标体系的构建提出了各种思路，如表3-1所示。然而，这些指标大多偏向宏观层面，偏重于经济本身的影响因素。许永兵、罗鹏和张月（2019）、张月友和方瑾（2019）基于江苏省指定的指标体系加以调整形成了从改革开放、城乡建设、文化建设、生态环境、人民生活等方面的中国东部地区指标体系。从方法来看，张云云、张新华和李雪辉（2019）使用了物元理论来进行经济发展质量的评价。彭智敏、汤鹏飞和吴晗晗（2020）从经济结构、经济绩效、绿色环保、科技创新、社会共享五个维度共计36项指标对长江经济带的11个省市和整体的经济质量水平进行了测算和评价。高平等（2019）针对长三角城市群构建了创新发展、协调发展、开放发展、绿色发展、共享发展5个一级指标、19个二级指标的指标体系，并且对长三角城市群26个城市的高质量发展指数进行了测算。李子联和王爱民（2019）构建了江苏高质量发展测度体系。

表3-1　宏观视角的经济发展质量指标体系构成

一级指标	二级指标	三级指标	一级指标	二级指标
魏婕和任保平（2012），任保平、韩璐和崔浩萌（2015）			李佼瑞、白桦和赵珊（2015）	
效率	—	全要素生产率的增长率	结构	消费率
		技术变动		第一产业对GDP的贡献率
		技术效率变动		第二产业对GDP的贡献率
		资本生产率		第三产业对GDP的贡献率
		劳动生产率	效率	全员劳动生产率
增长的结构	产业结构	工业化率		单位能源投资率
		第一产业比较劳动生产率		固定资产投资效果系数
		第二产业比较劳动生产率		单位产出污水排放量
		第三产业比较劳动生产率		单位产出工业污染治理投资率
				单位产出二氧化硫排放量
	消费结构	消费率	稳定性	经济增长率波动系数
	金融结构	存款余额/GDP		通货膨胀率
		贷款总额/GDP		失业率
	国际收支	进出口总额/GDP		工业化率
	城乡二元结构	二元对比系数		城镇化率
		二元反差系数		
稳定性	产出波动	经济波动率	福利性	地区人均GDP
	价格波动	消费者物价指数		城乡居民收入比
		生产者物价指数		恩格尔系数
	就业波动	城镇登记失业率	宋利格和陈迅（2006）	
福利分配	福利变化	人均GDP	稳定性	经济增长率的波动率
	成果分配	城市人均住宅建筑面积		城镇失业率
		农村人均住房面积		通货膨胀率
		城镇居民家庭恩格尔系数	经济结构	GDP中第二产业比重
		农村居民家庭恩格尔系数		GDP中第三产业比重
		泰尔指数	经济效益	城镇化水平
		劳动者报酬占比		全社会劳动生产率

一级指标	二级指标	三级指标	一级指标	二级指标
生态环境代价	资源消耗	单位地区生产总值能耗	竞争能力	投资效果系数
		单位产出生产总值电耗		能源利用效率
	环境污染	单位产出大气污染程度		出口占 GDP 比重
		单位产出污水排放数		外国投资占总投资比重
		单位产出固体废弃物排放数	环境保护	工业废水排放达标率
国民经济素质	基础素质	公路里程/人数		工业固体废物综合利用率
		铁路里程/人数		工业粉尘去除率
	能力素质	科学技术支出占财政支出比重	社会效益	城镇居民人均可支配收入
	协调素质	行政费用占财政支出比重		城镇居民恩格尔系数
		公共安全支出占财政支出比重		农村居民人均纯收入
张月友和方瑾（2019）				农村居民恩格尔系数
经济发展高质量	经济发展水平	人均 GDP	李梦欣和任保平（2019）	
	经济发展总体质态	一般公共预算收入占 GDP 比重	需求侧动能	居民非食品消费支出占比
		税收收入占一般公共预算收入比重		全社会固定资产投资完成额/GDP
	实体经济发展后劲	制造业投资占固定资产投资比重		社会消费品零售总额/GDP
				出口总额/GDP
	产业结构优化	服务业增加值占 GDP 的比重		外商投资总额/GDP
	需求结构优化	消费对经济增长的贡献率		旅游外汇收入/GDP
	创新投入和产出能力	研发经费支出占 GDP 的比重		规模以上企业 R&D 经费支出/GDP
		万人发明专利拥有量		
	人力资本水平	每万劳动力中高技能人才数		科学技术支出占比
	资本市场融资情况	亿元 GDP 境内上市企业股权融资额		规模以上企业 R&D 科技活动人员占总人口比重
	政策性债务风险	政务债务率	供给侧动能	普通本专科毕业生人数占总人口比重
改革开放高质量	改革激发创业	净增企业法人单位数占企业法人单位总数比重		金融机构存款余额/GDP
	外资进出	一般贸易进出口占货物进出口总额比重		金融机构贷款余额/GDP

一级指标	二级指标	三级指标	一级指标	二级指标
改革开放高质量	利用外资	战略性新兴产业实际利用外资占利用外资总额比重	结构转换动能	规模以上工业企业有效发明专利数
	市场拓展	对外投资总额		高新技术产业新产品开发项目数
城乡建设高质量	城市品质化发展	城市万人公共交通车辆拥有量		规模以上企业R&D科技活动项目数
		光纤宽带普及率		第三产业增加值占比
		市政公用设施建设固定资产投资占总投资比重	内需动能	高技术产业主营业务收入/GDP
	居民宜居	城镇万人绿地与广场用地面积	外需动能	邮电业务总量/GDP
	乡村振兴	乡村集中供水覆盖率		电力消费总量/GDP
		单位乡村公共建筑投入		废水排放总量/GDP
文化建设高质量	文化产业和文化消费	文化及相关产业增加值占GDP比重	张云云、张新华和李雪辉（2019）	
		人均文化娱乐消费支出		人均地区生产总值
	文化基础设施	万人拥有图书馆个数		地方一般公共预算收入/GDP
	志愿服务	注册志愿者人数占城镇常住人口比重	经济效益	产品质量优等品率
生态环境高质量	能源资源	单位GDP能耗		GDP/全社会固定资产投资
		单位GDP水耗		第三产业/GDP
	空气质量	空气质量优良天数比例		全员劳动生产率
		PM2.5年均浓度	创新发展	R&D经费支出/GDP
	水环境质量情况	地表水达到或好于三类水体比例		技术市场成交额
	生态绿化	森林覆盖率		科技支出/财政支出
	污水处理	城镇污水集中处理率	人民生活	城镇化率
	垃圾处理	城市（县城）生活垃圾无害化处理率		居民可支配收入
人民生活高质量	居民收入	居民人均可支配收入		城乡收入比
	就业情况	城镇登记失业率	可持续发展	建成区绿化覆盖率

一级指标	二级指标	三级指标	一级指标	二级指标
人民生活高质量	社会保障	人均拥有社会保险总额	可持续发展	单位 GDP 电耗
	现代教育情况	学前教育资源配置率		单位 GDP 粉尘排放量
	医疗健康	人均期望寿命		单位 GDP 二氧化硫排放量
		每万常住人口全科医生数		生活垃圾无害化处理率
李子联和王爱民（2019）			许永兵、罗鹏和张月（2019）	
创新	研发效率	专利授权书/R&D 人员全时当量	创新驱动	研究与发展经费占 GDP 比重
		新产品销售收入/R&D 经费支出		地方财政科技拨款占地方财政支付比重
		技术市场成交额/GDP		规模以上工业企业 R&D 支出增长率
	创新潜力	普通高校专任教师数/总人口		技术市场成交额占全国比重
		普通高校招生数/总人口		每万常住人口发明专利授权量
		财政性教育经费/GDP		第三产业增加值占 GDP 比重
	增长效率	GDP/社会从业人员		最终消费率
		GDP/社会固定资产投资额		高新技术出口额占货物出口额比重
		农业总产值/农作物播种面积		经济波动率
协调	区域协调	城镇人口/总人口		通货膨胀率
		城市人均 GDP 最高最低之比		民营经济增加值占 GDP 比重
	产业协调	一二产业协调度		实际利用外资与 GDP 之比
		一三产业协调度		第二产业全员劳动生产率
		服务业增加值/GDP		城镇化率
	需求协调	最终消费/GDP	民生改善	财政性教育经费占 GDP 比重
		资本形成总额/GDP		医疗卫生投入比重
		居民消费总额/社会消费总额		城镇登记失业率

一级指标	二级指标	三级指标	一级指标	二级指标
协调	运行协调	经济波动率	民生改善	城镇居民人均可支配收入增长率
		城镇登记失业率		城乡人均收入比值
		居民消费价格指数	生态友好	万元地区生产总值能源消耗
绿色	资源消耗	能源消费总量/GDP		万元地区生产总值水资源消耗
		用水总量/总人口		工业废水排放强度
		生活能源消费/总人口		工业二氧化硫排放强度
	环境污染	废水排放总量/GDP		全年空气二级以上天数比重
		废气排放总量/GDP		—
		固体废弃物排放总量/GDP		—
	环境治理	工业污染治理投资/工业增加值		—
		城市绿地面积/建成区面积		—
		林业投资/GDP		—
	开放程度	进出口总额/GDP		—
		利用外商投资总额/GDP		—
		对外直接投资总额/GDP		—
		城镇居民收入/农村居民收入		—
		各省人均GDP/全国人均GDP		—
	公共服务	教育支出/总人口		—
		医疗卫生支出/总人口		—
		社会保障和就业支出/总人口		—
		农村人均住房面积		—

　　由于一些宏观指标难以获得，一些学者采用微观调查数据及问卷结果和可行理论作为计算经济发展质量的依据。罗连发（2015）所在的武汉大学质量发展战略研究院在2013年设计了用24项指标构成的指标体系，2014年增加到了32项指标（见表3-2）。叶初升和李慧（2014）使用了中国家庭追踪调查（CFPS）的微观数据构建指标体系，这些研究从微观角度提供评价经

济发展质量的另一种思路。但武汉大学质量发展战略研究院的这一项调查仅持续了两年，CFPS 的数据库仅有 2010 年、2011 年、2012 年、2014 年、2018 年的数据。由个人或者机构独立展开的微观数据调查由于需要投入大量的人力、物力、财力，想要实现稳定长效的观测难度非常大。

表 3-2　微观研究视角的经济发展质量指标体系构建

一级指标	二级指标	三级指标
武汉大学质量发展战略研究院		叶初升和李慧（2014）
物质福利	对收入增长状况的评价	个人收入
	对就业机会的评价	家庭平均收入
	对物价状况的评价	个人受教育年限
	对消费环境的评价	年龄
	对未来的消费信心	性别
	对投资和创业机会的评价	居住地
	对贷款成本和容易程度的评价	户口
	对财产拥有和增值状况的评价	人均 GDP
	对生活成本的评价	人均 GDP 的平方
	对税负程度的评价	基尼系数
	对经济增长前景的评价	大专及以上人口比例
	对经济政策的评价	城市人口密度
	对经济投入产出状况的评价	人均教育财政支出
	对经济结构合理性的评价	人均医疗卫生财政支出
	对经济稳定性的评价	人均社会保障就业财政支出
社会福利	对社会保障水平的评价	自然灾害受灾死亡人口
	对医疗保障水平的评价	城镇人均供水管道长度
	对社会治安的评价	城镇人均燃气管道长度
	对基础教育的评价	城镇人均公共交通车辆运营数
	对交通便利状况的评价	小学平均规模
	对社区生活的评价	每万人拥有卫生技术人员

续表

一级指标	二级指标	三级指标
社会福利	对生态环境状况的评价	城镇人均城市绿地面积
	对公共体育文化设施可使用性的评价	每百万人拥有的艺术表演场馆
	对社会诚信状态的评价	每万人拥有的藏书量
	对政府服务和法制环境的评价	—
个人生活	对自身健康状况的评价	—
	对自身长寿可能性的评价	—
	对个人闲暇时间的评价	—
	对社会压力的评价	—
	对家务劳动强度的评价	—
	对个人成长前景的评价	—
总体评价	对经济发展质量的总评价	

二、相关国外研究回顾

除了经济发展质量的指数体系之外,国际上有多个由权威机构持续发布并覆盖全球范围的指数系统值得本章借鉴,这些指数同样作为对传统 GNP 统计指标的单一性和不均衡的挑战,它们的提出不一定都在名字中加上"经济增长"字样,但它们的本质都与经济发展质量的成果紧密相连。例如,吉格梅·辛格·旺楚克(Jigme Singye Wangchuck)[①](1972)提出了由政府治理、经济增长、文化发展和环境保护四个方面指数构成的国民幸福总值(GNH),以衡量物质生活与精神生活的平衡程度。联合国开发计划署于 1990 年创立了人类发展指数(Human Development Index,HDI)(见表 3-3),该指数被很多国家视为衡量经济发展质量的重要指标。

---

① 参见 http://www.grossnational happiness.com。

表3-3 联合国开发计划署人类发展指数的指标体系

一级指数	二级指数
健康长寿的生活	预期寿命
知识	预期受教育年限
体面的生活水平	平均受教育年限
	人均收入

资料来源：联合国开发计划署官网。

虽然HDI指数考察的侧重点与本书考察的经济发展质量略有不同，但"初心"有共通之处，都是为了避免GDP/GNP等片面追求经济增长速度的单一指标而设立的综合性指标系统，HDI系统相对来说更为重视全球范围内的人类发展。2019年的联合国人类发展报告[①]中提出人类发展中的不平等会对经济造成损坏，使人们在工作和生活中的潜力无法充分发挥。2019年中国的HDI指数为0.758，排名第85位，属于高人类发展水平之列，但经过不平等调整之后，中国的HDI损失了16%，中国HDI指数如图3-1所示。

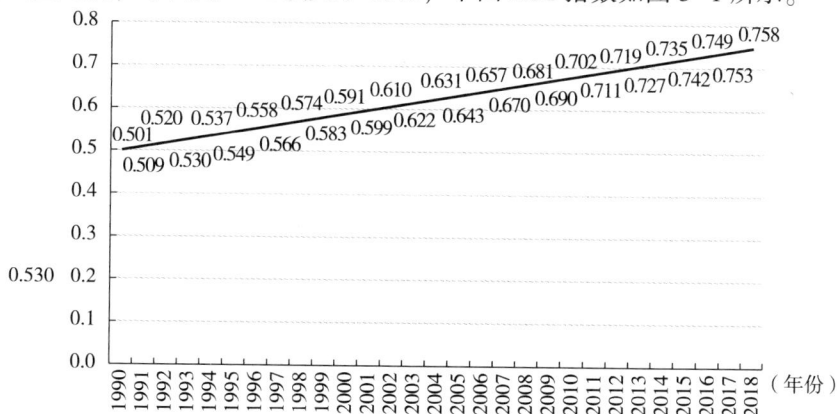

图3-1 1990~2018年中国HDI指数变化

资料来源：联合国网站，http：//hdr.undp.org/en/data。

Martinez 和 Mlachila（2013）提出了包含增长内在本质和其社会维度两方面的增长质量指数（Quality of Growth Index，QGI），在此基础之上，Montfort 等（2014）进一步对优质增长进行了衍生，即提高生活水平和福利，创造更好的就业机会。增长的关键在于可持续性、加速创造就业以及减贫。

由位于华盛顿的非营利组织 Social Progress Imperative 2014 年开始发布社会进步指数（Social Progress Index，SPI），该指数聚焦于社会维度的非经济因素表现，旨在为决策者和日常公民提供有关其社会和环境健康的最佳数据，并帮助他们确定可加速社会进步的行动。如表 3-4 所示，该指数由基础人类需求、幸福的基础和机会三个维度构成。

表 3-4　社会进步指数指标体系

一级指数	二级指数	三级指数	一级指数	二级指数	三级指数
基础人类需求	营养和基础医疗	营养不良	机会	个人权利	参政权
		产妇死亡率			意见自由
		儿童死亡率			宗教自由
		儿童发育迟缓			获得司法公正
		传染性疾病死亡数			妇女的财产所有权
	水和公共卫生	获得最基本的饮用水		个人选择自由	弱势就业
		使用自来水			早婚
		获得最基本的卫生设施			节育需求满足
		农村露天厕所			腐败
	庇护所	获得电力			对同志社群的接受度
		供电质量			对少数群体的歧视和暴力
		家庭空气污染导致的死亡数			
		烹饪清洁燃料和技术		包容性	按性别划分的政治权利平等
	人身安全	凶杀率			按社会经济地位划分的政治权利平等
		犯罪感知			
		政治杀害和酷刑			社会群体的政治权利平等
		交通死亡数			

一级指数	二级指数	三级指数	一级指数	二级指数	三级指数
幸福的基础	获得基础教育	成人识字率	机会	接受高等教育的机会	高等教育年限
		小学入学人数			女性平均在校年限
		中学入学率			全球排名大学
		中学入学率的性别均等			被全球排名大学录取的高等学校学生比例
		获得优质教育			
	获得信息和通信	移动电话使用量	—	—	—
		互联网使用者			
		获得在线管理			
		媒体审查			
	全面健康	预期寿命60岁			
		非传染性疾病导致的过早死亡			
		获得基本的医疗服务			
		获得优质的健康护理			
	环境质量	户外空气污染致死数			
		温室气体排放			
		生物群落保护			

资料来源：https：//www. socialprogress. org/？ tab＝2&code＝NOR。

　　经济合作与发展组织"更美好生活指数"是经济合作与发展组织"更好的生活计划"和"衡量幸福与进步的工作计划"的一部分，其旨在使人们了解什么驱动着人民和国家的福祉，以及为实现所有人的更大进步需要做什么。该报告展示了37个成员国和4个伙伴国其人民的生活状况是否得到改善。该指数选择11个衡量福祉概念的指标，分别是居住、收入、工作、社区、教育、公民参与、健康、生活满意度、安全、工作生活平衡、环境。这些指标是根据经济合作与发展组织成员国的相关性（表面效度、深度、政策相关性）和数据质量（预测有效性、覆盖面、及时性、跨国可比性等）所选择的。虽然这个指数系统的评价范围不包括中国，但其指标体系的选择对我国有很好的参考作用，如表3-5所示。

表3-5　OECD更美好生活指数指标体系

一级指标	二级指标	一级指标	二级指标
居住	没有基本设施的居所	公民参与	利益相关方参与制定规则
	住房消费		选民投票率
	每人的房间数	健康	预期寿命
收入（Income）	家庭可支配收入调整净额		自评健康状况
	家庭财富净值	生活满意度	生活满意度
工作	劳动力市场不安全度	安全	夜晚独行安全感
	就业率		凶杀率
	长期失业率	工作生活平衡	超长时间工作雇员
	个人收入（Personal Earnings）		用于休闲和个人护理的时间
社区	系统支持质量	环境	空气污染
	受教育程度		水污染
教育	学生技能		—
	受教育年限		

资料来源：http://www.oecdbetterlifeindex.org/。

创新被广泛认为是推动经济增长的重要动力。康奈尔大学、欧洲工商管理学院、世界知识产权组织联合发布的全球创新指数（Global Innovation Index，GII）从多维度的创新驱动来源考察了129个经济体的80项具体指标（见表3-6），已经成为衡量经济体创新绩效的主要参考之一。

表3-6　全球创新指数（GII）指标体系

一级指标	二级指标	三级指标	一级指标	二级指标	三级指标
制度	政治环境	政治稳定	知识和技术成果	知识创造	本国居民专利申请
		政府效力			本国居民PCT申请
	监管环境	监管质量			本国居民实用新型专利申请
		法律规定			科技期刊文章数量
		裁员成本			H索引引用量

一级指标	二级指标	三级指标	一级指标	二级指标	三级指标
制度	商业环境	轻松创业	知识和技术成果	知识影响	人均 GDP 增长率
		轻松解决破产问题			新企业密度
人力资本与研究	教育	教育支出			计算机软件花费
		每名中学生的政府资助			ISO 9001 质量认证
		预期在校时间			高科技和中高科技产出
		阅读、数学和科学评估		知识传播	知识产权使用费
		中学师生比率			高科技出口
	高等教育	高等教育入学率			ICT 服务出口
		理工科毕业生比率			外国直接投资净流出
		留学生比例	创意产出	无形资产	按来源计数的商标申请
	研究开发	研究人员			按来源计数的工业设计
		研发总支出			ICTs 和商业模式创造
		平均支出排名前三的全球研发企业			ICTs 和组织模式创新
		QS 大学排名中平均分排前三的大学		创新产品和服务	文化创意服务出口
基础设施	信息和通信技术（ICT）	ICT 接入			国家专题节目影片产出
		ICT 的使用			娱乐和媒体市场
		政府的在线服务			印刷、出版物和其他媒体输出
		电子政务参与			创意商品出口
	一般基础设施	发电量		线上创意	通用顶级域（gTLD）
		物流绩效			国家/地区代码顶级域（ccTLD）
		资本形成总额			维基百科年度编辑
	生态可持续性	每单位 GDP 能耗			移动应用下载量
		环保绩效			—
		ISO 14001 环保证书	市场成熟度	信贷	信贷的易获得程度

一级指标	二级指标	三级指标	一级指标	二级指标	三级指标
商业成熟度	知识工作者	知识密集型服务业从业者	市场成熟度	信贷	私人部门的国内信贷
		提供正式培训的公司			小额信贷机构的贷款总额
		企业研发支出占比		投资	保护中小投资者
		企业研发资助占比			市值
		女性高管占比			风险投资
	创新联系	大学/产业研究合作		贸易、竞争和市场规模	加权平均关税费率
		产业集群发展状况			本地竞争的激烈程度
		国外资助的研发占比			国内市场规模
		合资/战略联盟交易			—
		至少在两个局提交的专利家族			—
	知识吸收	使用知识产权费用	—	—	—
		高科技进口			—
		ICT服务进口			—
		外国直接投资净流入			—
		商业企业研究人才			—

资料来源：https：//www.globalinnovationindex.org/。

全球竞争力指数（Global Competitiveness Index）是由世界经济论坛①于1979年开始出版的备受全球关注的报告。在2019年报告中提出驱动生产率、增长和人类发展是影响一国竞争力水平的主要影响因素，如表3-7所示。

---

① 世界经济论坛成立于1971年，是一个总部设在瑞士日内瓦的非营利性基金会，他们以致力于改善世界状况为使命，并希望成为经济、社会与行业系统的全球平台。

表 3-7　全球竞争力指数指标体系

一级指标	二级指标	三级指标	四级指标	一级指标	二级指标	三级指标	四级指标
有利环境	机构	安全	有组织的犯罪	创新生态系统	商业活力	行政要求	创业的成本
			凶杀率				创业所需时间
			恐怖主义事件				破产恢复率
			警察服务的可靠性				破产的监管框架
		社会资本	社会资本			创业文化	对创业风险的态度
		制衡	预算透明度				授权意愿
			司法独立				创新公司的成长
			私营企业挑战现有法律法规的难易度				采用破坏式创新的公司
			新闻自由		创新能力	多样性与合作	劳动力的多样性
		公共部门的绩效	政府监管的负担				集群发展状况
			法律框架解决争端的效率				跨国合作发明
			ICT 支持的参与政府和治理过程				多利益相关方协作
		透明度	腐败事件			研究与发展	科学出版物
		财产权	产权				专利申请
			知识产权保护				研发支出
			土地管理质量				研究机构突出指数
		公司治理	审计和会计准则的强度			商业化	买方复杂度
			利益冲突规制				商标申请
			股东治理	市场	产品市场	国内市场竞争	税收和补贴对竞争的扭曲作用
		政府适应性	政府的未来定位				市场主导程度
			政府确保政策稳定				服务竞争
			政府对变化的反应			贸易开放度	非关税壁垒的普遍性
			法律框架对数字业务模型的适应性				贸易关税
							关税的复杂性
			政府的长远眼光				边境清关效率

续表

一级指标	二级指标	三级指标	四级指标	一级指标	二级指标	三级指标	四级指标
有利环境	机构	致力于可持续发展	能源效率法规	市场	劳动力市场	灵活性	冗余成本
			可再生能源法规				招聘和解雇实践
			与环境有关的有效条约				劳资关系合作
	基础设施	运输基础设施	道路连接				工资确定的灵活性
			道路基础设施质量				积极的劳动力市场政策
			铁路密度				工人的权利
			火车服务效率				雇用外派劳动力的难易度
			机场连通性				内部劳动力流动性
			航空运输服务的效率			精英与激励	专业管理依赖度
			海运运输连接性				薪酬与生产力
			港口服务效率				女性工作者与男性工作者薪酬的比率
		公用事业基础设施	通电				
			供电质量				劳动者税率
			接触不安全的饮用水		金融系统	深度	对私营部门的国内信贷
	信息和通信技术使用率		移动电话用户数				中小企业融资
			移动宽带用户数				风险资本可用性
			固定宽带互联网用户数				市值
			光纤互联网用户数				保险费
			互联网用户			稳定性	银行的可靠性
	宏观经济稳定性		通胀				不良贷款
			债务动态				信贷缺口
人力资本	健康		预期寿命				银行的资本充足率
	技能	现有劳动力	平均受教育年限		市场规模	—	国内生产总值
			人员培训的程度				货物和服务进口
			职业培训质量				—
			毕业生技能				—
			活跃人群中的数字技能				—
			找到熟练员工的难易度	—	—	—	—
		未来的劳动力	预期受教育年限				
			教学中的批判性思维				
			小学教育师生比率				

资料来源：https：//www.weforum.org/reports/。

三、各个地区的实践

国内各个省市从 2018 年以来也开始探索经济发展质量的指标体系，2018 年 4 月天津市制定了由效益变革、动力变革和质量变革构成的高质量发展统计指标体系及评价监测方案；2018 年 5 月江苏省出台了由经济发展、城乡建设、改革开放、生态环境、文化环境、人民生活 6 个类别 40 项指标；2018 年 8 月武汉市公布了由提质增效、绿色发展、创新驱动、风险防范、民生保障 5 项一级指标和 44 项二级指标的高质量发展体系；湖北省对各市州也制定了由 22 项指标构建的高质量发展综合指数，如表 3-8 所示。

表 3-8　湖北省高质量发展评价指标体系

评价指标	评价指标
规模以上工业企业主营业务收入利润率	地表水达到或好于Ⅲ类水体比例
规模以上工业企业亏损面	市州空气质量优良天数占比
工业企业产能利用率	文化及相关产业增加值占地区生产总值比重
研究与开发（R&D）经费占地区生产总值比重	进出口总额占地区生产总值比重
高新技术企业单位数增长率	实际利用外资占投资比重
高新技术产业增加值占地区生产总值比重	财政口径政府债务余额占地方综合财力比重
民间投资占固定资产投资比重	商业银行不良贷款率
十大重点产业发展指数	农村居民人均可支配收入增速
投资项目"两库"转化率	城镇居民人均可支配收入增速
技术改造投资占固定资产投资比重	单位规模以上工业增加值能耗降低率
税收占一般公共预算收入比重	服务业增加值占地区生产总值比重

资料来源：武汉市发展和改革委员会。

浙江省的高质量发展指标体系由质效提升、结构优化、动能转换、绿色发展、协调共享、风险防范 6 个方面共 66 项指标构成，但浙江省各地级市、各县分别根据自身情况在省级指标体系的基础上进行指标和权重的调整。2019 年 6 月上海市青浦区也公布了由 5 个大类共 38 项指标构成的高质量发展指标体系，如表 3-9 所示。

表 3-9　上海市青浦区高质量发展评价指标体系

一级指标	二级指标	三级指标	一级指标	二级指标	三级指标
创新驱动发展	创新投入	全社会研发经费支出占 GDP 比重	开放协同发展	营商环境	营商环境指数
	创新成果	万人发明有效专利数		长三角一体化	毗邻区域行政服务事项
	创新主体	经济活动人口中大专以上学历人数			异地门诊和住院直接结算联网率和开通率
		高新技术企业数		对外开放	实际利用外资总额增长率
		院士专家工作站			贸易型机构或总部数量
协调均衡发展	党建引领	"三网"融合覆盖率	共建共享发展	收入增长	居民人均可支配收入增幅
	城乡均衡	城乡居民收入比		文明程度	城市文明进步指数
	产业优化	现代服务业营收占比		智慧城市	5G 网络覆盖率
		战略性新兴产业比重			智慧应用指数
	质效提升	税收收入占一般公共预算收入占比		民生改善	公共服务满意度指数
		全员劳动生产率			义务教育优质均衡比例
		人均 GDP			历史风貌保护区控制性详细规划覆盖率
		单位建设用地税收收入			
绿色生态发展	空气质量	PM2.5 年均浓度			平均期望寿命
	水体质量	劣五类水体控制比例			
		示范区水功能区达标率			人均公共文体设施面积
	土壤质量	污染地块安全利用率			
		单位耕地面积农药使用量			人均公园绿地面积
		单位耕地面积化肥使用量			
	生态环境	蓝绿空间占比		公共安全指数	公共安全指数
	垃圾分类	村居生活垃圾分类达标率			
	能源消耗	单位 GDP 能耗下降率		—	—

　　广东省在 2019 年 9 月发布以综合、创新、协调、绿色、开放、共享 6 项一级指标共 39 项二级指标构成的高质量发展综合绩效评价体系。广东省指标体系设置对不同经济区域进行了部分指标的差别化考量，该指标体系的

大多数指标是复合式指标，如表 3-10 所示。

表 3-10　广东珠三角核心区高质量发展综合绩效评价体系

一级指标	二级指标	一级指标	二级指标
综合	人均地区生产总值	协调	基础设施通达水平
	全社会劳动生产率		美丽宜居村达标率
	地方财政效益与效率		社会矛盾纠纷化解率
	实体经济投入水平		区域发展差异系数
	市场主体培育发展指数		城乡居民人均可支配收入比
	现代产业发展指数①		
	制造业增加值占地区生产总值比重	绿色	空气、水等环境水平
	社会消费品零售总额增速		主要污染物排放总量降低率
	产品质量和商标提升水平		环境基础设施覆盖率
	亿元地区生产总值生产安全事故死亡率		资源节约利用率
	地方金融风险指数②		绿色生活指数
创新	地方政府债务风险	开放	外贸市场份额
	R&D 经费投入占地区生产总值比重		外贸结构优化
	专利产出指数		吸收外资水平
	国家级高新技术企业数量和增速		对外投资水平
	规模以上工业企业设立研发机构比例		营商环境便利度
	拥有省级及以上技术创新平台数量	共享	就业与社会保险水平
	国家级高新区综合排名		居民人均可支配收入
	人才发展指数		人均基本公共服务财政保障水平
			教育、医疗卫生和公共文化发展
			对口帮扶与合作

---

①　由现代服务业占比、高技术制造业、先进制造业占比、高技术服务业营收占比、现代农林牧渔业占比、旅游收入占比等构成。

②　由小额贷款公司不良贷款率、农合机构的不良贷款率、融资担保杠杆率、涉众金融活动风险指数构成。

成都市的高质量发展评价指标体系由质效提升、结构优化、风险防控、动能转换、绿色低碳、民生改善六个维度构成，如表 3-11 所示。

表 3-11 成都市高质量发展评价指标体系

一级指标	二级指标	一级指标	二级指标
质效提升	人均地区生产总值	动能转换	"三新"经济增加值占 GDP 比重
	地区生产总值增长率		R&D 经费投入强度
	全要素贡献率		民间投资占固定资产投资比重
	一般公共预算收入占 GDP 比重		规模以上高新技术工业企业产值增速
	税收占一般公共预算收入比重		中国企业 500 强、中国民营企业 500 强总部企业、独角兽、新经济企业数量
	税收增长率		每万人企业市场主体数
	规模以上企业收入利润率		每万人有效发明专利拥有量
	全员劳动生产率		外贸依存度
	增量资本产出率（ICOR）	绿色低碳	空气质量优良天数比例
	单位产出使用建设用地下降率		地表水达到或优于三类水体比例
结构优化	服务业占 GDP 比重		单位耕地面积化肥使用量
	高技术工业主营业务占规模以上工业比重		单位耕地面积农药使用量
	科技服务业占规模以上工业比重		单位 GDP 二氧化碳排放降低率
	常住人口城镇化率		森林覆盖率
	居民恩格尔系数		清洁能源消费比重
	高新技术产品出口额占出口额比重		人均公园绿地面积
	服务贸易出口额占出口额比重		绿道覆盖率
			公共交通出行分担率
			人均公园绿地面积
风险防控	政府债务率	民生改善	人均可支配收入与人均 GDP 之比
	金融机构不良贷款率		居民人均教育文化娱乐支出占生活消费比重
	经济证券化率		调查失业率
	国有企业资产负债率		财政民生支出占一般公共预算支出比重
	规模以上工业企业资产负债率		平均预期寿命
	房地产市场杠杆率		生活垃圾无害化处理率
	保险机构赔付率		生活污水集中处理率
	—		社区综合服务设施覆盖率

湖州市在 2019 年也制定了高质量发展评价指标体系，如表 3-12 所示。

表 3-12　湖州市高质量发展评价指标体系

一级指标	二级指标	三级指标	一级指标	二级指标	三级指标
综合质量效益	总体产出水平	人均 GDP	开放发展共享发展	对外贸易	进出口总额增长速度
		全员劳动生产率（包括农业劳动生产率、工业劳动生产率、服务业劳动生产率）			进出口总额与 GDP 比率
	产业结构优化	第一、二、三产业结构比		招商引资	实际利用外资增长速度及占投资比重
		制造业增加值占 GDP 比重			实际利用内资增长速度及占投资比重
		产业投资占固定资产投资比重（其中制造业投资占固定资产投资比重）			营商环境便利度指数（"放管服"改革、创新创业环境优化等）
		文化及相关产业增加值占 GDP 比重		居民收入	城镇居民人均可支配收入增长率
	财税质量提升	地方一般公共预算收入与 GDP 比率			农村居民人均可支配收入增长率
		税收占地方一般公共预算收入比重			城镇调查失业率（登记失业率）
		民间投资占固定资产投资比重			人均拥有公共文化设施面积
		社会消费品零售总额增长速度			各级教育毛入学率
		"四上企业"个数（其中规模以上工业企业个数）		医疗卫生	每千常住人口执业（助理）医师数
	园区产出水平	单位面积税收产出强度			每千常住人口医疗机构床位数
		单位面积工业增加值		养老保障	每千名老人拥有养老床位数
	金融支持实体经济（制造业新增贷款占新增贷款比重）				平均预期寿命
	防范化解风险	债务率（政府债务/综合财力）		社会安全	较大及以上道路交通事故次数
		商业银行不良贷款率			群体性事件次数
		亿元 GDP 生产安全事故死亡率			较大及以上生产安全事故（不含道路交通、火灾事故）次数
		地质灾害隐患消除率			较大及以上火灾事故次数

续表

一级指标	二级指标	三级指标	一级指标	二级指标	三级指标
绿色发展	能源资源	单位 GDP 能耗降低率	创新发展	研发投入	全社会 R&D 经费支出占 GDP 比重
		闲置土地处置率			企业研发经费投入占主营业务收入比重
	主要污染物排放减少	二氧化硫排放总量削减率		创新产出	每万人有效发明专利拥有量
		氮氧化物排放总量削减率			注册商标数
		化学需氧量排放总量削减率			"三新"经济增长速度
		氨氮排放总量削减率			当年新认定的高新技术企业个数增长速度
	空气质量	空气质量优良天数比例			高技术人才总量占比
		地级以上城市细颗粒物（PM2.5）年均浓度	协调发展		农村贫困发生率
		地表水达到或好于Ⅲ类水体比例（国考断面、省考断面）			常住人口城镇化率
	土壤修复治理	受污染耕地安全利用率		农村基础设施建设水平	农村地区自然村（20 户以上）光纤和 4G 覆盖率
		受污染建设用地安全利用率			农村自来水普及率
	生态环境保护	森林覆盖率			高标准农田比重
		绿色矿山建成率	—	—	—
	城镇污水垃圾处理	地级城市建成区黑臭水体消除比例	—	—	—
		县以上城镇污水处理率	—	—	—
		县以上城镇生活垃圾无害化处理率	—	—	—

2019 年 9 月，广东省顺德区公布了由经济提质、动能转换、产业升级、民生改善、环境优化 5 个维度、18 项一级指标、58 项二级指标构成的高质量发展评价指标体系。北京 2019 年 12 月首次发布了从经济、环境和社会 3 个维度进行评价的《首都高质量发展指数报告》。

四、现有研究的评述

国内虽然已经有众多学者提出的各自的指标评价体系，但这些指标体系更多的关注经济体系内在的指标，如经济结构、经济效率、经济稳定；对人民福祉相关的指标则很少被纳入指标体系；对地方经济风险也未给予足够的关注；未能实现较长时间内较大范围的追踪分析；几乎没有进行国际比较的研究。

上文中所提到的各种国际指数的关注点实际上和经济发展质量的落脚点——人民的福祉密切相关，而这一点却又是国内大部分现有研究中忽视的。HDI 指数和 SPI 指数实际上呼应了党的十九大报告中关于"人民美好生活需要日益广泛，不仅对物质文化生活提出了更高要求，而且在民主、法治、公平、正义、安全、环境等方面的要求日益增长"的论述。

从各个省市自主研发的高质量发展指标体系来看具有共同特征，即都在致力于多维度评价经济发展质量，每个地区的评价体系基本都包含创新和生态这两个备受关注的因素，但量化的指标有所不同，且存在以下问题：

首先，为了突出各个地方的特色和符合当地政府的发展方向，这些评价体系之间的差异很大，几乎不具有横向比较的可能。

其次，这些高质量发展的指标体系几乎都建立在各项指标持续增长的前提下，然而在经济进入下行期、全球经济低迷、逆全球化时代到来的形势下，在考虑衡量经济质量的变化时，这个前提是否还能存在和延续是值得思索的。在指标设定时采用更为中性的表述也许更能符合不断变化的宏观经济实际。

从什么样的视角构建经济发展质量指数对于政策制定者和决策者都是重要的，因为这意味着地方政府为了实现经济质量的提升而从具体的指标上进行政策规划和资源调配。

第二节　贵州经济发展质量

一、贵州经济增长的特征描述

1978～2018 年，贵州的经济增长情况如表 3-13 所示，从表 3-13 可以看出，贵州经济增长表现出阶段性的特征，在改革开放初期，经济增长率波动超过50%的年份有7个，其中经济增长变动幅度超过100%的年份有2个，它们分别是1982年、1991年。这种情况的出现是由于经济扩张政策带来的，虽然增长极快，但却破坏了经济增长的规律。在此之后，我国对政策使用的方式和程度有了更好的把握，在1992年之后，经济增长的波动大多稳定在20%以内，其中有9年的经济增长变动幅度保持在5%以内。因此，要提高我国的经济发展质量，必须保持经济发展的相对稳定性。

表3-13　贵州历年经济增长情况及其变动　　　　单位:%

年份	经济增长率	经济增长率变动幅度	人均 GDP 增长率	人均 GDP 增长率变动幅度
1978	23.70	—	—	—
1979	11.00	−53.59	17.00	—
1980	4.40	−60.00	7.00	−58.82
1981	6.50	47.73	11.00	57.14
1982	15.80	143.08	15.00	36.36
1983	12.60	−20.25	9.00	−40.00
1984	19.80	57.14	23.00	155.56
1985	7.90	−60.10	13.00	−43.48
1986	5.60	−29.11	11.00	−15.38
1987	10.80	92.86	17.00	54.55
1988	8.60	−20.37	25.00	47.06
1989	4.50	−47.67	10.00	−60.00
1990	4.30	−4.44	8.00	−20.00
1991	9.20	113.95	11.00	37.50
1992	8.10	−11.96	15.00	36.36
1993	10.40	28.40	19.00	26.67
1994	8.40	−19.23	24.00	26.32
1995	7.50	−10.71	20.00	−16.67
1996	8.90	18.67	12.00	−40.00
1997	9.00	1.12	10.00	−16.67

年份	经济增长率	经济增长率变动幅度	人均 GDP 增长率	人均 GDP 增长率变动幅度
1998	8.50	−5.56	5.00	−50.00
1999	8.80	3.53	8.00	60.00
2000	8.40	−4.55	8.00	0.00
2001	8.80	4.76	9.00	12.50
2002	9.10	3.41	9.00	0.00
2003	10.10	10.99	14.00	55.56
2004	11.40	12.87	17.00	21.43
2005	12.70	11.40	25.00	47.06
2006	12.80	0.79	16.89	−32.44
2007	14.80	15.63	24.95	47.72
2008	11.30	−23.65	25.00	0.21
2009	11.40	0.88	11.00	−56.00
2010	12.80	12.28	20.00	81.82
2011	15.00	17.19	25.00	25.00
2012	13.60	−9.33	20.00	−20.00
2013	12.50	−8.09	17.00	−15.00
2014	10.80	−13.60	14.00	−17.65
2015	10.70	−0.93	13.00	−7.14
2016	10.50	1.87	11.00	−15.38
2017	15.00	—	14.17	—
2018	9.30	—	8.66	—

资料来源：历年《贵州统计年鉴》。

根据 2016 年的数据，从人均地区生产总值来看贵州已经接近 5000 美元（见图 3-2），这代表着贵州已经进入了中等收入地区的行列，所以贵州要避免陷入中等收入陷阱，在人均地区生产总值从 5000 美元到 10000 美元的过程中，以前因经济快速发展而积累的矛盾会集中爆发，原有的增长机制和发展模式无法有效应对由此形成的系统性风险。从国内比较来看，截至 2016 年，贵州人均地区生产总值仅占全国的 61.4%，虽然进步显著，但要提升经济发展质量，人均地区生产总值尚有较大的提升空间。从国际比较来看，2016 年世界人均国内生产总值为 10164 美元，中等收入国家为 4798 美元，贵州同期的人均地区生产总值已经超过中等收入国家的水平。

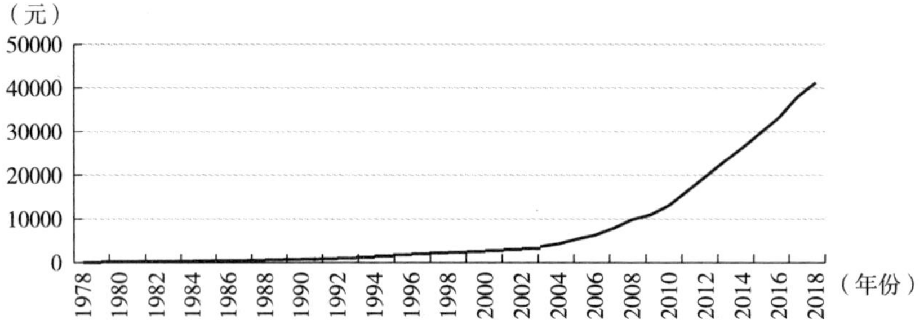

图 3-2　贵州人均地区生产总值变化情况

二、贵州经济发展质量的历史演进

当前，我国经济发展呈现速度变化、结构优化、动力转换三大特点，故在经济的发展过程中需要及时适应新常态、把握新常态、引领新常态。更需要全面贯彻落实党的十八大和十八届三中、四中全会精神，深入学习贯彻习近平系列重要讲话精神，全面深入推进"四个全面"战略布局，更好守住发展、生态以及安全这三条底线；因地制宜发挥各地优势，科学选择发展路径，走具有当地特色的发展新路。在逐步实现这些目标的过程中，要做好经济增长的质量风险控制，把控好经济增长的质量，这样才能更好地保障目标的高质量实现。但贵州各项指标与全国平均水平仍有较大差距。

在贵州 2018 年的政府工作报告中第一次出现了高质量发展的提法，对 2019~2024 年的进一步发展做出了规划，本章对这些目标与本章的指标相对应（见图 3-3），"两条底线""两个同步"等多个目标与上文指标体系中经济增长的持续性和稳定性、生态可持续发展、减贫和产业结构等指标相呼应。

2019 年贵州政府工作报告中制定的高质量发展目标与经济增长、民生保障相平行，仅包含了产业结构、生态可持续、人口城镇化率和全员劳动生产率等指标，相较 2018 年的高质量发展界定范围有所缩小。

守好发展底线，地区生产总值超过2亿元，年均增长10%左右	· 经济增长的持续性和稳定性
守好生态底线，森林覆盖率超过60%，八大水系干流水质全部达标，空气质量优良天数比例稳定在95%以上	· 生态可持续发展
按照国家现行标准如期实现农村贫困人口全部脱贫、贫困县全部"摘帽"，解决区域性整体贫困，确保与全国同步全面建成小康社会	· 减贫
高技术产业占规模以上工业增加值比重提高到10.5%，现代服务业占服务业增加值比重提高到45%，民营经济增加值占地区生产总值比重提升到58%以上	· 产业结构

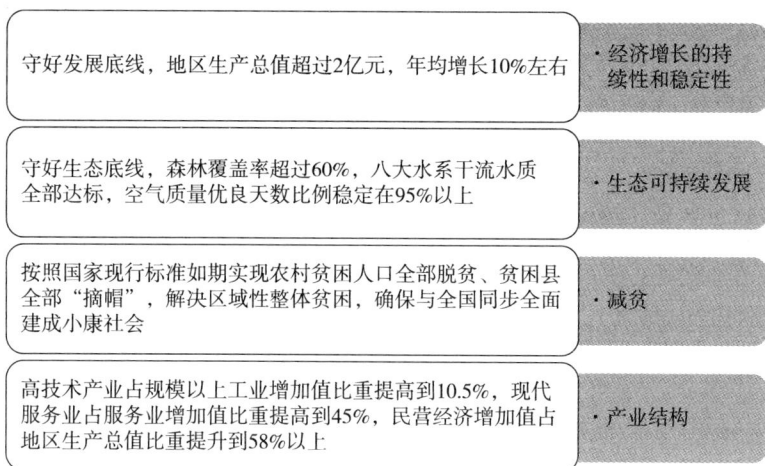

图 3-3　贵州经济发展质量的目标

三、提升经济发展质量持续性的有效途径

首先要对贵州经济增长的效率、贵州经济发展质量的稳定性、贵州经济发展质量的持续性做出合理的度量，并对影响这些特征值的原因进行深度分析。经济增长是最为重要的宏观经济目标，那么经济增长的质量就是宏观经济目标高质量实现的重要保障。当前，我国的经济得到了快速而有质的增长，但这也给国家带来了诸多的难题和巨大的挑战。经济增长的真正目标就是实现经济高质量增长，从而在经济质量不断提升的基础上，努力促进产业、技术等升级优化发展。

随着经济的高速发展，对贵州的自然环境、自然资源形成了巨大的危害，对城乡发展之间也造成了一定的矛盾，使我们不得不重新认识经济增长的质量问题，探寻能够使经济发展质量得到有效保证的途径，这样才能够保持经济发展质量的持续性。第一，提高投入要素质量。人力资源是拉动经济增长的一个重要动力，那么人力资源的质量也就直接关系着经济增长的质量，这就需要重视对人力资本的投资力度，提高劳动者素质；还需要重视各种自然资源的利用效率、教育费用投入、技术创新以及推广费用等，加大对这些资本要素的投入，提高经济生产的质量。第二，鼓励支持新型支柱产业和高新技术产业的发展。积极推动经济结构战略调整和增长方式，将重点转向高新技术发展层面，在优化基础设施的基础上加快发展高新技术产业，并且推动其成为新型的支柱产业，以此优化产业结构。第三，注重科技进步，加快发展循环经济。影响经济发展的不仅是速度，更重要的是经济发展质量。因此，需要加快转变经济发展方式和理念，以科学的方式引导社会各行各业的正确发展，降低能耗，推动节能减排工作的开展才能更好的确保经济发展质量有所提高。从这三点中可以总结出，只有通过促进经济发展质量的有效手段，才能够在质量的保证下促进经济增长的持续性，这样也才能够保证经济发展质量得到良好的持续发展，而不是恶性循环。

第三节　贵州经济发展质量指数的实证研究

一、经济发展质量测度指标

为评估经济发展质量在地区间和随时间的变化，经济发展质量需要采用一套系统的、体系化的指标来评价和追踪。本章以经济发展质量的广义内涵为基础，构建了经济发展质量指数（Quality of Develop Index，QDI）。QDI 是由四个部分聚合而成的复合指数，如图 3-4 所示，第一个分指数是经济稳定发展指数，第二个分指数是经济发展的多角度结构均衡状况，第三个分指数是社会所期望经济发展产出的成果，第四个分指数是经济发展的生态代价。

经济稳定发展分指数由经济增长的强度、经济增长的稳定性、经济增长的动力来源、金融发展、风险五个部分构成。第一，经济增长的强度是传统经济增长评价的核心，经济增长的强度用人均 GDP 的年度变化来表示，前文中多个覆盖全球衡量经济发展质量以及人类发展的指标中都选择人均 GDP 这一指标代替 GDP，说明学界对此已有共识：人均 GDP 比 GDP 更能体现经济增长的质量以及给人民带来的福祉。Dollar 等（2013）认为经济增长强度之所以是经济发展质量中很重要的一方面是因为它是减贫中的必须要素。因

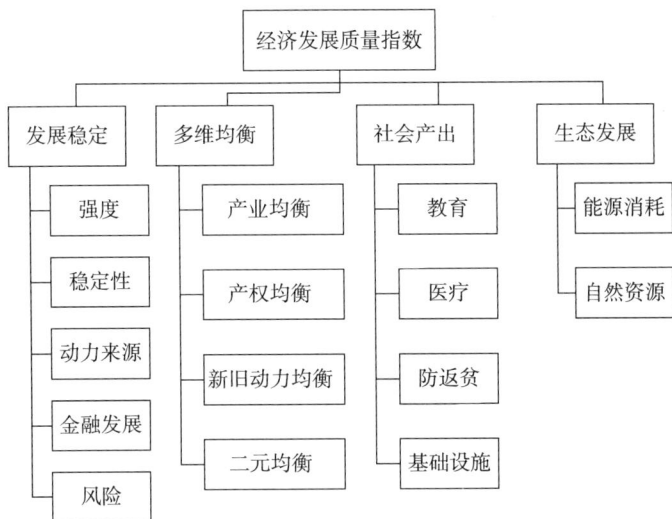

图 3-4 经济发展质量指数的构成

此，更高的增长率有望为减贫提供更为坚实的基础，从而实现更高的经济发展质量。第二，现有研究表明较为平稳的经济增长对未来的经济增长更有助益。第三，经济增长来源的多元化是支撑经济稳定发展的重要因素。第四，金融是经济的核心，金融发展需要满足经济发展的需要。第五，风险意味着可能潜在的阻碍经济稳定发展的因素，因此需要予以重视。

多维均衡分指数由产业均衡、产权均衡、新旧动力均衡与二元均衡四部分构成。产业均衡主要体现在产业结构的发展变化向着有利于提升经济发展质量的方向演进；产权均衡是经济发展活力的重要保障，民营企业的生存和发展是该部分关注的重点；新旧动力均衡主要观察创新能力的发展及新经济新动能产业的培育发展情况；二元均衡重视城乡发展的均衡。

社会产出分指数由教育、医疗、防返贫、基础设施四部分构成，体现为经济发展的成果惠及人民，切实提升人民幸福感、安全感和获得感。社会产出一方面是衡量经济发展质量的重要指标，另一方面是下一步经济发展的重要基础。

生态发展分指数由能源消耗和自然资源两部分组成。能源消耗的降低及能源使用效率的提升是为了保障达到碳达峰目标；自然资源的保护对于贵州而言不容忽视，是"两山"理论的落脚点和出发点。

本章在继承和发展经济增长理论和经济发展质量理论的基础上，较为充分地对从不同视角研究设计的指标体系逐一比较、分析，同时参考多个全球性的、权威性的国际综合指标体系的设计思路，并对 2018 年以来全国十余个省、市已公布的高质量发展指标体系进行比较分析。结合贵州的要素禀赋、发展实际和政府对于经济发展质量各维度的具体规划，考虑数据的可得性，拟定了一套符合国家高质量发展方针、加强国际比较、立足贵州实际的指标体系，构建贵州经济发展质量指标体系的逻辑思路如图 3-5 所示，贵州经济发展质量指数构成如表 3-14 所示。

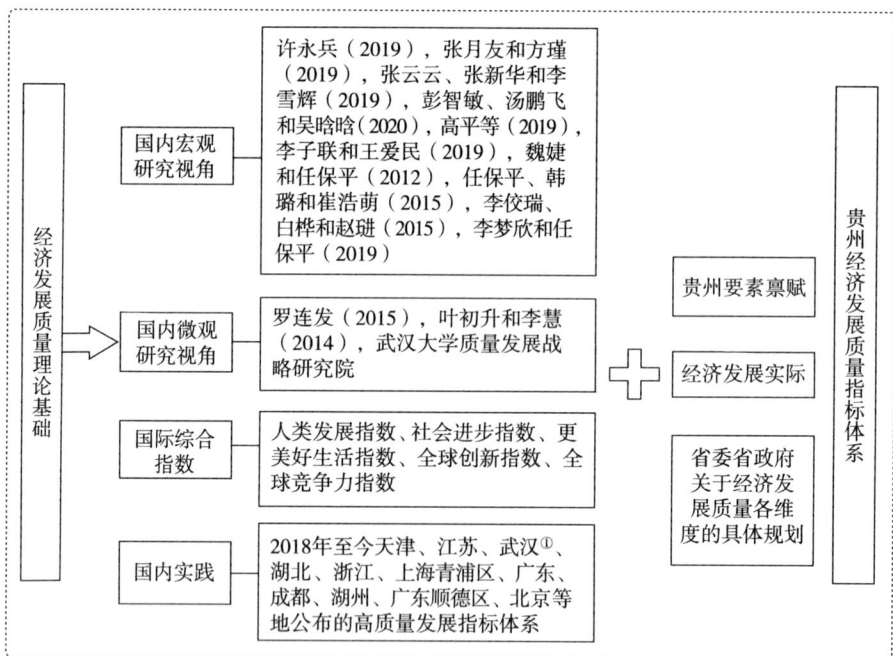

图 3-5 构建贵州经济发展质量指标体系的逻辑思路

---

① 武汉和湖北的高质量发展评价指标体系不同。

表 3-14　贵州经济发展质量指数构成

维度	分项指标	基础指标
稳定发展	经济波动	人均 GDP
		全员劳动生产率
		经济增速
		城镇化率
	动力变革	R&D 经费投入强度
		互联网宽带接入端口 *
		每万人专利拥有量
	财政金融风险	地方政府负债率 *
		金融机构不良贷款率 *
结构均衡	产业均衡	工业化率
		第三产业比重
	金融结构	金融发展
		经济证券化率
	内外均衡	经济外向化
	二元均衡	城乡收入比
	新旧动能均衡	新经济比重
	产权均衡	民营经济比重
人民福祉	教育	基础教育
		高等教育
	卫生	医疗硬件水平
		医疗软件水平
	防返贫	贫困发生率
	就业	城镇登记失业率
	基础设施	公路里程
		铁路里程
生态发展	自然资源可持续	用水普及率
		能源消耗弹性系数
		环保投入力度
		空气质量
		森林覆盖率

注：表格中带有 * 的指标仅在 2003~2018 年的数据中运用。

二、变量选择与数据

1. 指标选择

本章认为虽然有些统计指标与经济增长密切相关，但不应选择所有可能影响经济增长的因素，而应该选择能够充分体现高质量增长内涵的因素，充分刻画高质量增长的特征，以求尽可能准确的度量经济发展质量水平。

负债率和不良贷款率是逆向指标，它们的值越高说明潜在的风险越大，不利于经济的平稳发展。城乡收入比是逆向指标，其值越高说明城乡差距越大，不利于经济发展质量的提升，所以对其求导数使其正向化。贫困发生率是逆向指标，不利于经济发展质量的提升。能源消耗是逆向指标，绿色发展的方向和目标是提高能源消耗的效率。

为了体现经济发展质量的评价对于外溢因素的作用，现有的一些指标体系设计刻意回避与经济增长强度相关的指标，本章认为经济增长的数量和强度也是经济发展质量中的重要部分，应该包含在指标体系中。

与任保平等采用三次产业比较劳动生产率的做法不同，本章认为工业化率和工业增加值是经济稳定增长的重要基础，适度增加新经济占地区生产总值的比重和民营经济增加值占比是研究经济发展质量的方向。因此，本章采用这三项指标来描述高质量发展语境下的产业结构。魏婕和任保平（2012），任保平、韩璐和崔浩萌（2015）在指标体系中以全要素生产率作为度量技术进步的指标，主流测算方法包括索洛余值法、随机前沿生产函数（SFA）法、数据包络分析（DEA）法等。除此之外，易纲、樊纲和李岩（2003）的研究表明，新兴经济体在测算全要素生产率上要与发达国家不同，因此对于全要素生产率如何测算、计算、运用尚存在较大争议，并且地区层面的数据难以获得，使用该指标可能会导致指标体系的不严谨和部分失真，因此本章暂时没有将全要素生产率纳入指标体系，待该指标的计算和数据来源在理论界和实务界取得一定的共识后再将该指标纳入下一步的研究中。

相比一些文献中使用教育经费和医疗卫生投入占 GDP 或财政投入的比重，本章认为教育和医疗的实际产出比经费投入更能体现一个地区的教育和卫生发展情况，也能够体现地方政府治理能力，对于这些领域，提高质量和产出要比增加投入更加考验执政智慧。

2. 变量选择

采用的数据来自《贵州统计年鉴》、中经网统计数据库、中国经济与社会发展统计数据库等。各项指标的具体计算如下：

（1）人均 GDP。

（2）全员劳动生产率，是指一定时期内全社会单位劳动所创造的价值，即全员劳动生产率=地区生产总值/就业人口总量。

（3）贵州经济增速。

（4）城镇化率采用人口统计学指标，城镇人口占年末常住人口的比重。

（5）R&D 经费①投入强度集中反映了科技投入的规模和水平，用来表示地方政府对于科技发展的经费投入，即 R&D 经费投入强度=R&D 经费/地区生产总值。

（6）互联网宽带接入端口，用来度量地区的数字化进程。

（7）每万人专利拥有量，是反映自主知识产权和自主创新的指标，即每万人专利拥有量=每年地区专利授权量/常住人口数量。

（8）地方政府负债率，用于衡量经济增长对政府债务的依赖程度。《马斯特里赫特条约》规定的负债率为60%通常被作为政府债务风险的控制参考标准，即地方政府负债率=地方政府债务余额/地区生产总值。

（9）金融机构不良贷款率，表示地方金融机构的风险承担情况。

（10）工业化率，指工业增加值占全部生产总值的比重。

（11）第三产业比重，指第三产业增加值占地区生产总值的比重。

（12）金融发展，反映一个地区经济金融发展程度，即金融发展=每年地区金融机构本外币存款余额/地区生产总值。

（13）经济证券化率，反映一个地区的证券市场在经济中所发挥的作用，

---

① 研究与试验发展（R&D）经费指全社会实际用于基础研究、应用研究和试验发展的经费支出。包括实际用于研究与试验发展活动的人员劳务费、原材料费、固定资产购建费、管理费及其他费用支出。

即经济证券化率＝每年末地区上市公司总市值①之和/地区生产总值。

（14）经济外向化，指一个地区经济方面对外交流的程度，即经济外向化＝每年地区进出口总额/地区生产总值。

（15）城乡收入比，指一个地区的城乡居民收入差距，用来衡量地区分配的城乡差距，即城乡收入比＝城镇居民人均可支配收入/农村居民人均可支配收入。

（16）新经济比重，用来衡量地区新旧动能转换进展。

（17）民营经济比重，产权的保护对于经济发展质量有着简单又直接的影响（维诺德·托马斯和王燕，2017），民营经济的发展有助于增加经济活力，完善市场机制。结合贵州高质量发展目标，本章将民营经济增加值占地区生产总值比重纳入指标体系。

（18）基础教育，用每十万人初中阶段在校生数来衡量，用来表示基础教育的发展水平。社会进步指数（SPI）采用小学生入学人数作为衡量教育的指标之一，但本章在整理数据时发现由于《中华人民共和国义务教育法》对九年义务教育的强制性要求和人口出生率的下降，导致小学生入学人数、小学学龄儿童入学率等指标不足以成为描述地区教育发展的变量，因此本章采用每十万人初中阶段在校生数作为度量基础教育发展的指标。

（19）高等教育，用每万人拥有在校大学生数来衡量，用来表示地区高等教育的发展程度。

（20）医疗硬件水平，用每万人医疗机构床位数来衡量，表示地区医疗卫生的硬件条件。

（21）医疗软件水平，用每万人拥有执业（助理）医师数来衡量，表示地区医疗卫生的软件条件。

（22）贫困发生率，用来表示地区的减贫成效。

（23）城镇登记失业率，用来表示地区的失业人员比率。

（24）公路里程。

---

① 上市公司包含主板上市公司和新三板挂牌公司。

（25）铁路里程。

（26）用水普及率。

（27）能源消耗弹性系数，反映能源消耗增速与经济增速之间的相对关系，即能源消耗弹性系数=能源消耗年增速/经济增长速度。

（28）环保投入力度。

（29）空气质量。

（30）森林覆盖率。

选取的贵州数据较为齐全，缺失较少，因而结果的可信度较高，也符合现实。

3. 数据规范化处理

为了避免各项指标之间的量级和单位差别，运用 Z-score 方法将所有指标进行标准差标准化，即：

$$\bar{x} = \frac{1}{n} \sum_{i=1}^{n} x_i$$

$$s = \sqrt{\frac{1}{n-1} \sum_{i=1}^{n} (x_i - \bar{x})^2}$$

$$x' = (x_i - \bar{x}) / s$$

4. 计算方法与描述性统计

经济发展质量指数（QDI）由四个维度构成，分别是稳定发展指数、结构均衡指数、人民福祉指数、生态发展指数。

QDI=f(Stab，Bala，Wel-b，Eco-s)

本章选择贵州 1978~2018 年的数据进行指标体系的计算，本章所构建的经济发展质量指数尽可能平衡指标的重要性及数据可得性之间的关系。由于互联网、新经济、地方政府债务、不良贷款率、贫困发生率、空气优良质量天数等方面是 20 世纪以来才开始被关注的指标。因此，本章选择 2003~2018 年的数据进行测算，贵州经济发展质量指标描述性统计如表 3-15 所示。

表 3-15 指标的描述性统计

基础指标	均值	标准差	最大值	最小值
人均 GDP（元）	18096.50	12103.01	3701.00	41244.00
全员劳动生产率（%）	33326.50	21251.29	6650.00	72634.00
经济增速（%）	11.86	1.64	9.10	15.00
城镇化率（%）	34.71	7.32	24.77	47.52
R&D 经费投入强度（%）	0.62	0.08	0.50	0.82
互联网宽带接入端口*（万个）	487.23	476.16	51.21	1575.13
每万人专利拥有量（个）	169.49	156.89	18.68	540.44
地方政府负债率*（%）	74.34	12.51	59.66	94.35
金融机构不良贷款率*（%）	1.83	0.37	1.31	2.63
工业化率（%）	32.98	1.53	29.57	35.88
第三产业比重（%）	44.86	2.93	39.14	48.66
金融发展（%）	157.66	21.61	132.70	202.60
经济证券化率（%）	49.99	21.79	18.26	95.69
经济外向化（%）	5.42	1.21	3.15	7.54
城乡收入比（%）	3.92	0.45	3.25	4.59
新经济比重（%）	7.60	1.96	5.61	12.11
民营经济比重（%）	38.17	10.90	18.30	54.90
基础教育（%）	97.69	2.05	92.40	100.00
高等教育（%）	103.03	45.50	38.61	190.97
医疗硬件水平（床/万人）	35.60	18.73	14.80	68.23
医疗软件水平（人/万人）	13.67	4.01	9.50	22.60
贫困发生率（%）	13.99	7.70	5.00	33.40
城镇登记失业率（%）	3.64	0.37	3.20	4.20
公路里程（万公里）	13.99	5.14	4.53	19.69
铁路里程（万公里）	0.23	0.06	0.19	0.36
用水普及率（%）	86.99	4.73	77.59	93.78
能源消耗弹性系数（%）	0.70	0.59	0.21	2.65
环保投入力度（%）	1.66	0.31	1.09	2.30

基础指标	均值	标准差	最大值	最小值
空气质量（%）	1.87	1.40	0.25	4.45
森林覆盖率（%）	39.94	11.41	23.80	57.00

＊给本书作者计算得出。

三、研究模型、步骤与方法

本章采用主成分分析法（Principal Component Analysis）来确定各项指标在各维度中的权重，进而使用同样的方法通过各维度合成最终的经济发展质量指数。由于各指标之间不可简单相加，无法直接进行计算，则需要对原始数据进行处理和变换。对于量纲量级问题，经济发展质量指数的各项基础指标具有不同的量纲和量级，所以要对原始数据进行无量纲化处理，并以协方差矩阵作为主成分分析的输入。由于前四个主成分综合原始数据信息的能力最强，因此采用前四个主成分来确定权重，将每一个主成分系数向量除以其相应的特征根并开根号后所得到的变换系数向量作为基础指标的权重，由此求得各指数的权重，再以同样的方法计算各维度的权重，最终获得经济发展质量指数值。

四、经济发展质量指数的计算

运用SPSS17.0进行基于协方差的主成分分析，可得各基础指标变换系数向量，如表3-16所示。

表3-16　各基础指标的变换系数向量

基础指标	变换系数向量	基础指标	变换系数向量
人均GDP	0.153	新经济比重	0.621
全员劳动生产率	0.192	民营经济比重	0.405
经济增速	0.203	基础教育	0.060

基础指标	变换系数向量	基础指标	变换系数向量
城镇化率	0.083	高等教育	0.162
R&D 经费投入强度	−0.135	医疗硬件水平	0.163
互联网宽带接入端口 *	−0.053	医疗软件水平	−0.345
每万人专利拥有量	0.045	贫困发生率	0.737
地方政府负债率 *	0.021	城镇登记失业率	−0.068
金融机构不良贷款率 *	0.120	公路里程	0.408
工业化率	0.397	铁路里程	−0.151
第三产业比重	1.210	用水普及率	0.098
金融发展	0.113	能源消耗弹性系数	−0.613
经济证券化率	0.199	环保投入力度	−0.205
经济外向化	0.501	空气质量	−0.191
城乡收入比	−0.042	森林覆盖率	−0.013

进而得到各方面指数对应的测度结果和经济发展质量指数的测度结果，如表 3-17 所示。

表 3-17　贵州 2003~2018 年经济发展质量指数

年份	稳定发展	结构均衡	人民福祉	生态发展	经济发展质量指数
2003	−7.290	−2.962	−0.748	−1.936	−12.936
2004	−7.182	−2.241	−0.816	−0.700	−10.939
2005	−7.077	0.316	−0.508	0.682	−6.587
2006	−7.085	0.123	−0.296	0.065	−7.193
2007	−6.845	0.543	−0.324	0.073	−6.554
2008	0.241	0.654	0.872	0.517	2.284
2009	−2.229	0.025	0.902	0.198	−1.104
2010	−3.729	0.063	0.529	0.120	−3.018
2011	−1.679	0.448	2.814	0.047	1.630
2012	−1.846	0.694	2.313	0.300	1.460
2013	−0.689	0.873	1.761	0.198	2.143

年份	稳定发展	结构均衡	人民福祉	生态发展	经济发展质量指数
2014	−0.215	1.605	1.463	0.356	3.209
2015	0.526	2.041	0.647	0.673	3.886
2016	0.632	0.781	0.202	0.648	2.263
2017	2.294	3.070	−0.162	0.749	5.952
2018	0.482	2.674	−0.646	0.855	3.364

从表3-17可知，贵州经济发展质量总体呈现波动上升的态势，经济发展质量指数从2013年的−12.936上升到2018年的3.364。具体来讲，在2003~2008年贵州经济发展质量是稳步提高的，而在2009~2010年略有下降，这主要是由于稳定发展维度指数下降造成的。2011~2017年贵州经济发展质量指数波动上升，在2017年达到5.952的最高值，这主要是由结构均衡维度指数提升的贡献。2018年贵州经济发展质量指数略有下滑，体现在稳定发展维度指数、结构均衡维度指数、人民福祉维度指数均有不同程度的下滑。

从四个维度指数来看，稳定发展维度、结构均衡维度、生态发展维度在2003~2018年有显著提升，人民福祉维度波动较大。

第四节　经济发展质量指数的横向比较研究

为了进一步评价贵州的经济发展质量，本章在前文的基础上进一步从横向比较，根据截面数据对于全国各个地区的经济发展质量进行评价。

一、变量选择和数据描述

由于数据的可得性，部分基础指标与上文指标采纳略有不同，在与全国各地区的比较中，本章采用移动互联网用户数代替互联网宽带接入端口数，因为从数字经济和互联网发展趋势来看，移动互联网用户数较互联网宽带接入端口数能更为准确的表达其作为新动能基础的内涵。增加保险密度指标，

维度	分项指标	基础指标	计量单位
生态发展	自然资源可持续	能源消耗弹性系数	%
		空气质量	%
		森林覆盖率	%

全国经济发展质量指标的描述性统计如表3-19所示。

表3-19　指标的描述性统计

基础指标	均值	标准差	最小值	最大值
人均GDP（元）	65141.152	28722.030	140211.000	31336.000
全员劳动生产率（万元/人）	12.933	7.492	42.681	5.301
经济增速（%）	6.910	1.329	9.100	3.600
城镇化率（%）	59.422	12.074	88.119	31.140
R&D经费投入强度（%）	1.721	1.172	6.170	0.250
移动互联网用户数（户）	4114.545	2838.368	14106.940	260.230
每万人专利拥有量（件/万人）	14.853	15.084	57.333	2.195
地方政府负债率*（%）	25.484	12.368	61.500	9.100
金融机构不良贷款率*（%）	1.935	0.862	3.800	0.300
工业化率（%）	31.582	8.402	41.416	7.750
第三产业比重（%）	51.787	7.690	83.091	44.800
金融发展（%）	237.560	243.071	1496.734	126.080
经济证券化率（%）	64.575	85.881	492.010	15.000
保险密度（元）	2614.675	1625.392	9085.340	830.790
经济外向化（%）	23.274	24.562	104.070	1.680
城乡收入比（%）	2.554	0.348	3.403	1.863
新经济比重（%）	24.499	12.634	56.954	4.609
民营经济比重（%）	55.971	9.365	80.000	30.000
基础教育（人）	3266.516	860.151	5051.000	1285.000
高等教育（人）	2662.516	727.431	5268.000	1426.000
医疗硬件水平（床位数）	59.884	7.969	72.140	43.750

续表

基础指标	均值	标准差	最小值	最大值
医疗软件水平（人）	26.419	4.716	46.000	19.000
城镇登记失业率（%）	3.641	2.839	18.900	1.400
公路里程（万千米）	15.043	8.550	33.160	0.600
铁路里程（万千米）	19.291	103.365	585.440	0.050
用水普及率（%）	0.502	0.262	1.240	0.060
能源消耗弹性系数（%）	80.741	13.569	98.900	56.600
空气质量（%）	36.124	18.014	66.800	5.800
森林覆盖率（%）	65141.152	28722.030	140211.000	31336.000

二、地区间经济发展质量的计算

研究模型与步骤方法与上文相同，得到各基础指标变换系数向量，如表3-20所示。

表 3-20　各基础指标的变换系数向量

基础指标	变换系数向量	基础指标	变换系数向量
人均 GDP	0.350	经济外向化	0.717
全员劳动生产率	0.102	城乡收入比	0.659
经济增速	0.548	新经济比重	−0.586
城镇化率	0.439	民营经济比重	0.457
R&D 经费投入强度	0.340	基础教育	−0.087
移动互联网用户数	−0.250	高等教育	0.726
每万人专利拥有量	0.263	医疗硬件水平	0.226
地方政府负债率*	0.043	医疗软件水平	1.130
金融机构不良贷款率*	0.248	城镇登记失业率	0.043
工业化率	0.670	公路里程	−0.599
第三产业比重	0.290	铁路里程	−0.058
金融发展	−0.586	用水普及率	0.428

基础指标	变换系数向量	基础指标	变换系数向量
经济证券化率	0.351	能源消耗弹性系数	0.608
保险密度	0.642	空气质量	0.103
—	—	森林覆盖率	0.235

进而得到各维度对应的测度结果和经济发展质量指数的测度结果，如表 3-21 所示。

表 3-21　各省、自治区、直辖市 2018 年经济发展质量指数

地区	稳定发展	结构均衡	人民福祉	生态发展	经济发展质量指数
北京市	3.580	5.386	8.297	−0.969	16.295
天津市	1.226	−0.766	2.502	−1.120	1.843
河北省	−0.906	0.544	−0.286	−1.136	−1.784
山西省	−1.246	0.067	−0.175	−1.198	−2.551
内蒙古自治区	−0.265	1.207	−0.258	−0.049	0.635
辽宁省	−0.057	1.283	1.238	0.178	2.642
吉林省	−1.206	−3.707	1.548	0.114	−3.252
黑龙江省	−1.405	−1.311	−0.675	0.067	−3.324
上海市	2.679	2.919	2.760	−0.114	8.244
江苏省	1.113	1.071	1.120	−0.815	2.490
浙江省	1.378	0.977	1.473	0.220	4.048
安徽省	−0.071	−0.627	−2.601	−0.874	−4.172
福建省	1.386	0.360	−1.140	1.005	1.611
江西省	0.345	−0.943	−2.042	0.196	−2.444
山东省	−0.724	0.170	−0.326	−1.740	−2.619
河南省	−0.552	−0.092	−1.226	−1.739	−3.890
湖北省	0.234	−0.728	−0.308	0.173	−0.628
湖南省	−0.173	−0.347	−0.510	0.603	−0.428
广东省	0.323	2.416	−1.593	0.413	1.559
广西壮族自治区	−1.320	−0.449	−1.289	0.605	−2.452

续表

地区	稳定发展	结构均衡	人民福祉	生态发展	经济发展质量指数
海南省	-1.225	-1.905	-0.530	2.119	-1.542
重庆市	-0.187	-1.312	0.330	0.443	-0.725
四川省	-0.034	-2.101	-1.505	-0.284	-3.924
贵州省	0.171	0.050	-1.492	0.396	-0.876
云南省	-0.044	-0.571	-2.556	1.098	-2.073
西藏自治区	-0.820	-0.757	-1.630	1.016	-2.190
陕西省	0.600	0.641	0.822	-0.827	1.236
甘肃省	-0.911	0.385	-1.128	0.780	-0.874
青海省	-0.268	-0.951	-0.517	0.345	-1.392
宁夏回族自治区	0.029	-0.224	0.808	0.740	1.353
新疆维吾尔自治区	-1.367	-0.686	0.886	0.352	-0.816

从表3-21中可以看出，2018年经济增长质量排名前五位的分别是北京市、上海市、浙江省、辽宁省和江苏省，贵州名列第17位；从稳定发展维度来看，排名前五位的分别是北京市、上海市、福建省、浙江省和天津市，贵州名列第11位；从结构均衡维度来看，排名前五位的分别是北京市、上海市、广东省、辽宁省和内蒙古自治区，贵州名列第14位；从人民福祉维度来看，排名前五位的分别是北京市、上海市、天津市、吉林省和浙江省，贵州名列第25位；从生态发展维度来看，排名前五位的分别是海南省、云南省、西藏自治区、福建省和甘肃省，贵州名列第11位。因此，贵州经济发展质量在稳定发展维度、生态发展维度和结构均衡维度表现较好，但由于人民福祉维度指数较低，影响经济发展质量的提升。

第五节 讨论及结论

本章在总结国内外研究机构和研究者对于经济发展质量指数的指标体现

构建上投入了大量的精力，截至目前，仍然没有一个得到广泛认可的，被学术界和实务界一并采纳的指标体系出现，甚至是否需要一个统一的指标体系都尚未形成共识。而定量评价各地区经济发展质量的状态对于引导经济发展质量提升和定位来说非常迫切。

因此，本书在现有研究基础上创新的构建了一套符合国家高质量发展方针、加强国际比较、立足贵州实际的评价系统。通过指标体系的选择和构建，丰富高质量发展研究的内涵，并进一步通过定量评价和横向比较为地方发展评价改革奠定基础，从而引导政策规划和资源配置。

本章通过构架经济发展质量指数并从纵向和横向全方位的对贵州经济发展质量进行评价。从纵向来看，贵州省经济发展质量在2003~2018年总体呈现波动上升的态势，其中结构均衡维度指数和生态发展维度指数提升的贡献较大，而稳定发展维度指数、人民福祉维度指数的波动是造成贵州经济发展质量指数增长不平稳的主要因素。从横向来看，2018年经济增长质量全国排名中贵州名列第17位；从稳定发展维度来看，贵州名列第11位；从结构均衡维度来看，贵州名列第14位；从人民福祉维度来看，贵州名列第25位；从生态发展维度来看，贵州名列第11位。因此，贵州经济发展质量在稳定发展维度、生态发展维度和结构均衡维度表现较好，但由于人民福祉维度指数较低，影响经济发展质量的提升。

第四章　贵州经济发展质量结构均衡维度的分析

从结构经济学的研究视角来看，经济的产业结构是影响经济增长的重要因素。但本章认为，除了传统的三次产业结构之外，新经济产业与传统产业的结构、国有企业与民营企业的结构、外向型产业与内需产业的结构等多维结构在经济增长和提高经济发展质量中占有同样重要的地位。因为新经济产业与传统产业的结构代表了经济增长的内在推动力，代表着下一步的增长点。截至 2018 年末，贵州新经济增加值占 GDP 的比重为 19%，该数值在 2016 年 17.4% 的基础上持续提升，但较全国平均水平（2020 年 3 月万事达卡财新 BBD 中国新经济指数 31.2%）① 仍然存在较大差距。

Clark（1940）基于威廉·配第关于劳动力流动与收入之间关系学说的基础上提出了配第—克拉克定理，该定理认为随着经济发展，第一产业劳动力占国民收入的比重逐渐下降，第二产业劳动力占国民收入的比重上升。随着经济进一步发展，第三产业劳动力数量占国民收入的比重开始上升。此后，罗斯托（1962）、库兹涅茨（1985）等学者对经济增长的"后工业化"时代进行了探讨，他们普遍认为在完成工业化以后，主导产业已经开始了从工业到服务业的转移。因此，在工业化和后工业化的两个阶段，产业结构变动趋势存在显著区别，这种区别使这两个阶段的经济增长呈现不同的态势。

---

① 3 月万事达卡财经新 BBD 中国新经济指数升至 31.2［EB/OL］. 财经, http://economy. caixin.com/2020-04-02/101537686.html, 2020-04-02.

合理有效的经济结构变动有助于经济发展质量的提升，因此，经济体推动产业结构合理有效变动的能力决定了它的经济发展质量。Krugman（1991）对东亚国家的研究对这一观点提供了支持，东亚国家凭借政府主导的出口导向政策提升了产业结构合理变动的能力，从而避免了产业间的"协调性失灵"。江时学（1996）认为，拉美国家由于未能顺应产业结构的合理变动从而导致经济增长难以持续（也为这一观点提供了反面参考）。

Beck 和 Levine（2002），Beck、Levine 和 Ross（2004）运用 GMM 技术对面板数据进行分析后发现金融结构与经济增长不相关，无论是银行主导的金融体系还是市场导向的金融体系都不能解释经济增长，但包括银行和金融市场在内的总体金融服务水平对经济增长有重要的意义。Felix Rioja 和 Neven Valev（2004）认为金融发展对处于不同发展阶段的国家的经济增长影响不同，对于低收入国家，金融发展主要通过影响资本积累来促进经济增长；在中高收入经济体中，金融发展将增强生产力增长。

范学俊（2006）运用协整向量分析方法分析我国金融发展与经济增长的关系，其发现金融深化对 GDP 的贡献最大，而且股票市场对 GDP 的影响力明显大于银行部门对 GDP 的影响。李月（2014）通过对中国省域的面板数据进行分析，认为金融发展是促进经济增长的根本原因，完善金融服务、丰富金融服务产品、提高金融运行效率是经济增长的重要前提。对于金融结构的优化是否能促进经济增长这一问题，理论界尚存争议，Hugh Patrick（1966）提出欠发达地区应采用金融优先发展策略，通过货币供给带动政策，超前发展金融体系，实现供给引导。Greenwood 和 Jovanovic（1990）则认为这样的引导作用存在"门槛效应"，仅在经济规模发展到一定水平之后，金融发展才能够发挥对经济增长的促进作用。Patrick（1966）认为金融发展与经济增长间的关系取决于经济发展所处的阶段。在经济发展的早期，金融部门的扩张通过金融机构的产生与金融服务的供给来促进经济增长，但在经济发展的较高阶段，金融部门则处于需求遵从地位，即经济增长引导金融发展。武志（2010）认为金融增长能够促进经济增长，而金融发展只能由经济增长所引致，因此通过增加金融服务来鼓励金融增长进而提高经济增长的效果不如通过经济结构调整、技术进步、制度创新等方面促进经济增长。

第一节 贵州产业结构的现状

一、贵州产业结构演进及其作用

1. 贵州产业结构演进

1978 年,贵州三次产业结构比为 41.7:40.2:18.1。从从业人员结构来看,第一产业产值比重较大,从业人口最多。从三次产业对经济增长的贡献来看,第一产业为 41.66%,第二产业为 40.17%,第三产业为 18.17%,产业格局为"一二三",第一产业与第二产业发展相对均衡,第三产业处于落后地位。从 1978~1991 年,第一产业与第二产业一直保持相对均衡的发展态势,第三产业发展势头迅猛(见图 4-1),但第一产业始终占据着主要地位,直到 1992 年贵州的产业结构出现了第一个转折点,第二产业第一次超过了第一产业。实际上从整个产业结构变化来看,这个时段第二产业超越了第一产业并不是第二产业突然地上升,第二产业的占比从改革开放以来一直相对稳定在 35%~41% 之间;第一产业占比一直呈现下降趋势,直到 1998 年第三产业占比超过第一产业。在 1992~1998 年,贵州产业结构呈现"二一三"的特征,在此期间,贵州的产业结构得到改善,比例关系进一步趋于协调。从 1998 年以后,除了第二产业稳健发展之外,第三产业迅速发展,而第一产业的占比却逐年降低。2016 年,三次产业的比例为 15.7:39.7:44.6,至 2018 年,贵州三次产业的比例为 10.9:41.5:47.6,贵州的产业结构变为"三二一"的格局。可以看出,从改革开放以来,贵州的产业结构并非一成不变,而是不断变化调整,产业结构的调整和优化是一个长期过程。

与全国情况相比较,2016 年贵州地区生产总值占全国的 1.6%,但第一产业增加值占全国的 2.9%,第二产业增加值与全国水平持平,第三产业增加值只有 1.4%。从此看来,虽然贵州第三产业近些年来获得了长足的发展,但与全国平均水平相比仍然尚有努力的空间。

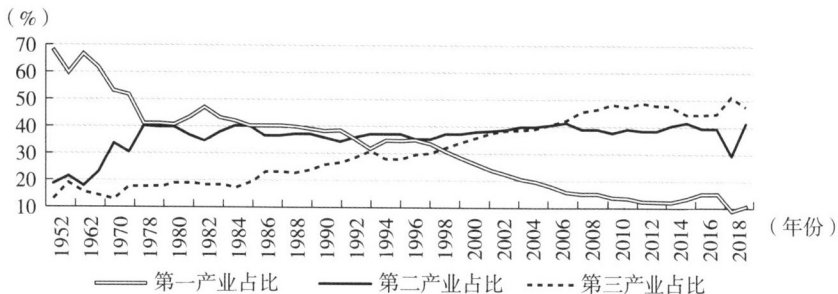

图 4-1 贵州产业结构变化

2. 产业结构的国际经验比较

表 4-1 列出了其他经济体产业结构的演变过程，其中包括新兴工业国、发达国家以及部分与我国发展条件相近的亚洲国家，通过对比不难发现以下规律：在经济发展的过程中，各个经济体的产业结构都一直呈现出第一产业占比下降的趋势，第一产业占比与国民收入、经济发展呈反比例关系。根据《国际统计年鉴》的数据，2016 年高收入经济体第一产业占 GDP 比重在 2%以内，中等收入经济体和中低收入经济体第一产业占 GDP 比重在 9.5%左右，低收入国家该比例高达 29.7%。第二产业的占比呈现波动下降趋势，但贵州的第二产业占比并没有明显的下降，处于比较平稳的状态。第三产业占比从环比和纵向比较两个维度来看都呈现了显著的上升态势，但相比之下，贵州三次产业结构的发展路径确实不够合理。

以中等收入国家为例，截至 2018 年，贵州人均地区生产总值已经超过了中等偏上收入国家水平，但在 2016 年，中等偏上收入国家的三次产业结构是 7：33.9：59.1，虽然都属于"三二一"的产业结构，但贵州第一产业的占比偏高，第三产业的发展不足，这点无论与全国相比，还是与国际相比都可以得出一致的结论。

第二产业占比相对较高，这在国内并不是贵州的特殊情况，导致这种情况的原因也有长期以 GDP 绝对值增长为导向的经济发展路径。

表 4-1 产业结构的国际比较

国家	产业	1980 年	1990 年	1995 年	2000 年	2016 年
印度	第一产业	38.7	31.4	28.4	24.6	17.4
	第二产业	24.2	27.6	27.9	26.6	28.8
	第三产业	37.1	40.9	43.7	48.8	53.8
印度尼西亚	第一产业	24.0	19.4	17.1	17.2	13.5
	第二产业	41.7	39.1	41.8	46.1	39.3
	第三产业	34.3	41.5	41.1	36.7	43.7
日本	第一产业	3.7	2.5	1.9	1.4	1.1
	第二产业	41.9	41.2	38.2	32.2	28.9
	第三产业	54.4	56.3	59.9	66.4	70.0
韩国	第一产业	14.4	8.5	6.2	4.3	2.2
	第二产业	39.9	43.1	43.2	36.2	38.6
	第三产业	45.7	48.4	50.6	59.5	59.2
马来西亚	第一产业	22.6	15.2	12.9	8.8	8.6
	第二产业	41.0	42.2	41.4	50.7	35.7
	第三产业	36.3	42.6	45.6	40.5	55.7
菲律宾	第一产业	25.1	21.9	21.6	15.8	9.7
	第二产业	38.8	34.5	32.1	32.3	30.8
	第三产业	36.1	43.6	46.3	52.0	59.5
墨西哥	第一产业	9.0	7.8	5.5	4.2	3.8
	第二产业	33.6	28.4	27.9	28.0	32.7
	第三产业	57.4	63.7	66.6	67.8	63.5
巴西	第一产业	11.0	8.1	9.0	7.3	5.5
	第二产业	43.8	38.7	36.7	28.0	21.2
	第三产业	45.2	53.2	54.3	64.7	73.3
俄罗斯	第一产业	—	16.6	7.9	6.4	4.7
	第二产业	—	48.4	39.0	37.9	32.4
	第三产业	—	35.0	52.9	55.6	62.8
英国	第一产业	—	1.7	1.6	1.1	0.6
	第二产业	—	31.4	28.2	28.5	19.2
	第三产业	—	66.9	70.2	70.5	80.2

3. 二元经济结构测度

后发展地区在产业结构上具有二元经济反差的特征，二元经济是指以农业为代表的传统经济部门和以工业为代表的现代经济部门在经济增长的过程中并不是同步增长，因为可供经济发展的资源是有限的。例如资本、劳动力都是稀缺的，经济发展的过程就是这些资源的优化配置过程，促进二元经济结构转化也是促进经济发展质量的有效途径。本章将从比较生产率、二元反差指数和二元对比系数三个视角研究贵州二元经济结构现状及发展趋势。

（1）三部门比较劳动生产率。设 G 为总产值，L 为劳动力总数，G_1 为第一产业产值，G_2 为第二产业产值，G_3 为第三产业产值，L_1 为第一产业就业人口数量，L_2 为第二产业就业人口数量，L_3 为第三产业就业人口数量，β_1 为第一产业比较生产率，β_2 为第二产业比较生产率，β_3 为第三产业比较生产率，则有：

$$\beta_i = \frac{G_i / G}{L_i / L} \tag{4-1}$$

其中，式（4-1）中下标 i 表示第 i 产业。

利用上述指标测度贵州 1978~2016 年的比较劳动生产率，如图 4-2 所示。第二产业的比较劳动生产率一直高于第三产业及第一产业的比较劳动生产率。从时间序列来考察，2000 年之后贵州进入经济结构二元性的加剧阶段，农业部门的比较劳动生产率逐渐降低，非农业部门的比较劳动生产率逐渐上升，部门间的比较劳动生产率差距逐渐扩大，并在 2003 年达到最大值。但值得注意的是，随着经济的发展，第一产业的比较劳动生产率却并未随着经济发展而稳步上升，经济结构的转化和发展是依靠第二产业和第三产业的比较劳动生产率降低来推进的，造成这个问题的原因在于第一产业产值比重的下降速度与第一产业就业人员比例的下降速度和速率不一致。如图 4-3 所示，1978~2008 年，贵州第一产业产值比重经历了显著的下降，而第一产业的就业比重在 1978~2002 年还一直保持在 80% 左右的高水平，2002~2016 年才逐渐下降到 2016 年的 57.3%。第一产业的产值比重下降并没有同步带动就业结构的变动，这一时滞长达 20 年，直至 2016 年，第一产业的就业人口仍然占总就业人口一半以上，劳动力作为推进经济发展质量的重要稀缺资源没有实现高效率的优化配置，这使经济结构的调整和比较劳动生产率的提升缺乏有效支撑。

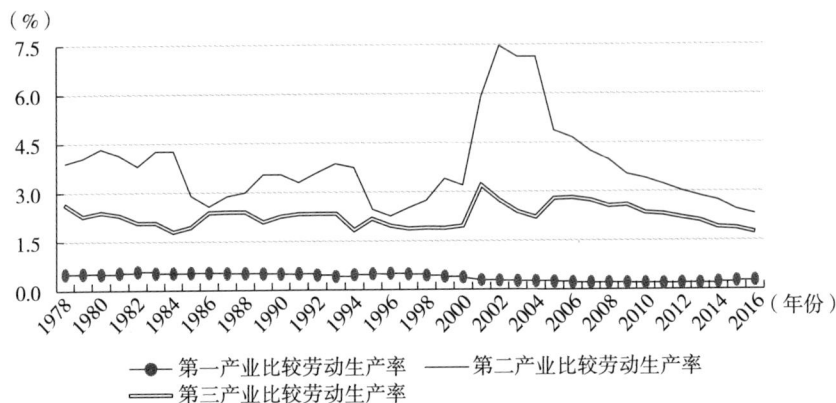

图 4-2　贵州三部门比较劳动生产率变化

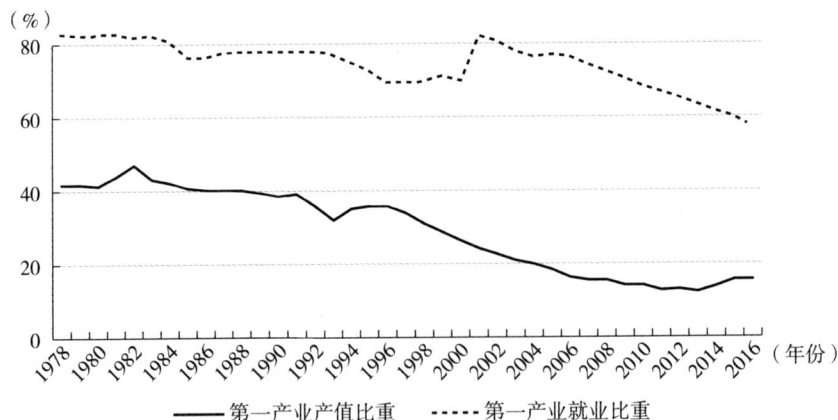

图 4-3　贵州第一产业产值、就业比重变化趋势

（2）二元对比系数与二元反差指数。设 G 为总产值，L 为劳动力总数，G_1 为第一产业产值，G_N 为非农业产值，L_1 为第一产业就业人口数量，L_N 为非农业就业人口数量，β_1 为第一产业比较生产率，β_N 为非农业比较生产率，$\beta_1 = \dfrac{G_1/G}{L_1/L}$，$\beta_2 = \dfrac{G_N/G}{L_N/L}$，$\alpha$ 为二元对比系数，σ 为二元反差指数，则有：

$$\alpha = \frac{\beta_1}{\beta_2} \qquad\qquad\qquad\qquad (4-2)$$

$$\sigma = \left| \frac{G_N}{G} - L_N / L \right| \qquad\qquad\qquad (4-3)$$

利用式（4-2），式（4-3）测度贵州 1978~2016 年的情况，如图 4-4 所示。由此可将二元经济演变划分为以下五个阶段：第一阶段：1978~1982 年，二元经济结构转化快速推进，反差减弱，二元反差指数从 1978 年的 0.412 降为 1982 年的 0.35，二元对比系数从 1978 年的 0.148 升至 1982 年的 0.195。第二阶段：1982~1993 年，二元经济结构在小幅波动中呈现恶化趋势，二元反差指数从 1982 年的 0.35 升高到了 1993 年的 0.452，二元对比系数从 1982 年的 0.195 降至 1993 年的 0.139。第三阶段：1993~1997 年，这个阶段中二元经济结构转化积极推进，二元反差指数从 1993 年的 0.452 降为 1997 年的 0.359，二元对比系数从 1993 年的 0.139 升至 1997 年的 0.223。第四阶段：1997~2006 年，这个时期二元经济转化出现了停滞，甚至是倒退，二元反差指数从 1997 年的 0.359 升高到了 2006 年的 0.599，二元对比系数从 1997 年的 0.223 降至 2006 年的 0.061。第五阶段：2006~2016 年，这个时期二元经济结构强度有稳步缩减趋势，二元经济结构转化开始加速，二元反差指数从 2006 年的 0.599 降为 2016 年的 0.417，二元对比系数从 2006 年的 0.061 升至 2016 年的 0.138。改革开放以来，贵州的二元经济结构总体趋于转化，二元反差指数整体呈现下降趋势。然而，经济结构的调整和转化并不是一蹴而就的，中间也会迂回和波动。

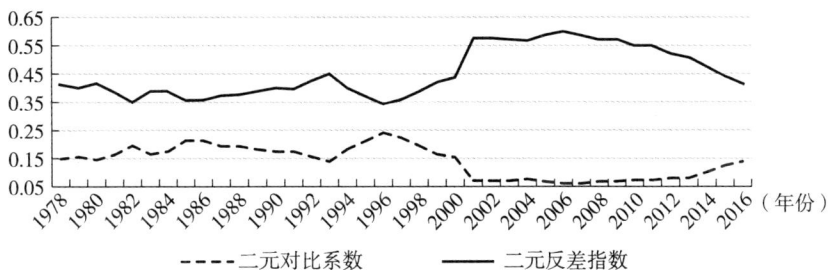

图 4-4　1978~2016 年贵州二元对比系数与二元反差指数趋势

（3）产业结构的趋势分析。由于贵州的后发展特征，使得我们可以有充分的可借鉴经验，能够对下一步的经济发展质量进行预估，并据此调整经济政策。

首先，第一产业占比会持续下降，但这并不意味着其重要性和基础性将会转移到第二、第三产业上去。第一产业内部的结构也会进一步变化和优化，以种植业为主的农业占比逐渐下降，牧业和渔业的占比将会增加。在种植业中，粮食作物的占比将会下降，水果蔬菜、经济作物等的比重将会上升。

其次，工业结构将面临大调整：①重工业化阶段不可逾越，霍夫曼定理表明，工业化中后期产业结构出现重工业化趋势，这是许多国家工业化过程中的一个普遍规律。根据国际经验，人均GDP从5000美元向人均GDP10000美元攀升的时期，居民消费结构随之升级，即从吃饱穿暖、有耐用消费品可用、有屋可住向吃好穿好、改善居住条件、提高耐用消费品质量、扩大服务消费转变。与之对应的是，汽车、住宅、建材、通信等行业将会有长足的发展，从而带动钢铁、机械、化工等重化工业和电子及通信设备制造业快速发展，重化工业发展是必然趋势。②信息产业将成为未来的主导产业。随着世界经济一体化程度的提高，在世界贸易格局上体现出各国出口商品的知识密集化、技术密集化。高技术产业正在逐步替代传统产业变为主导制造业的部门。据统计，1985~2003年，世界高技术产业出口年均增长14.3%，比中低技术和低技术产业出口年均增长速度高5%~6%。世界各国都不约而同地将高新技术尤其是信息产业作为21世纪的主导产业加以重点扶持和发展。③服务业的发展亟待提高，随着工业化的推进，贵州将进入城市化快速发展时期。城市的发展会带动第三产业部门投资的增长，尤其是会带来房地产、城市基础设施建设投资的增长，社会对服务业的需求将日益增大，生产社会化对生产性服务业的需求也将不断扩大。同时，随着生活水平提高，住房、医疗、教育等方面的改革继续影响国民的预期和消费支出，服务消费支出比重将不断提高。这些因素都将推动服务业快速发展。其中，满足人们生活质量的文化、教育、旅游、电信，为生产提供高效能服务的金融、保险、咨询将继续得到较快发展，电子商务、新型物流也会得到飞速发展，经济格局将逐步从以工业经济为主导向以服务经济为主导转变。

（4）第一产业结构现状。1997年以来，贵州第一产业中农业始终占60%以上的比重，牧业次之，而林业和渔业占比则相对较小，如图4-5所示。

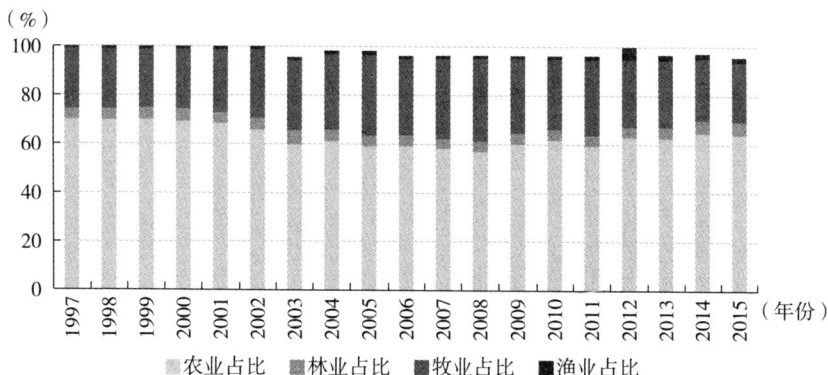

图4-5　贵州第一产业结构变化

二、贵州工业化进度界定

（1）在"十五"期间，贵州工业化率超过32%，接近半工业化，按照传统的工业化发展路径，在进入半工业化时期后，重工业和石化工业会成为先导产业和支柱产业，贵州工业化进程如图4-6所示。

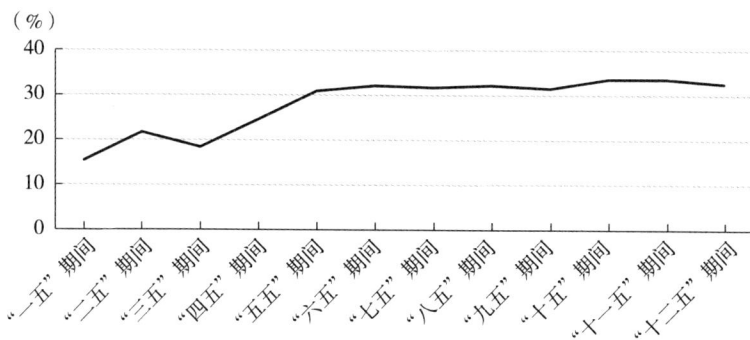

图4-6　贵州工业化进程

（2）在贵州工业化的过程中，第二产业的增长起到了支持经济增长的重要作用，而在第二产业发展的过程中，霍夫曼比例也在不断的发生变化。在1952~1965年，贵州处于霍夫曼比例第二阶段到第三阶段之间，轻工业在工业中占较大比重,重工业所占比例较小但发展较快(见图4-7)。从1970年开始,进入霍夫曼比例第四阶段,重工业占第二产业六成比重,虽然第二产业占贵州经济的整体比重相对稳定,从图4-8中可以看出,贵州不同城市之间工业结构有着很大的差别,这与不同的供给结构相关,也与社会需求结构、地区贸易及经济地理位置密切联系。这种差别不仅反映了各地区经济发展的条件不同,也反映了地区间经济发展质量、地区劳动分工的不同,在图4-8中,可以看到贵阳的工业结构比较均衡,六盘水的重工业占了绝对主要的地位。

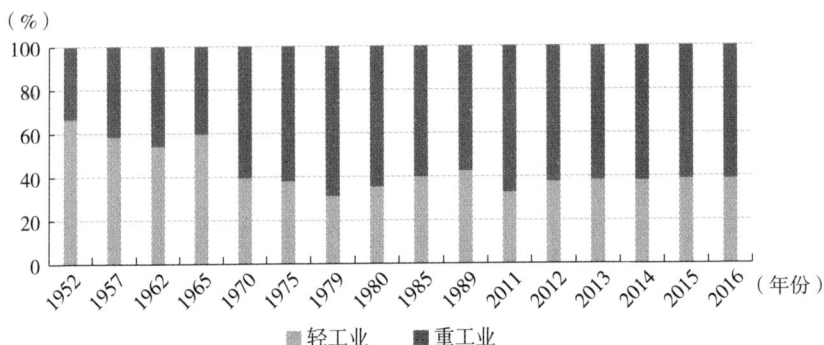

图4-7 贵州工业结构变化

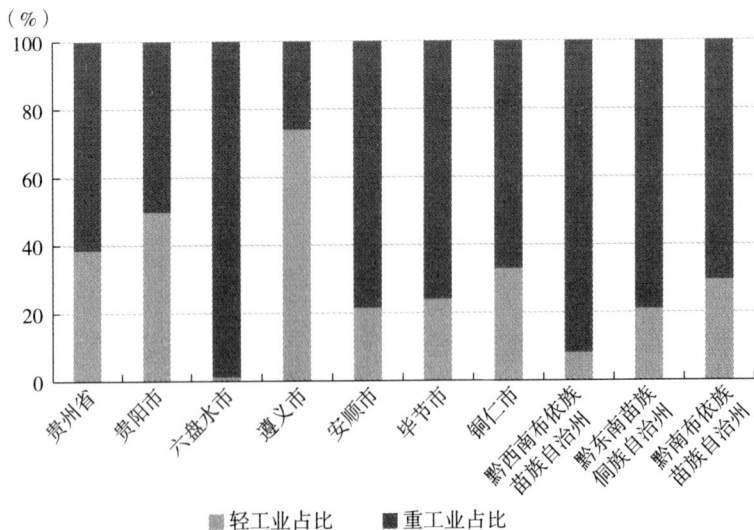

图4-8 贵州及贵州主要城市工业结构

三、消费性服务业和生产性服务业的发展状况

伴随着新技术突破和信息化推进、居民消费结构升级、服务业专业化分工程度深化，贵州服务业涌现出了一批快速发展的新兴行业和新兴业态，具有代表性的有大数据信息服务业、金融保险业、现代物流业、电子商务、旅游业等。这些新兴行业和新兴业态有巨大的发展潜力和广阔的市场空间，成为支撑贵州经济发展的新动能，生产性服务业分类如图4-9所示。

图 4-9　生产性服务业分类

（1）贵州服务业供给与日益增长的中高端服务需求存在错配。伴随城乡居民消费结构的升级，贵州今后将进入追求个性、高品质、安全、健康、便利的消费阶段，信息网络服务、文化娱乐、旅游、教育培训、健康养老等服务产品成为新的消费热点，贵州服务业发展面临有效供给不足、中高端服务供给不足的问题，难以满足人民群众日益增长的中高端服务需求。例如，贵州旅游业相关配套设施尚需强化，停车场、旅游厕所、游客中心等不完善的问题凸显，旅游信息化建设和便利化程度跟不上自由行游客快速增长的需要。

（2）信息技术服务、研发设计服务、物流快递服务、人力资源服务等生产性服务业在贵州服务业中所占比重偏低，发展水平不高，国际竞争力不强，是贵州产业发展链条上的薄弱环节，迫切需要提质增效升级。尽管贵州大数据信息服务业发展势头迅猛、动能强劲，但大数据相关产业仍存在基础薄弱、规模较小、创新能力不强、附加价值低等方面的问题，产业结构不够完整，而且专业人才较为匮乏，人才队伍现状与贵州大数据相关产业发展需求严重脱节，这些因素制约着贵州大数据相关产业的健康、可持续发展。从软件产业发展来看，2016年贵州软件企业个数仅为245家，软件产品收入仅

为81.45亿元，软件业务收入仅为200.24亿元，不仅远远落后于北京、广东、江苏、上海等发达地区，与四川、重庆等西部省（直辖市）相比也有不小差距。2016年，贵州软件企业个数、软件产品收入和软件业务收入分别是四川的13.83%、6.54%和9.42%，分别是重庆的26.03%、20.92%和23.47%。

（3）融资难、融资贵的问题尚未有效解决。贵州服务业企业大多实行轻资产运营，可供抵押的固定资产少，服务业企业特别是中小企业申请贷款手续繁琐、成功率低、贷款成本高。2016年，贵州出台了《关于降低企业融资成本的若干措施》，通过各种方法推动银企对接，降低企业融资成本，支持实体经济发展，取得了一些进展，但贵州中小服务业企业融资难、融资贵的问题仍然难以有效解决。贵州通过沪深主板、中小板、创业板市场进行直接融资的服务业企业少，大部分服务业企业通过贵州区域金融市场融资。综合来看，贵州区域金融市场自2016年以来的整体融资成本约为8%~12%，贵州绿地金融资产交易中心小额贷款资产证券化产品的综合融资成本约为17%，远高于银行利率。

（4）贵州服务业对外开放程度低。贵州加强内陆开放型经济试验区建设，支持贵安新区开展服务贸易创新发展试点，推进外贸转型增强服务业竞争力，贵州服务贸易和服务外包保持快速发展态势，高附加值服务出口规模进一步扩大。不过，贵州服务贸易的发展基础仍然薄弱，服务业对外开放程度较低，在国际上具有竞争力的服务行业和服务业企业偏少，服务贸易占贵州国际贸易总额的比重很低。贵州亟须扩大服务业对外开放，加快发展服务贸易，促进外贸转型升级。

（5）信息通信技术对经济效率的影响。Paul（1990）指出，从重大的技术变革出现到对经济产生可度量的影响，这中间存在时滞。我国的情况与Zvi（1994）描述的有共同之处，国民经济核算体系诞生于服务业相对弱小的阶段，随着服务业的快速发展，原有的统计框架已经越来越难以完整地体现服务业的发展和进步。到目前为止，经济学界对信息通信技术对经济效率的提升作用达成了共识，这一作用体现在信息通信技术对国民经济中各个行业的深度融合与渗透。

　　图4-10分别表示了贵州电信业务总量、固定互联网宽带接入用户分布和移动互联网用户分布,从这三个图可以看出贵州信息化基础较好的地区依次是贵阳、遵义、毕节、黔东南、黔南。由于建设成本有限、投资成本难收回,偏远地区、人口密度低的地区移动网络和宽带接入仍然存在较大的困难。

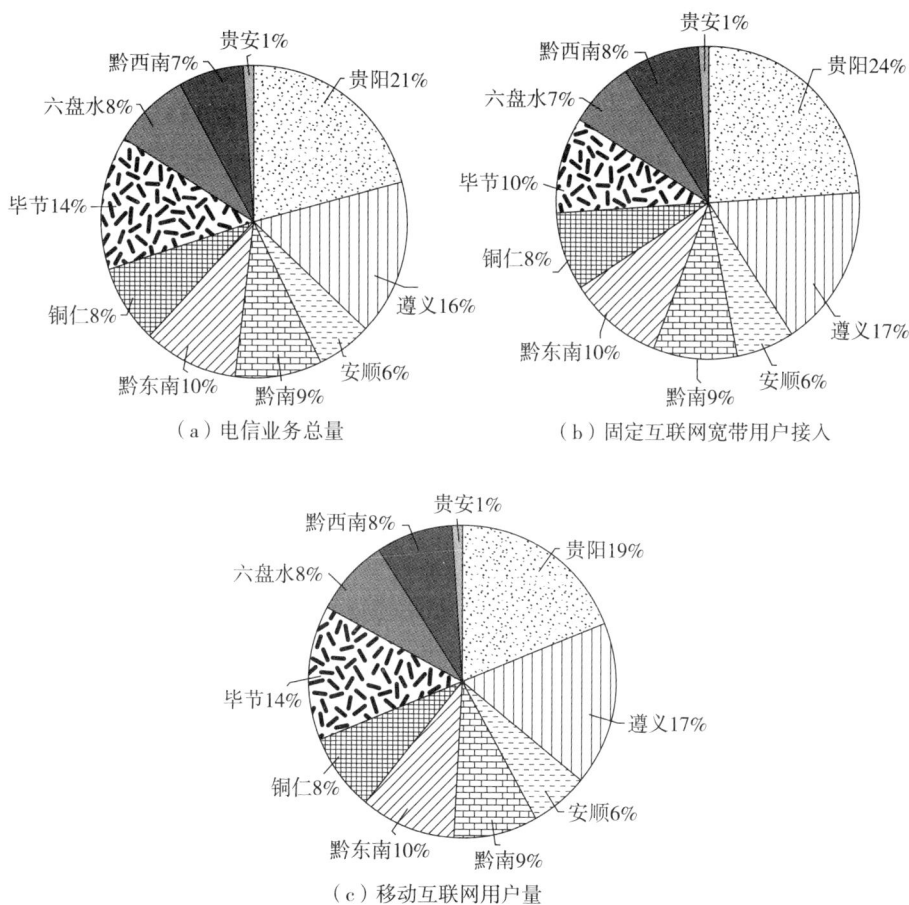

（a）电信业务总量

（b）固定互联网宽带用户接入

（c）移动互联网用户量

图4-10　贵州电信业务总量、固定互联网宽带用户接入、移动互联网用户量分布

第二节　贵州金融结构的动态变化

金融结构的研究将着眼点放在以银行为主体的金融中介与金融市场上，银行与金融市场在推动经济质量增长方面各具优势。已有研究中常以股票流通市值与名义 GDP 的比值来衡量金融市场的发展程度，但由于贵州的上市公司不仅在贵州省范围内融资，还在 A 股市场融资。因此，如果用贵州的上市公司股票流通市值与贵州 GDP 相比较有失偏颇，由于数据的可得性，在已有研究中针对地区性乃至全国的金融结构研究较多的使用存贷款余额与 GDP 的比值来衡量地区金融结构或发展水平，这种方法针对我国以金融中介为主体的金融体系有一定的说服力。伴随着金融市场层次的不断丰富，直接融资越来越成为金融体系中不可忽视的力量。此外，保险业发展蓬勃，研究金融结构时也不应完全忽略保险业对金融体系与经济发展的影响。

一、贵州银行业结构变化

1. 贵州银行业存贷款结构变化情况

从图 4-11 中可以看出贵州在 1978～1988 年信用创造能力波动较大，并在 1988 年达到 1.36 的峰值，之后便持续下滑，在 2008～2016 年持续维持低位，2016 年之后有所回升。贵州的金融结构仍然是以银行业为主体的传统结构，非银金融、直接融资、新型金融业态在盘活金融资源方面仍然相当弱小。因此，金融机构的信用创造能力决定了在假设地区货币总量不变的前提下提供更多金融资源的下限。

2. 贵州银行业机构发展状况

从图 4-12 中可以看出，贵州不同的商业银行之间近年来发展速度存在较大的差异，其中在 2013 年前后对小型农村金融机构的统计口径不同，造成前后数据不具可比性，因此此处只采用了小型农村金融机构 2013 年之后的数据。大型商业银行在机构布局方面已经趋于成熟稳定，而股份制银行近

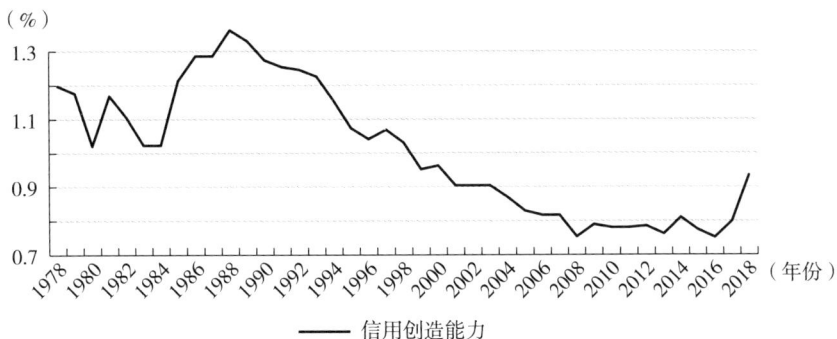

图 4-11　贵州 1978~2018 年金融机构信用创造能力变化情况

资料来源:《贵州统计年鉴》。

年来在贵州经历了从无到有的发展历程。城市商业银行的扩张速度也很快,从 2010 年仅占大型商业银行数量的 1/5,到 2017 年占大型商业银行的 1/2。小型农村金融机构的体量大、布局广,成为全面实现城乡金融服务覆盖面的有益补充。

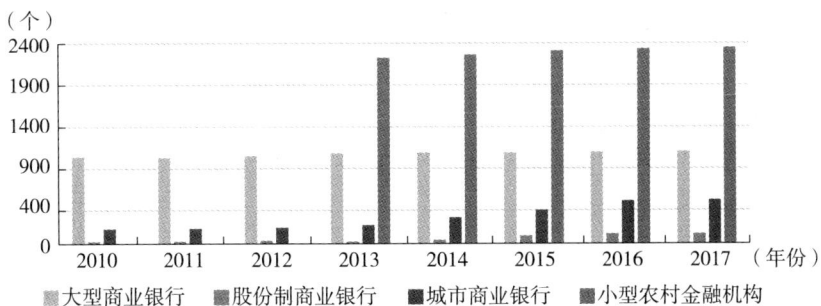

图 4-12　贵州银行业机构个数变化

资料来源:中国人民银行贵阳中心支行。

3. 贵州银行业从业人员发展状况

如图 4-13 所示,从贵州银行业从业人员发展情况来看,不同类型金融机构差异化发展显著。大型银行由于规模趋于稳定,2010~2017 年从业人员数量经历了两轮数量下降的过程,分别是 2010~2012 年和 2014~2017 年。2017 年末大型银行从业人数较 2010 年末增长 5.9%。股份制商业银行在机构布局高速发展的同时，从业人员也在同步增长，2017 年末的从业人数为 2010 年末从业人数的 11 倍。城市商业银行的快速发展和上市对人才的需求激增，2017 年末的从业人数为 2010 年末从业人数的近三倍。小型农村金融机构的从业人员增速较为稳定，2019~2017 年增长 20%。

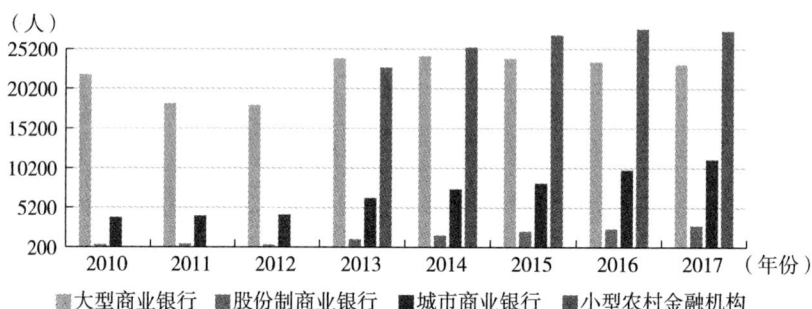

图 4-13　贵州银行业从业人数变化

资料来源：中国人民银行贵阳中心支行。

4. 贵州银行业资产总额发展状况

从贵州各类银行业金融机构的资产总额来看（见图 4-14），占比较大的依次是大型商业银行、小型农村金融机构、城市商业银行和股份制商业银行。贵州仅有一家外资银行，股份制商业银行与外资银行是现代金融业中竞争力强的竞争者，这两者所占比例较小意味着金融业的竞争不够充分。其中农村金融机构虽然是贵州银行业金融机构中的有生力量，可由于统计口径近年来不断变化，因此未使用农村金融机构的统计数据。

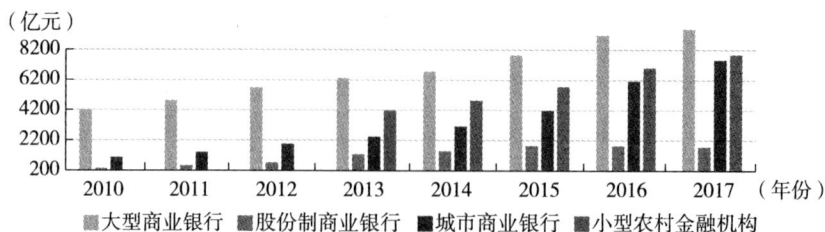

图 4-14　贵州银行业资产总额变化

资料来源：中国人民银行贵阳中心支行。

二、贵州证券业的发展情况

一个地区上市公司数量的变化，往往反映该地区的产业结构发展水平和经济活力。企业上市不仅能够引入资本，还对拉动地方经济有着重要作用。殷醒民和谢洁（2001）认为股票市场规模的扩大、交易率的提高促进了我国经济的增长，股市规模的扩大对经济增长的推动作用尤为显著。证券市场通过改善投资效率、优化资源配置而提高了全社会劳动生产率，进而提高了地区经济的增长质量。自 1994 年贵州第一家企业上市以来资本市场得到迅速发展（见表4-2），这一势头从 2014 年贵州公司在新三板上市后得以加速，如表4-3 所示。

一个地区上市公司的市值变化从一定程度上反映了该地区的经济发展情况，1994 年贵州上市公司的市值仅有 4.1 亿元，截至 2019 年末，贵州共有上市公司 79 家，其中主板上市公司 19 家，中小企业板及创业板共 10 家，新三板上市公司 50 家，上市公司总市值为 19038 亿元（见图4-15）。上市公司总市值占地方生产总值的比重也从 1994 年的 0.78% 增长到 2018 年的 64%。

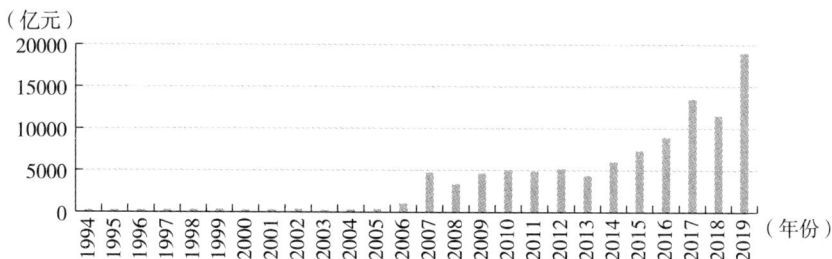

图4-15　贵州上市公司市值变化

资料来源：Wind 数据库。

从上市公司的行业结构来看（见图4-16），贵州上市公司覆盖了材料、房地产、工业、金融、可选消费、能源、日常消费、信息技术、医疗保健九个行业，除了没有电信服务类的上市公司之外涵盖了 Wind 行业分类中的所有一级行业。其中占比最多的是工业企业，有 22 家上市公司，覆盖了商业和专业服务、运输、资本货物三个二级行业，其中资本货物占了工业类上市

表 4-2　1994~2006 年贵州上市公司发展情况

单位：亿元

证券简称	上市日期	行业分类	上市板	1994年	1995年	1996年	1997年	1998年	1999年	2000年	2001年	2002年	2003年	2004年	2005年	2006年
中天金融	1994/2	房地产	主板	4.10	2.70	5.44	8.04	8.58	12.94	68.34	72.62	57.94	12.65	10.16	6.47	11.44
贵州轮胎	1996/3	可选消费	主板	—	—	18.91	28.78	17.03	16.23	35.00	14.90	19.66	13.33	8.34	9.69	11.78
中航重机	1996/11	工业	主板	—	—	7.46	6.95	10.63	8.82	15.57	9.80	13.10	7.05	5.51	4.86	11.19
振华科技	1997/7	信息技术	主板	—	—	—	26.90	26.60	40.61	51.04	28.40	37.60	22.70	18.87	13.72	17.48
ST天成	1997/11	工业	主板	—	—	—	11.76	13.52	15.74	26.49	12.13	18.90	12.04	12.26	9.92	7.29
高鸿股份	1998/6	可选消费	主板	—	—	—	—	14.27	13.49	25.55	13.16	16.46	13.13	11.54	12.41	19.63
南方汇通	1999/6	材料	主板	—	—	—	—	—	26.62	36.73	19.74	29.34	21.73	29.33	17.56	13.76
圣济堂	2000/2	医疗保健	主板	—	—	—	—	—	—	25.33	14.45	17.44	15.15	12.63	16.41	16.03
红星发展	2001/3	材料	主板	—	—	—	—	—	—	—	23.66	31.80	24.39	18.32	12.87	13.66
盘江股份	2001/5	能源	主板	—	—	—	—	—	—	—	26.25	39.36	29.89	22.61	13.85	16.15
贵州茅台	2001/8	日常消费	主板	—	—	—	—	—	—	—	70.02	96.38	76.84	144.09	215.28	828.94
贵航股份	2001/12	可选消费	主板	—	—	—	—	—	—	—	16.02	21.85	11.55	7.44	5.19	18.26
益佰制药	2004/3	医疗保健	主板	—	—	—	—	—	—	—	—	—	—	15.52	10.63	10.71
贵绳股份	2004/5	材料	主板	—	—	—	—	—	—	—	—	—	—	9.71	6.85	7.41
航天电器	2004/7	信息技术	中小企业板	—	—	—	—	—	—	—	—	—	—	14.63	28.00	28.90
保利联合	2004/9	材料	中小企业板	—	—	—	—	—	—	—	—	—	—	8.55	6.00	9.37

续表

证券简称	上市日期	行业分类	上市板	1994年	1995年	1996年	1997年	1998年	1999年	2000年	2001年	2002年	2003年	2004年	2005年	2006年
黔源电力	2005/3	公用事业	中小企业板	—	—	—	—	—	—	—	—	—	—	—	7.92	11.05
总市值				4.10	2.70	31.81	82.43	90.63	134.44	284.04	321.14	399.83	260.45	349.52	397.64	1053.05

表 4-3 贵州上市公司发展情况

单位：亿元

证券简称	上市日期	行业分类	上市板	2007年	2008年	2009年	2010年	2011年	2012年	2013年	2014年	2015年	2016年	2017年	2018年	2019年
中天金融	1994/2	房地产	主板	40.56	17.70	105.79	125.41	81.46	88.75	74.68	202.14	393.84	324.95	345.28	341.16	233.28
贵州轮胎	1996/3	可选消费	主板	24.42	11.34	45.45	29.60	23.66	23.37	25.28	51.96	56.14	46.30	36.21	25.98	36.14
中航重机	1996/11	工业	主板	74.73	38.52	114.63	147.35	69.63	59.21	97.41	148.21	152.80	111.49	93.52	57.88	95.51
振华科技	1997/7	信息技术	主板	35.06	15.04	49.42	40.18	22.49	21.99	31.51	65.38	117.34	83.78	69.93	56.32	88.29
ST天成	1997/11	工业	主板	36.78	20.21	64.87	48.42	45.32	54.18	65.28	57.13	85.34	55.91	25.05	19.66	10.69
高鸿股份	1998/6	可选消费	主板	29.89	13.20	36.62	42.58	22.97	32.45	49.94	66.17	92.43	72.14	55.58	43.20	52.46
南方汇通	1999/6	材料	主板	33.25	17.72	30.64	41.02	26.71	28.53	38.19	75.66	101.41	61.06	40.64	21.86	28.02
圣济堂	2000/2	医疗保健	主板	41.55	20.37	44.81	55.41	37.07	34.69	26.04	57.78	47.90	125.88	123.11	46.73	42.50
红星发展	2001/3	材料	主板	47.45	12.93	28.28	50.87	36.02	29.85	24.61	32.27	36.90	39.08	32.99	21.34	22.53
盘江股份	2001/5	能源	主板	53.43	69.75	324.83	359.15	227.85	281.69	120.16	197.28	135.88	133.56	113.70	82.92	101.12
贵州茅台	2001/8	日常消费	主板	2170.74	1025.91	1602.76	1735.84	2006.80	2170.00	1332.82	2165.46	2740.90	4197.58	8761.85	7411.69	14860.82
贵航股份	2001/12	可选消费	主板	31.50	26.28	46.24	69.08	28.22	27.90	34.97	45.40	64.69	66.25	46.81	38.49	55.39
益佰制药	2004/3	医疗保健	主板	34.57	17.45	42.07	69.53	59.19	72.18	117.64	132.13	167.89	131.86	80.94	43.71	39.44

续表

证券简称	上市日期	行业分类	上市板	2007	2008	2009	2010	2011	2012	2013	2014	2015	2016	2017	2018	2019
贵绳股份	2004/5	材料	主板	16.06	7.46	17.49	16.34	12.00	10.52	16.67	25.51	39.48	41.62	26.89	16.96	16.81
航天电器	2004/7	信息技术	中小企业板	44.20	20.66	44.02	42.60	42.50	37.42	43.40	62.37	111.50	108.11	96.83	91.93	113.99
保利联合	2004/9	材料	中小企业板	22.65	10.33	24.60	40.68	33.14	50.23	32.90	52.71	90.88	56.05	36.60	26.45	33.60
黔源电力	2005/3	公用事业	中小企业板	23.20	16.40	25.81	29.58	26.94	29.46	21.17	43.55	60.44	50.09	47.43	39.70	44.59
信邦制药	2010/4	医疗保健	中小企业板	—	—	—	36.76	18.04	27.08	47.90	101.19	179.54	168.61	144.06	68.19	87.53
贵州百灵	2010/6	医疗保健	中小企业板	—	—	—	82.08	69.15	74.42	119.25	193.10	362.11	267.28	217.32	123.48	122.92
朗玛信息	2012/2	信息技术	创业板	—	—	—	—	—	35.09	52.76	198.65	208.58	92.43	80.57	43.59	41.20
东方科技	2014/1	信息技术	新三板	—	—	—	—	—	—	—	2.72	5.59	3.86	2.47	0.99	—
威门药业	2014/1	医疗保健	新三板	—	—	—	—	—	—	—	10.28	15.15	11.45	13.95	5.61	—
安达科技	2014/6	材料	新三板	—	—	—	—	—	—	—	—	14.32	41.50	45.11	44.53	0.31
兴艺景	2014/8	工业	新三板	—	—	—	—	—	—	—	—	—	—	—	1.90	—
地矿股份	2014/12	工业	新三板	—	—	—	—	—	—	—	16.09	16.09	16.09	16.09	16.09	2.19
ST森瑞	2014/12	材料	新三板	—	—	—	—	—	—	—	—	6.02	1.68	3.11	3.11	4.72
汇通华城	2014/12	信息技术	新三板	—	—	—	—	—	—	—	7.12	2.02	1.52	1.73	1.71	0.49

续表

证券简称	上市日期	行业分类	上市板	2007	2008	2009	2010	2011	2012	2013	2014	2015	2016	2017	2018	2019
黔驰信息	2015/1	信息技术	新三板	—	—	—	—	—	—	—	—	0.76	0.50	0.36	0.20	3.10
蓝图新材	2015/1	材料	新三板	—	—	—	—	—	—	—	—	2.93	2.13	1.40	1.47	10.81
绿健神农	2015/1	日常消费	新三板	—	—	—	—	—	—	—	—	2.51	2.16	1.51	0.32	—
海誉科技	2015/1	信息技术	新三板	—	—	—	—	—	—	—	—	2.12	1.86	0.93	1.71	—
黑誉碳技	2015/2	工业	新三板	—	—	—	—	—	—	—	—	1.73	2.71	2.14	0.98	0.47
亨达科技	2015/3	信息技术	新三板	—	—	—	—	—	—	—	—	—	3.55	16.21	6.08	0.64
贵材科技	2015/3	材料	新三板	—	—	—	—	—	—	—	—	—	6.24	6.24	6.24	0.68
利美康	2015/6	医疗保健	新三板	—	—	—	—	—	—	—	—	3.67	3.70	4.69	4.02	0.23
万峰电力	2015/6	公用事业	新三板	—	—	—	—	—	—	—	—	—	—	10.09	10.09	—
长泰源	2015/7	材料	新三板	—	—	—	—	—	—	—	—	—	—	0.87	0.87	0.55
金秋科技	2015/7	日常消费	新三板	—	—	—	—	—	—	—	—	1.55	1.51	1.46	1.43	—
精英天成	2015/7	信息技术	新三板	—	—	—	—	—	—	—	—	—	—	—	—	—
贵文科	2015/8	工业	新三板	—	—	—	—	—	—	—	—	3.18	6.70	8.05	2.04	—
天保股份	2015/8	工业	新三板	—	—	—	—	—	—	—	—	—	0.24	0.44	0.44	10.09
得轩堂	2015/9	医疗保健	新三板	—	—	—	—	—	—	—	—	—	—	1.00	1.08	16.09
黔中泉	2015/11	金融	新三板	—	—	—	—	—	—	—	—	4.03	2.79	37.20	2.02	0.39
自然科技	2015/12	可选消费	新三板	—	—	—	—	—	—	—	—	—	—	—	—	—
远方生态	2016/1	工	新三板	—	—	—	—	—	—	—	—	—	—	0.31	0.57	1.28
梵净高科	2016/4	日常消费	新三板	—	—	—	—	—	—	—	—	—	—	—	—	3.30

续表

证券简称	上市日期	行业分类	上市板	2007	2008	2009	2010	2011	2012	2013	2014	2015	2016	2017	2018	2019
五福坊	2016/5	日常消费	新三板	—	—	—	—	—	—	—	—	—	—	—	—	1.44
道坦坦	2016/6	信息技术	新三板	—	—	—	—	—	—	—	—	—	—	—	0.36	1.08
恒瑞辰	2016/7	工业	新三板	—	—	—	—	—	—	—	—	—	—	0.49	0.64	—
里定医疗	2016/8	信息技术	新三板	—	—	—	—	—	—	—	—	—	—	1.14	10.81	3.21
贵阳银行	2016/8	金融	主板	—	—	—	—	—	—	—	—	—	362.72	307.09	245.49	307.64
新宁酒业	2016/11	工业	新三板	—	—	—	—	—	—	—	—	—	—	1.50	1.50	1.90
卓豪股份	2016/11	可选消费	新三板	—	—	—	—	—	—	—	—	—	—	—	—	—
景春园林	2016/12	工业	新三板	—	—	—	—	—	—	—	—	—	—	—	—	1.50
永吉股份	2016/12	工业	主板	—	—	—	—	—	—	—	—	—	46.50	51.18	40.28	31.10
贵广网络	2016/12	可选消费	主板	—	—	—	—	—	—	—	—	—	195.90	103.21	66.31	84.66
长征科技	2017/2	工业	新三板	—	—	—	—	—	—	—	—	—	—	—	—	—
贵阳旅文	2017/4	可选消费	新三板	—	—	—	—	—	—	—	—	—	—	—	—	—
火焰山股	2017/4	可选消费	新三板	—	—	—	—	—	—	—	—	—	—	—	—	0.75
贵州能源	2017/4	公用事业	新三板	—	—	—	—	—	—	—	—	—	—	—	—	0.95
飞利达	2017/5	工业	新三板	—	—	—	—	—	—	—	—	—	—	2.75	3.30	6.22
新天药业	2017/5	医疗保健	中小企业板	—	—	—	—	—	—	—	—	—	—	29.21	19.02	19.74
贵州捷盛	2017/6	工业	新三板	—	—	—	—	—	—	—	—	—	—	—	1.31	1.29
勘设股份	2017/8	工业	主板	—	—	—	—	—	—	—	—	—	—	93.85	38.15	35.49

续表

证券简称	上市日期	行业分类	上市板	2007	2008	2009	2010	2011	2012	2013	2014	2015	2016	2017	2018	2019
好生活	2017/8	房地产	新三板	—	—	—	—	—	—	—	—	—	—	—	—	0.83
ST博联	2017/8	日常消费	新三板	—	—	—	—	—	—	—	—	—	—	—	—	3.11
川恒股份	2017/8	材料	中小企业板	—	—	—	—	—	—	—	—	—	—	110.00	48.69	50.46
智慧旅游	2017/8	可选消费	新三板	—	—	—	—	—	—	—	—	—	—	—	—	—
威德环境	2017/11	工业	新三板	—	—	—	—	—	—	—	—	—	—	—	—	6.03
贵州燃气	2017/11	公用事业	主板	—	—	—	—	—	—	—	—	—	—	137.07	171.54	168.22
玉安爆破	2018/1	工业	新三板	—	—	—	—	—	—	—	—	—	—	—	—	0.16
秦永长征	2018/2	工业	中小企业板	—	—	—	—	—	—	—	—	—	—	—	52.87	34.25
西南管业	2018/2	材料	新三板	—	—	—	—	—	—	—	—	—	—	—	1.18	1.50
华夏航空	2018/3	工业	中小企业板	—	—	—	—	—	—	—	—	—	—	—	74.93	73.17
华宁科技	2018/6	信息技术	新三板	—	—	—	—	—	—	—	—	—	—	—	—	1.71
欧瑞欣合	2018/10	工业	新三板	—	—	—	—	—	—	—	—	—	—	—	—	0.20
云尚物联	2019/6	工业	新三板	—	—	—	—	—	—	—	—	—	—	—	—	0.87
绿丰能	2019/7	信息技术	新三板													
威宁能源	2019/8	公用事业	新三板													
总市值（亿元）				2759.94	1361.27	2648.33	3062.48	2889.16	3189.01	2372.58	4010.26	5327.66	6949.34	11488.16	9511.12	17019.65

公司的 54%；排名第二的是信息技术类上市公司，软件与服务类占到了 77%；材料类上市公司中 55% 的企业属于化工企业；可选消费类的公司则分布较为均衡，分布在零售业、耐用消费品、媒体、汽车零配件及消费者服务等行业领域；医疗保健类上市公司中有 93% 集中在制药行业，86% 集中在中药制药行业；能源类的上市公司仅有一家，从事煤炭与消费用燃料业。

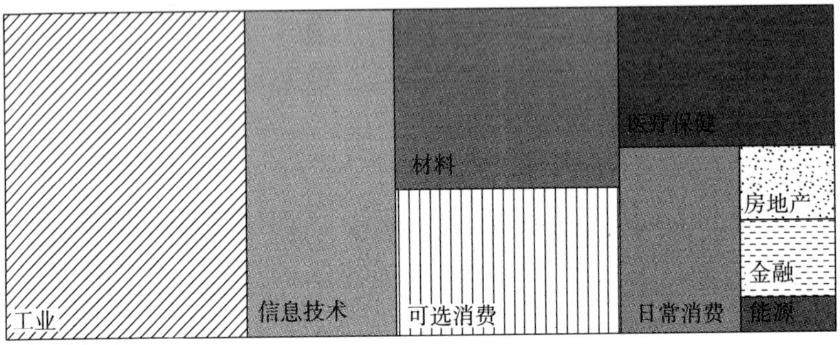

图 4-16 贵州上市公司行业分布构成

资料来源：Wind 数据库。

虽然贵州的资本市场和上市公司发展速度很快，但从相对数量来看，贵州主板上市公司数量仅占沪深上市公司的 0.76%，贵州新三板的挂牌企业仅占全国的 0.57%。

区域股权交易市场建设取得新突破，贵州股权金融资产交易中心、中黔金融资产交易中心、贵州绿地金融资产交易中心先后成立，从证券业的发展数据（见表 4-4）可以看出，贵州证券业发展步伐不算快，其总部设在辖内的基金公司和总部设在辖内的期货公司还没有实现零的突破。基金公司和期货公司是证券业内更为需要研究的业态，这些业态的缺乏也提示贵州金融业在人才储备、市场资源等方面尚有较大提升空间。

表 4-4 贵州证券业发展情况

年份	总部设在辖内的证券公司数（家）	年末国内上市公司数（家）	当年国内股票（A 股）筹资（亿元）	当年国内债券融资（亿元）
2008	1	17	10.7	15.0
2009	—	—	—	—

续表

年份	总部设在辖内的证券公司数（家）	年末国内上市公司数（家）	当年国内股票（A股）筹资（亿元）	当年国内债券融资（亿元）
2010	1	19	54.2	87.0
2011	1	20	15.7	70.0
2012	1	21	20.8	304.0
2013	1	21	4.6	208.1
2014	1	21	64.5	495.6
2015	1	20	30.0	875.6
2016	2	23	92.0	814.4
2017	2	27	20.2	193.2

三、贵州保险业的发展情况

贵州财产保险总体呈现业务结构严重失衡的局面，按保险金额或责任限额来看，贵州财产保险的业务结构如图4-17所示，意外伤害保险占比最多，超过40%；机动车辆保险占比第二，达到25%；责任保险排名第三，占14%，保证保险、信用保险、船舶保险、货物运输保险、特殊风险保险、农业保险的占比极低，都没有超过1%。

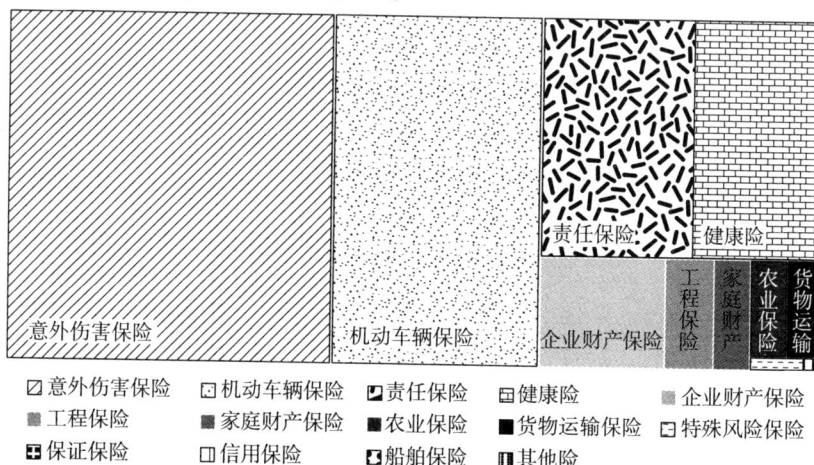

图4-17 2018年贵州省财产保险构成

贵州人寿保险的发展从保费收入结构来看，寿险业务占比 73.63%，是健康险业务的 3 倍，说明贵州的人寿保险距离行业前沿和行业热点尚有距离，如近年来发展较快的"百万医疗"等网红健康险几乎无法在贵州保险公司购买。这意味着要加快保险业的发展还需要大力引进各类型的保险公司在贵阳开设分支机构，以满足居民、企业实际存在但产品设计错配的保险需求。直至 2017 年，贵州第一家法人保险机构华贵保险成立，省级保险分公司增加 2 家，均为财产险公司。

四、贵州新型金融业态的发展情况

截至 2018 年，贵州共有地方金融租赁公 1 家、信托公司 1 家、中资企业财务公司 5 家、小额贷款公司 100 余家，总体来看，贵州新型业态发展步伐较为缓慢。

从地区社会融资规模增量来看，如图 4-18 所示，2017 年贵州社会融资增量中 60% 由贷款提供，地方政府专项债券占比为 19%，委托贷款占比为 11%，信托贷款和企业债券的占比分别为 5% 和 4%。这些指标中与全国水平相差较大的是非金融企业境内股票融资、信托贷款，这说明贵州的非银金融发展还处于弱势。贵州委托贷款和地方政府专项债券占比是全国 2 倍多，这说明贵州社会融资相对更加依赖政府渠道。

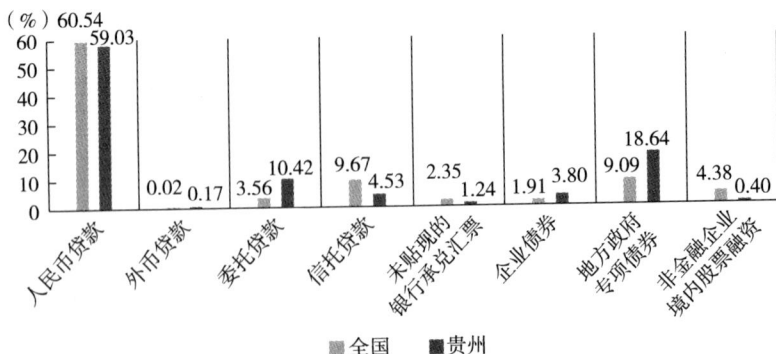

图 4-18　2017 年全国与贵州社会融资规模增量结构

资料来源：《中国金融年鉴》。

第三节　贵州所有制结构优化研究

所有制结构的优化对经济发展具有多方面的促进作用，民营经济具有创新活力，在促进经济发展、民生改善、解决就业等方面发挥着难以替代的作用。本部分主要从贵州民营经济发展状况入手，研究贵州所有制结构的优化进展。

一、贵州民营经济发展概况

从数量上看，贵州民营企业在 1992 年仅有 2400 户，到 2016 年增长到 21.51 万户（见图 4-19），贵州民营企业法人数量占企业法人总数的 95%。民营经济的发展不仅体现在数量的增长上，也体现在对地方经济的促进作用上，从 2004 年非公有制经济产值仅占贵州地区生产总值的 27.5%，到 2017 年非公有制经济已经占贵州地区生产总值的 53.2%，由此看出，非公有制经济在蓬勃发展的同时，还具有旺盛的生命力。

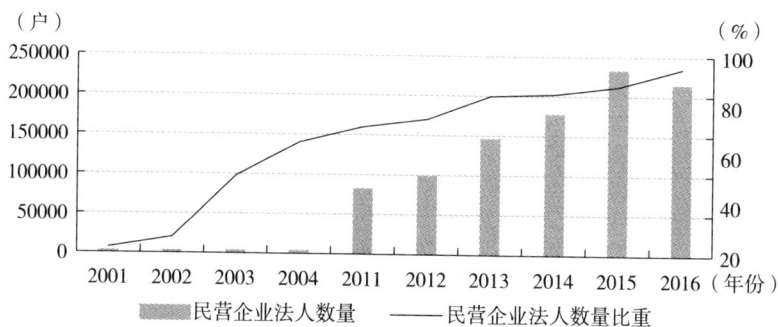

图 4-19　2001~2016 年贵州民营企业法人数量及比重变化

从就业方面来看，民营企业已经成为吸纳就业的主力军。2004 年贵州非公有制经济就业人数 99.85 万人，占总就业人数 4.6%。到 2016 年，贵州非公有制经济就业人数已有 1983.72 万人。其中，1992 年贵州乡村民营企业就业人数为 2.32 万人，2016 贵州乡村民营企业就业人数为 215 万人。不难发现，民营企业在城镇化建设、提高农村人口就业上发挥着积极作用。从行业分布来看，贵州民营企业大多集中在市场门槛较低的劳动密集型行业，高科技企业、互联网企业、新经济企业的就业人员相对较少，这将成为未来着力发展的主要方向。

从收入水平来看，2006年，除国有单位和集体单位之外的非公有制经济部门平均工资为15180元。2016年，城镇民营单位就业人员平均工资为58355元，10年间增长了近3倍，但也要看到，贵州城镇民营企业就业人员的平均工资虽然逐年增长，但仍然与全部城镇单位就业人员平均工资存在较大差距，这不利于民营企业引进人才、留住人才。

从民间投资方面来看，非公有制经济已成为社会固定资产投资的主要力量。2006年贵州全社会固定资产投资中的国有单位投资占45%，2016年，贵州全社会固定资产投资中的民营企业、民间投资数额已占70%以上。非公有制经济是固定资产投资的重要供给方，民营企业投资的活力有助于推动整个行业的发展。近年来，贵州的非公有制经济在发展大数据产业、服务业发展过程中发挥了重要作用，为推动贵州经济实现高质量增长做出了重要贡献。

从发展质量上来看，民营企业已成为高质量发展的领跑者。民营工业企业单位数量从2000年的167家增长至2016年的3007家。随着新发展理念深入贯彻落实，不同经济类型企业都呈现稳定的发展，经营质量也明显好转。2000年贵州民营工业企业亏损企业单位数占总数的38.9%，到2016年这一比例仅为11.8%，2016年民营工业企业利润增长31.44%，高于同期国有控股工业企业的利润（11.6%）。

二、贵州民营龙头企业发展状况

贵州民营企业发展格局一直保持稳定态势。贵州从2015年开始每年公布全省民营企业100强榜单（见表4-5），从2015~2019年的前十名来看，贵州民营企业的前两名一直稳定在贵州通源集团和贵州宏立城集团两家，2019年贵州民营经济整体呈现头部集中的特点。贵州民营企业100强榜单显示，100强企业营业收入总计1571.81亿元，其中，贵州通源集团以年度

234.04 亿元的营业收入总额位列第一位，贵州宏立城集团、贵州信邦制药股份有限公司分别位居第二位和第三位。榜单的前十位企业总营业收入为677.96 亿元，占贵州民营企业营业收入的40%。

表 4-5　贵州百强民营企业前十名（2015～2019 年）

排名	2015 年	2016 年	2017 年	2018 年	2019 年
1	贵州通源集团	贵州宏立城集团	贵州宏立城集团	贵州通源集团	贵州通源集团
2	贵州宏立城集团	贵州通源集团	贵州通源集团	贵州宏立城集团	贵州宏立城集团
3	贵州赤天化集团有限责任公司	贵州以晴光电集团有限公司	贵州以晴光电集团有限公司	贵州信邦制药股份有限公司	贵州信邦制药股份有限公司
4	贵阳南明老干妈风味食品有限责任公司	贵州信邦制药股份有限公司	贵州信邦制药股份有限公司	毕节市力帆骏马振兴车辆有限责任公司	贵州财富之舟科技有限公司
5	贵州以晴光电集团有限公司	贵州益佰制药股份有限公司	贵阳南明老干妈风味食品有限责任公司	贵阳南明老干妈风味食品有限责任公司	贵州麒龙房地产开发集团有限公司
6	贵州其亚铝业有限公司	毕节市力帆骏马振兴车辆有限公司	贵州益佰制药股份有限公司	贵阳星力百货集团有限公司	贵阳南明老干妈风味食品有限责任公司
7	贵州益佰制药股份有限公司	贵州赤天化集团有限责任公司	毕节市力帆骏马振兴车辆有限公司	贵州益佰制药股份有限公司	贵州中伟投资集团有限公司
8	贵阳星力百货集团有限公司	贵州其亚铝业有限公司	贵州百灵企业集团制药股份有限公司	贵州康心药业有限公司	贵阳星力百货集团有限公司
9	毕节市力帆骏马振兴车辆有限公司	玉蝶控股集团有限公司	贵州财富之舟科技有限公司	贵州其亚铝业有限公司	贵州益佰制药股份有限公司
10	玉蝶控股集团有限公司	贵州源翼矿业集团有限公司	玉蝶控股集团有限公司	贵州麒龙房地产开发集团有限公司	贵州康心药业有限公司

资料来源：贵州省人民政府。

第四节 讨论及结论

一、第一产业的多元化发展为提升经济发展质量夯实基础

第一产业是指依靠自然的力量，在不深加工的情况下就可以进行消费的一类行业，通俗来说就是包括农业、林业、渔业、畜牧业等。在现如今信息化时代，第一产业需要进行多元化的发展，才能够跟上时代的步伐。例如，可结合当今发展较快的服务行业，这不仅能够带动服务业的发展，优化产业结构，还能够致力于发展"文化—生态—旅游"一体化的乡村建设，缩小城乡差距。在"守底线"理念的正确引导下，推动第一产业发展的同时，保护好生态环境，既要"金山银山"也要"青山绿水"，保证在第一产业多元化发展的过程中能够守住发展的底线，为经济发展质量打下坚实的基础。

二、以新型工业化为提升经济发展质量的引导

新型工业化就是坚持以信息化带动工业化，以工业化促进信息化；就是科技含量高、经济效益好、资源消耗低、环境污染少、人力资源优势得到充分发挥的工业化。要想推动新型工业化的发展，就必须加强对创新技术人才的培养力度以及技术设备的优化升级，这样才能够致力于高新技术产业的发展。除此之外，走新型工业化道路还需要建立并完善新的激励机制，保证劳动者的合法权益得到高效保护，最大限度地激发劳动者的工作积极性与主动性。信息技术的发展也是未来社会主要的发展方向，只有以信息技术为主要力量发展新型工业化，才能够引导社会经济发展质量的不断提高。

三、将新经济产业作为引领结构优化的助推力

由于传统动能正在逐渐减弱，而主要依靠传统动能拉动经济增长的时代已经结束，一种新的增长动能正在逐渐形成。推动经济结构转型升级，就必

须要推动促进经济增长动能的转换，让经济增长主要依靠新的动能来拉动，而新动能的发展就需要发展新经济。这种新经济能够带动其他的经济部门增长，以此推动产业之间的融合发展，提高产业之间的关联度；不断扩展新型领域，激发产品创新；推动产业转型升级，提高生产力；增加就业岗位，提高就业质量；发挥资源的共享功能，提高资源的利用效率等。这就是新经济之所以能够优化结构的关键所在。

第五章　贵州经济发展质量的动力变革分析

对于经济增长的动力来源，实务界笃定地将创新、技术变革作为推动经济增长的重要动力，而学术界对于创新和技术发展是否促进经济增长仍存在不同的看法。苏米特拉·杜塔、布吕诺·朗万和萨沙·温施—樊尚（2019）通过对全球创新发展多年的观察得出结论：以人均 GDP 衡量的经济发展水平和创新表现存在正相关关系，出口多样化的经济体相对而言更具有创新性。创新与经济发展间的关系一直是学术界关心的重要问题，创新能力和技术变革能力与经济增长并不一定正相关，但它们与经济增长之间是什么样的关系呢？这是需要本章探索的问题。

党的十九大报告中提到，加快建设制造强国，加快发展先进制造业，推动互联网、大数据、人工智能和实体经济深度融合，在中高端消费、创新引领、绿色低碳、共享经济、现代供应链、人力资本服务等领域培育新增长点、形成新动能。

在东亚奇迹的影响下，学术界对于一些国家经济快速增长究竟由于资本积累还是科技追赶一直存在争议。这些国家都有着非常高的全要素增长率。Young（1995）认为东亚国家的经济增长主要通过投入积累，而且全要素生产率并没有特别高，他以新加坡为例，认为新加坡在过去的几十年中没有实质上的生产力提升。Klenow 等（1997）不认可 Young 的观点，他们认为虽然产出的增长主要源自投入积累，但人均产出增长率受到调整后的全要素增长率影响，因为全要素增长率作用于资本积累。因此他们根据 1960~1985 年 98 个国家的研究结果来看，全要素生产率可以解释 90% 的人均产出增长变化。

亚当·斯密在《国富论》中就很重视劳动分工对生产率的促进作用，认为技术进步是除资本、劳动之外的又一个促进经济增长的重要因素。约瑟夫·熊彼特（1990）在《经济发展理论》中提出创新才是经济增长的主要源泉，而不是资本和劳动。Robert M. Solow（1956）提出了一个具有稳定增长路径的经济增长模型，这一模型认为均衡经济增长率取决于外生的技术进步率，这开启了经济增长理论由"数量决定"向"质量决定"的根本性转变。蔡昉和王德文（1999）在刘遵义和汪同三（1997）的实证模型基础上经过推导得出人力资源存量对 GDP 增长的贡献是物质资本投入的近两倍。刘海英、赵英才和张纯洪（2004）通过研究人力资本"均化"对经济发展质量的促进机制发现：将受教育的机会更多地给予普通劳动力，对中国经济增长的质量和可持续性至关重要。吴敬琏（2014）认为进一步推进市场化的经济体制改革和民主化、法治化的政治体制改革是提升经济发展质量的基础。西奥多·W. 舒尔茨（2001）认为专业化、人力资本积累和报酬递增总是和现代经济增长相伴而行的。小罗伯特·E. 卢卡斯（2003）认为"从传统农业经济向现代经济增长转型的关键在于人力资本积累率的提高"。库兹涅茨（1989）提出现代经济增长主要建立在先进技术以及相应制度和思想意识调整的基础上，他还认为资本投入的贡献不同是现代经济增长有别于早期经济增长的显著区别，现代经济增长绝大部分归因于生产率的提高。刘遵义（1997）通过对亚洲新兴工业化经济的研究，提出虽然以投入为基础的增长最终确实是有极限的，但新兴工业化经济基于投入的经济增长持续时间较长，一个经济体在由发展中状态向发达状态过渡时，无形资本的重要性将会凸显。因此，新兴工业化经济的竞争优势不在于廉价劳动力，而在于正在积累的和不断更新的无形资本。周振华（2003）认为基于数字技术的产业融合将会成为经济增长的新动力。刘伟和张辉（2008）对我国 20 世纪 80 年代以来的全要素生产率进行了分解和实证，得到随着我国市场化程度的提高，产业结构变迁对经济增长的推动作用不断减弱，逐步让位于技术进步的结论。汤向俊和任保平（2009）认为福利分配的平等化有利于经济社会环境的改善，从而降低因社会冲突所带来的交易成本和减少再分配压力所造成的投资负向激励，这些都将有利于经济发展质量的提高。马秩群和史安娜（2012）运用近三十年的数据从金融发展对经济发展质量三个方面的影响进行实证分析，认为金融发展会提高经济增长质量，其对经济增长持续性和经济增长质量的贡献越来越大，而对经济增长协调性的贡献有限。随洪光（2013）运用主成分分析法测度了中国经济发展质量，发现中国经济增长质量呈现明显的、稳定的上升趋势。其中，增长效率稳步提升，增长稳定性波动较大，增长的可持续性逐年下降。此外，FDI 对增长可持续性具有显著地促进作用；国际贸易显著地提升了增长的效率和稳定。刘丹和、唐诗磊和李杜（2009）发现中国的经济增长是要素投入驱动型的，技术进步对中国经济增长的促进作用较小，中国经济增长的质量不高，可以从加大科研投入、提高劳动力素质、消除体制性障碍等方面促进经济发展质量的提升。宋美喆和蔡晓春（2010）认为虽然经济发展质量的提高会引起能源消耗量的增长，但能源消耗量并不是经济发展质量提高的原因，单纯依靠能源的消耗来推动经济增长是不可行的。沈利生（2011）认为我国近年来的投资比重持续上升，但投资效率和经济发展质量却不断下降。Jayasuriya 和 Wodon（2005）发现在企业投资推动经济发展的进程中，由于禀赋效应的不同，经济发展较为滞后的地区相较于经济发展水平较高的地区对资本的需求更高，物质资本投入对经济发展质量具有较高的边际贡献。李佐军（2017）认为存在于全要素生产率之中的新动能通过创新驱动、提供效率作用于经济，其主要由制度变革、结构变化和要素升级三个方面决定。

传统的产业需要消耗大量的资源，导致贵州原本人均资源匮乏的情况变得愈加严重，也对生态环境造成了严重的破坏。加上信息化时代的发展，技术的创新发展将会是引领社会发展的主要方向。如果不进行资源消耗型向创新驱动型转变，社会经济的发展就会进入停滞、中断，甚至是倒退。因此实现由资源消耗型向创新驱动型转变是推动经济结构调整和优化升级的重要战略。这需要集中力量加快解决技术上的问题，以及推动战略性新兴产业的发展。在发展新型产业的同时不能够将传统产业抛弃，可以通过高新技术来带动传统产业的发展，密切监测创新表现，努力提高创新能力。

第一节 我国创新水平的度量与现状

一、引领动力变革的行业界定

对于如何界定引领动力变革的行业，学术界和实务界至今仍然没有统一的研究口径，但战略性新兴产业、高技术产业、现代制造业、现代服务业和信息产业界定通常被使用。

1. 战略性新兴产业

战略性新兴产业是以重大技术突破和重大发展需求为基础，对经济社会全局和长远发展具有重大引领带动作用，是知识技术密集、物质资源消耗少、成长潜力大、综合效益好的产业。其中包括：新一代信息技术产业、高端装备制造产业、新材料产业、生物产业、新能源汽车产业、新能源产业、节能环保产业、数字创意产业、相关服务业九大领域。战略性新兴产业是以国家战略性新兴产业发展政策为指导，以国家发展改革委发布的《战略性新兴产业重点产品和服务指导目录（2016）》和国家其他相关文件为主线制定的。

2. 高技术产业

高技术产业主要指与高技术产品相关联的各种活动集合。高技术产业标准是国家统计局在《国民经济行业分类》（GB/T 4754-2011）的基础上，根据高技术产业的特性，结合我国的实际情况制定的。高技术产业（制造业）指国民经济行业中 R&D 投入强度相对高的制造业行业。其中包括：医药制造，医疗仪器设备及仪器仪表制造，航空、航天器及设备制造，电子及通信设备制造，计算机及办公设备制造，信息化学品制造六大类，具体分类如表5-1 所示。

表5-1 高技术产业（制造业）明细

大类	中类	小类
医药制造业	化学药品制造	化学药品原料药制造
		化学药品制剂制造
	中药饮片加工	—
	中成药生产	—
	兽用药品制造	—
	生物药品制品制造	生物药品制造
		基因工程药物和疫苗制造
	卫生材料及医药用品制造	—
	药用辅料及包装材料	
航空、航天器及设备制造业	飞机制造	—
	航天器及运载火箭制造	—
	航空、航天相关设备制造	航天相关设备制造
		航空相关设备制造
	其他航空航天器制造	—
	航空航天器修理	—
计算机及办公设备制造业	计算机整机制造	—
	计算机零部件制造	—
	计算机外围设备制造	—
	办公设备制造	复印和胶印设备制造
		计算器及货币专用设备制造
医疗仪器及仪器仪表制造业	医疗仪器设备及器械制造	医疗诊断、监护及治疗设备制造
		口腔科用设备及器具制造
		医疗实验室及医用消毒设备和器具制造
		医疗、外科及兽医用器械制造
		机械治疗及病房护理设备制造
		康复辅具制造
		其他医疗设备及器械制造

大类	中类	小类
医疗仪器及仪器仪表制造业	通用仪器仪表制造	工业自动控制系统装置制造
		电工仪器仪表制造
		绘图、计算及测量仪器制造
		实验分析仪器制造
		试验机制造
		供应用仪器仪表制造
		其他通用仪器制造
	专用仪器仪表制造	环境监测专用仪器仪表制造
		运输设备及生产用计数仪表制造
		导航、测绘、气象及海洋专用仪器制造
		农林牧渔专用仪器仪表制造
		地质勘探和地震专用仪器制造
		教学专用仪器制造
		核子及核辐射测量仪器制造
		电子测量仪器制造
		其他专用仪器制造
	光学仪器制造	—
	其他仪器仪表制造业	—
电子及通信设备制造业	电子工业专用设备制造	半导体器件专用设备制造
		电子元器件与机电组件设备制造
		其他电子专用设备制造
	光纤、光缆及锂电子电池制造	光纤制造
		光缆制造
		锂离子电池制造
	通信设备、雷达及配套设备制造	通信系统设备制造
		通信终端设备制造
		雷达及配套设备制造
	广播电视设备制造	广播电视节目制作及发射设备制造
		广播电视接收设备制造
		广播电视专用配件制造

大类	中类	小类
电子及通信设备制造业	广播电视设备制造	专业音响设备制造
		应用电视设备及其他广播电视设备制造
	非专业视听设备制造	电视机制造
		音响设备制造
		影视录放设备制造
	电子器件制造	电子真空器件制造
		半导体分立器件制造
		集成电路制造
		显示器件制造
		半导体照明器件制造
		光电子器件制造
		其他电子器件制造
	电子元件及电子专用材料制造	电阻电容电感元件制造
		电子电路制造
		敏感元件及传感器制造
		电声器件及零件制造
		电子专用材料制造
		其他电子元件制造
	智能消费设备制造	可穿戴智能设备制造
		智能车载设备制造
		智能无人飞行器制造
		其他智能消费设备制造
	其他电子设备制造	—
信息化学品制造业	信息化学品制造	文化用信息化学品制造
		医学生产用信息化学品制造

资料来源：《中国高技术产业统计年鉴》。

从以上高技术行业分类中可以看出，高技术行业有三大特征：一是 R&D 投入强度相对较高；二是隶属于制造业；三是对新技术的覆盖有限。因此，本章认为高技术行业是新动能的一部分，但不能代表新动能的全部。

3. 现代制造业

现代制造业指用现代科学技术武装起来的制造业，是现代科学技术与制造业相结合的产物。现代制造业是应用现代制造技术、现代生产组织系统和现代管理理念所进行的以现代集成制造为特征、知识密集为特色、高效制造为特点的技术含量高、附加值大、产业链长的产业组织体系。

4. 现代服务业

现代服务业是相对于传统服务业而言，是适应现代人和现代城市发展需求而产生和发展起来的具有高技术含量和高文化含量的服务业。现代服务业具有新服务领域、新服务模式、高文化品位和高技术含量的特征。

5. 信息相关产业

信息相关产业主要指与电子信息相关联的各种活动集合。信息产业标准是国家统计局在《国民经济行业分类》（GB/T 4754-2011）的基础上，参考联合国《所有经济活动的国际标准产业分类》，并结合我国实际情况制定的。

二、新经济产业与传统产业之间的关系

1. 新经济产业与传统产业的相关性研究

万事达卡财新 BBD 中国新经济指数（NEI）中对新经济有以下定义：一是高人力资本投入、高科技投入、轻资产；二是可持续地较快增长；三是符合产业发展方向。图 5-1 是新经济指数（右轴）与制造业采购经理指数（左轴）在同一时间段内进行比较的结果。

为了分析新经济与传统经济的相关性，由于新经济指数（NEI）在 2016 年 2 月试运行，2017 年正式发布，其是月度指标，因此本章将其与同样是月度发布的、代表传统经济的制造业采购经理指数（Purchasing Managers' Index，PMI）进行实证分析。

计算过程如下：

$$Cov(NEI, PMI) = E\{[NEI - E(NEI)][PMI - E(PMI)]\}$$

其中，$Cov(NEI, PMI)$ 是新经济指数和制造业采购经理指数的协方差。

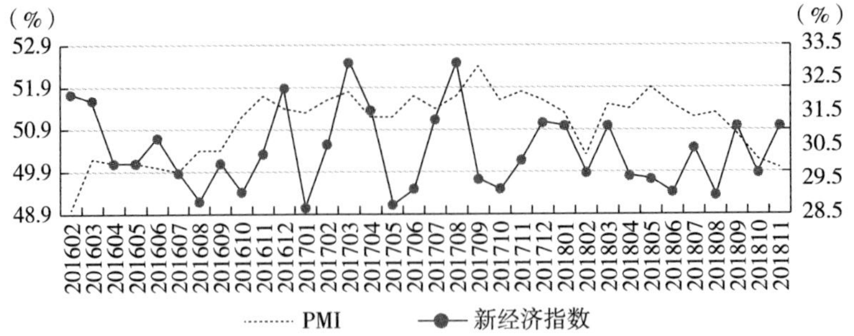

图5-1　中国新经济指数变化

$$\rho_{NEIPMI} = \frac{Cov\ (NEI,\ PMI)}{\sqrt{D\ (NEI)}\ \sqrt{D\ (PMI)}} = -0.0624$$

其中，ρ_{NEIPMI} 是新经济指数和制造业采购经理指数的相关系数，等于 -0.0624，这意味着我国从 2016 年 2 月以来，新经济与传统经济的发展呈现负相关关系，而且关联性非常小。也就是说在宏观经济下行的趋势下，新经济行业能够逆向而行，承担起为高质量经济发展提供新动能的重要使命。

2. 新经济产业与传统产业就业拉动能力研究

2018 年 12 月中央经济工作会议中提出，实施就业优先政策，同时强调，要把稳就业摆在突出位置。因此，本章从新经济劳动力指数和制造业劳动力指数对比来看两种经济模式对于就业的拉动作用。从图5-2 中可以看出新经济行业与制造业的劳动力指数变化情况，其中新经济劳动力指数从 2016 年 7 月以来一直呈现下降趋势，这可能与新经济企业大多数不是劳动密集型企业有关，而制造业劳动力指数从 2016 年 6 月逐渐升高至 2017 年 3 月，然后下降至 2018 年 2 月，2018 年 3~8 月该指数维持在相对高位，自 2018 年 9~11 月呈现大幅下降。因此，现阶段新经济产业还很难扛起支撑就业的任务。

从图5-3 来看，在新经济增长动力来源中，资本的拉动力逐渐凸显，从科技—劳动力—资本动力结构转变为资本—科技—劳动力结构。其中，劳动力因素对新经济增长的贡献逐渐降低，从 2016 年 5 月的 32.8% 降低至 2018 年 11 月的 27.6%；资本因素对促进新经济增长的贡献显著提升，从 2016 年

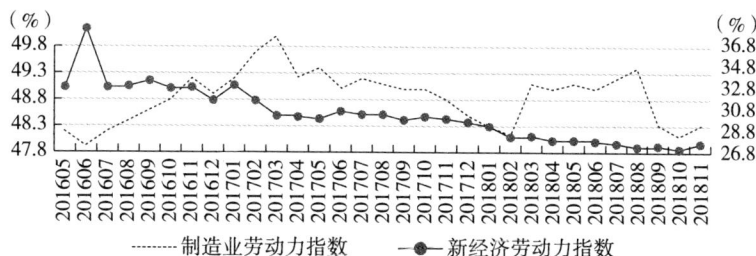

图 5-2　新经济从业人员指数和制造业劳动力指数变化

5月的28.6%提高至2018年11月的37.1%；科技因素对新经济增长的贡献波动较大，但总体呈现降低态势，从2016年5月的35.6%降低至2018年11月的29.3%。

图 5-3　新经济增长动力来源

资料来源：财新网。

　　根据2018年11月的数据，新经济指数行业贡献度占比从高到低分别是新一代信息技术与信息服务业、体育文化和娱乐业、高端装备制造业、金融和法律服务业、生物医药产业、节能与环保业、科学研究与技术服务业、新材料产业、新能源产业，但从现有数据来看，该贡献度的比例排名并不稳定，每个月都会发生较大变化，由于这些行业都处在成长期，高速发展相伴随的是高波动性。

三、全球创新指数中我国的创新发展状况

由康奈尔大学、欧洲工商管理学院、世界知识产权组织联合发布的全球创新指数（Global Innovation Index，GII）考察从多维度的创新驱动来源考察了 129 个经济体共 80 项具体指标，已经成为了衡量经济体创新绩效的主要参考之一。该指数由创新投入和创新产出两项二级指标构成（见图 5-4）。创新投入指数是制度、人力资本与研究、基础设施、市场成熟度、商业成熟度五项三级指标的平均值；创新产出指数是知识和技术产出及创意产出两项三级指标的平均值。

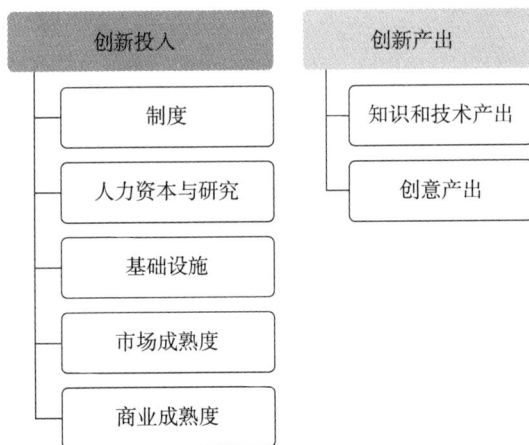

图 5-4　全球创新指数构架

表 5-2 显示了从 GII 视角观测的中国创新变化情况，按照世界银行的收入组别分类，2019 年中国的 GII 已经连续第七年居中等偏上收入组的第 1 名。从表 5-2 中可以发现 2013~2019 年中国创新投入和创新产出两方面都有着显著的进步，这种进步体现在分数上升和排名上升两方面，也就是说中国的创新能力无论是从自身的纵向对比或者与全球其他经济体的横向对比来看都有着显著的进步，并且创新能力的发展速度超过了其他国家的创新能力发展速度，这意味着中国比同类经济体以更快的速度接近全球创新领先者。中国的

创新产出水平与德国、英国、芬兰、以色列和美国相当，但投入水平远低于这些国家，显然中国的创新投入具有更高的效率。

创新投入的排位上升显著，从 2013 年的全球第 46 位上升到 2019 年的第 26 位。在三级指标中，制度指标从 2013 年的第 113 位上升到 2019 年的第 60 位，人力资本与研究指标从 2013 年的第 36 位上升到 2019 年的第 25 位，基础设施指标从 2013 年的第 44 位上升到 2019 年的第 26 位，市场成熟度指标从 2013 年的第 35 位上升到 2019 年的第 21 位，商业成熟度指标从 2013 年的第 33 位上升到 2019 年的第 14 位。可见我国在创新投入上不仅总体实现了强劲的发展，而且各个领域的投入增长相对均衡，呈现齐头并进的良好态势。

创新产出的排位同样抢眼，从 2013 年的第 25 位上升到 2019 年的第 5 位。三级指标中，虽然知识和技术产出指标排名略有下降，从 2013 年的第 2 位下降到 2019 年的第 5 位；但创意产出则呈现爆发式增长，从 2013 年的第 96 位上升到 2019 年的第 12 位。

从 2019 年的数据来看，我国阅读、数学和科学评估指标在全球排第 8 位①，平均支出排名前三的全球研发企业指标在全球排名第 6 位②，QS 大学排名中平均分排前三的大学指标在全球排名第 3 位③，资本形成总额指标在全球排名第 4 位④，私人部门的国内信贷指标在全球排名第 7 位。除此之外，我国其他指标排名也居全球前列。但是我国在裁员成本、留学生比例、预期在校时间、信贷的易获得程度、小额贷款机构的贷款总量、国外资助的研发占比、ICT 服务进出口、国家专题节目影片产出等指标均有较大的提升空间。

---

① 该指标数据来源于 PISA，PISA 是一项由经济合作与发展组织统筹的学生能力国际评估计划。其主要对接近完成基础教育的 15 岁学生进行评估，测试学生们能否掌握参与社会所需要的知识与技能。
② 给定经济体中前三名公司（属于全球研发支出前 2500 名公司）的平均研发支出。
③ 每个经济体中排名前三的大学的 QS 大学排名，其中 QS 指由 Quacquarelli Symonds 咨询公司发布的 QS 世界大学排名。
④ 衡量整个经济体投资规模的指标。

表5-2 2013~2019年中国GII（全球创新指数）分数及排名变化情况

一级指标	二级指标	三级指标	分数							排名						
			2013年	2014年	2015年	2016年	2017年	2018年	2019年	2013年	2014年	2015年	2016年	2017年	2018年	2019年
全球创新指数	—	—	44.70	46.60	47.50	50.60	52.50	53.10	54.80	35	29	29	25	22	17	14
	创新投入	—	45.20	45.80	48.40	53.10	54.20	55.10	56.90	46	45	41	29	31	27	26
	创新产出	—	44.10	47.30	46.60	48.00	50.90	51.00	52.80	25	16	21	15	11	10	5
制度	—	—	48.33	48.30	53.97	55.24	54.80	59.41	64.10	113	114	91	79	78	70	60
	政治环境	—	39.20	40.10	45.63	49.90	51.65	53.57	63.00	126	125	79	66	64	60	47
		政治稳定	49.00	52.35	—	51.34	50.25	52.58	75.40	106	99	—	88	90	91	46
		政府效力	41.68	41.03	40.60	48.47	53.05	54.07	56.80	58	67	70	49	47	48	47
	监管环境	—	50.28	49.26	49.57	50.02	47.00	54.00	54.60	116	117	115	107	107	100	100
		监管质量	44.25	42.06	39.64	38.14	35.25	37.31	38.00	89	92	92	84	87	87	81
		法律规定	34.82	32.92	35.50	38.78	29.57	37.79	39.40	87	90	88	80	78	75	77
		裁员成本	61.03	61.03	61.56	61.59	61.59	70.44	70.40	118	120	118	107	107	103	107
	商业环境	—	55.50	55.54	66.73	65.78	65.77	70.65	74.70	98	98	78	77	75	59	48
		轻松创业	67.50	67.38	77.43	77.46	81.02	85.47	93.50	118	122	105	103	96	73	25
		轻松解决破产问题	38.50	38.10	55.31	55.43	55.82	55.82	55.80	73	70	51	52	50	52	56

续表

一级指标	二级指标	三级指标	分数							排名						
			2013年	2014年	2015年	2016年	2017年	2018年	2019年	2013年	2014年	2015年	2016年	2017年	2018年	2019年
人力资本与研究	—	—	40.64	43.42	43.13	48.07	49.21	47.80	47.60	36	32	31	29	25	23	25
	教育	教育支出	68.67	71.30	70.77	72.39	69.63	63.90	63.40	20	1	2	4	8	13	13
		每名中学生的政府资助	—	—	—	—	—	—	—	—	—	—	—	—	—	—
		预期在校时间	45.92	52.97	51.70	56.42	58.14	46.89	45.20	88	74	78	63	62	71	74
		阅读、数学和科学评估	100.00	100.00	100.00	100.00	82.71	82.71	82.70	1	1	1	1	8	8	8
		中学师生比率	75.75	79.26	79.67	76.71	79.55	79.13	80.40	70	55	59	64	55	57	59
	高等教育	高等教育入学率	11.72	13.92	11.72	14.09	19.50	20.40	20.60	120	115	121	109	104	94	94
		理工科毕业生比率	25.39	26.51	22.35	26.85	37.67	39.37	40	80	82	82	78	62	55	55
		留学生比例	—	—	—	—	1.34	1.44	1.20	—	—	—	—	98	97	101

续表

一级指标	二级指标	三级指标	分数 2013年	分数 2014年	分数 2015年	分数 2016年	分数 2017年	分数 2018年	分数 2019年	排名 2013年	排名 2014年	排名 2015年	排名 2016年	排名 2017年	排名 2018年	排名 2019年
人力资本与研究	—	—	41.53	45.05	46.89	57.72	58.50	59.08	58.80	24	23	21	18	17	17	17
	研究开发	研究人员	9.88	12.96	12.79	13.35	14.12	14.49	14.80	46	50	47	46	45	47	46
		研发总支出	39.84	45.35	49.41	47.12	48.51	49.38	46.30	21	19	17	15	17	14	15
		平均支出排名三前的全球研发企业	—	—	—	85.96	89.13	90.14	91.70	—	—	—	9	6	6	6
		QS大学排名中平均分排名前三的大学	—	—	—	84.43	82.23	82.33	82.50	—	—	—	7	4	5	3
基础设施	—	—	39.84	44.98	50.53	51.96	57.86	56.84	58.70	44	39	32	36	27	29	26
	信息通信技术（ICT）	ICT接入	32.94	36.15	51.56	54.06	64.62	66.67	74.50	75	73	54	53	48	45	46
		ICT的使用	41.18	43.60	51.00	52.54	54.50	55.80	60.00	77	74	77	75	77	75	75
		政府的在线服务	16.60	27.00	29.90	38.36	45.80	52.70	61.50	77	64	71	63	61	63	55
		电子政务参与	52.94	52.94	60.63	60.63	76.81	76.81	86.10	59	60	47	47	31	31	34
			21.05	21.05	64.71	64.70	81.36	81.36	90.50	64	65	33	33	22	22	29

续表

一级指标	二级指标	三级指标	分数 2013年	2014年	2015年	2016年	2017年	2018年	2019年	排名 2013年	2014年	2015年	2016年	2017年	2018年	2019年
基础设施	—	—	48.71	65.28	65.06	61.67	67.54	67.97	63.80	13	2	3	6	3	3	2
	一般基础设施	发电量	14.91	17.15	19.07	20.45	14.88	14.96	15.90	62	56	52	53	51	50	48
		物流绩效	63.00	75.79	69.89	69.53	73.89	73.89	72.10	24	24	27	27	26	26	26
		资本形成总额	69.51	84.09	85.63	78.35	90.70	91.52	83.50	2	2	4	4	3	4	4
	生态可持续性	—	37.86	33.50	34.96	40.14	41.41	35.87	37.90	38	80	82	76	78	71	67
		每单位GDP能耗	16.01	15.63	19.10	11.41	18.77	15.56	17.50	101	101	103	102	98	94	94
		环保绩效	42.24	43.00	43.00	65.10	65.10	50.74	50.70	111	103	102	92	93	96	97
		ISO 14001环保证书	55.31	50.24	50.62	47.69	39.29	46.75	52.90	11	16	17	16	18	15	14
市场成熟度	—	—	54.22	50.45	49.25	56.55	54.67	55.62	58.60	35	54	59	21	28	25	21
	信贷	信贷的易获得程度	41.49	35.82	31.92	35.26	40.54	42.76	45.30	55	69	63	54	48	48	43
		私人部门的国内信贷	62.50	62.50	50.00	50.00	60.00	60.00	60.00	68	69	65	69	55	61	66
		小额信贷机构的贷款总额	1.97	2.28	0.04	0.12	0.15	0.14	0.20	59	61	86	75	73	70	69

续表

一级指标	二级指标	三级指标	分数 2013年	2014年	2015年	2016年	2017年	2018年	2019年	排名 2013年	2014年	2015年	2016年	2017年	2018年	2019年
市场成熟度	投资	—	46.45	40.47	36.64	46.64	35.04	36.32	42.20	21	50	62	29	85	84	64
		保护中小投资者	—	—	—	43.33	45.00	48.33	60.00	—	—	—	104	98	97	61
		市值	21.95	26.18	27.58	26.76	31.79	29.07	75.80	38	44	44	30	21	25	22
		风险投资	39.00	6.86	8.42	19.76	18.37	19.53	0.20	37	42	34	33	26	22	22
	贸易、竞争和市场规模	—	79.43	85.52	85.73	87.76	88.43	87.78	42.20	—	—	—	3	2	2	2
		加权平均关税率	79.43	85.52	85.73	77.59	80.20	76.76	60.00	71	73	66	64	76	72	73
		本地竞争的激烈程度	71.71	71.00	72.64	73.46	73.54	74.35	29.40	35	43	42	35	35	30	32
		国内市场规模	—	—	—	100.00	100.00	100.00	19.50	—	—	—	1	1	1	1
	—	—	42.94	41.79	44.94	53.77	54.54	56.00	88.20	33	32	31	7	9	9	14
商业成熟度	知识工作者	—	62.94	59.39	61.20	85.80	84.91	85.56	78.50	28	29	20	1	1	1	1
		知识密集型服务业从业者	10.31	11.74	11.36	—	—	—	74.40	98	101	104	—	—	—	—

续表

一级指标	二级指标	三级指标	分数							排名						
			2013年	2014年	2015年	2016年	2017年	2018年	2019年	2013年	2014年	2015年	2016年	2017年	2018年	2019年
商业成熟度	知识工作者	提供正规培训的公司	100.00	100.00	100.00	100.00	100.00	100.00	100.00	1	1	1	1	1	1	1
		企业研发支出占比	—	—	45.89	45.57	43.80	44.85	41.90	—	—	13	13	13	12	12
		企业研发资助占比	—	—	98.57	97.61	95.83	97.40	97.70	—	—	3	2	2	2	2
		高级学位占女性员工占比	—	—	—	—	—	—	—	—	—	—	—	—	—	—
		—	27.94	30.47	31.05	29.94	28.61	30.72	27.20	61	74	71	67	62	58	58
	创新联系	大学产业研究合作	56.21	56.83	56.69	56.69	55.27	56.50	56.50	33	32	31	31	29	27	27
		产业集群发展状况	59.67	60.17	59.30	58.77	60.94	59.63	59.60	22	23	23	23	20	26	28
		国外资助的研发占比	2.01	1.22	0.88	1.06	1.24	1.26	1.20	75	81	89	90	90	94	93
		合资/战略联盟交易	14.83	8.97	9.15	10.19	10.73	24.00	11.60	55	67	57	49	45	28	57
		多局同族专利	—	—	—	23.08	9.87	12.80	13.90	—	—	—	26	29	29	27

续表

一级指标	二级指标	三级指标	分数							排名						
			2013年	2014年	2015年	2016年	2017年	2018年	2019年	2013年	2014年	2015年	2016年	2017年	2018年	2019年
		—	37.96	35.51	42.55	45.57	50.12	51.72	54.10	24	28	32	14	13	12	13
商业成熟度	知识吸收	知识产权支付在贸易总额中的占比	—	—	—	28.14	27.19	28.34	26.20	—	—	—	30	32	26	30
		高技术进口净额在贸易总额中的占比	77.79	81.18	78.27	76.78	75.36	94.21	87.10	5	8	8	7	6	3	4
		ICT服务贸易总额在贸易中的占比	—	—	—	8.13	8.92	11.34	19.30	—	—	—	98	99	90	85
		FDI流入净值在GDP中的占比	—	—	—	31.92	52.80	39.04	51.50	—	—	—	64	68	77	88
		研究人才在企业中的比重	—	—	—	74.14	74.86	73.99	72.50	—	—	—	9	9	9	12
知识和技术产出	—	—	56.35	59.02	58.03	53.32	56.39	56.54	57.20	2	2	3	6	4	5	5
	知识创造	—	66.49	67.09	64.07	64.94	66.04	69.13	68.10	3	4	6	7	5	4	4
		本国居民专利申请量	—	—	—	100.00	100.00	100.00	100.00	—	—	—	1	1	1	1
		本国居民PCT申请量	—	—	—	21.35	27.14	32.11	35.50	—	—	—	25	17	18	17

续表

一级指标	二级指标	三级指标	分数							排名						
			2013年	2014年	2015年	2016年	2017年	2018年	2019年	2013年	2014年	2015年	2016年	2017年	2018年	2019年
知识和技术产出	知识创造	本国居民实用新型专利申请量	—	—	—	100.00	100.00	100.00	100.00	—	—	—	1	1	1	1
		科技期刊文章数量	21.34	22.97	20.85	20.69	19.22	29.97	32.80	59	56	53	50	54	42	42
		H索引引用量	49.35	51.24	45.93	47.58	49.91	52.67	54.20	17	16	16	16	14	14	13
		—	65.53	65.70	67.18	54.60	64.27	63.52	66.60	2	3	1	11	1	2	1
	知识影响	人均GDP增长率	89.61	88.04	100.00	72.11	97.65	91.46	100.00	3	2	1	20	2	3	1
		新企业密度	—	—	—	—	—	—	—	—	—	—	—	—	—	—
		计算机软件花费	23.16	27.25	31.17	27.69	36.39	33.99	33.50	27	24	23	23	26	23	24
		ISO 9001质量认证	58.68	63.52	42.49	39.31	24.32	39.80	40.10	15	16	19	20	25	22	20
		高科技和中高科技产出	—	—	—	61.80	65.36	60.89	59.40	—	—	—	18	14	12	12

续表

一级指标	二级指标	三级指标	分数 2013年	2014年	2015年	2016年	2017年	2018年	2019年	排名 2013年	2014年	2015年	2016年	2017年	2018年	2019年
知识和技术产出	—	—	42.12	44.28	42.84	40.41	38.85	36.99	37.00	21	23	28	25	24	22	22
		知识产权使用费	—	—	—	1.35	2.35	1.79	2.80	—	—	—	72	67	66	56
		高科技出口	86.69	100.00	100.00	100.00	100.00	100.00	100.00	3	1	1	1	1	1	1
	知识传播	ICT服务出口	—	—	—	9.04	10.01	9.82	11.50	—	—	—	85	77	78	75
		国外直接投资净流出	—	—	—	45.82	40.94	36.66	33.80	—	—	—	36	45	41	42
创意产出	—	—	31.89	35.67	35.12	42.73	45.35	45.42	48.30	96	59	54	30	26	21	12
		—	42.83	48.93	52.42	68.04	71.14	71.87	77.60	72	47	39	3	2	1	1
		按来源计数的商标申请	—	—	—	63.83	69.24	80.08	100.00	—	—	—	8	4	3	1
	无形资产	按来源计数的工业设计	—	—	—	100.00	100.00	100.00	100.00	—	—	—	1	1	1	1
		ICTs和商业模式创造	62.02	60.67	60.60	62.01	65.36	61.74	61.70	48	50	47	48	46	55	56
		ICTs和组织模式创新	—	61.50	61.41	62.28	64.40	59.73	59.70	—	31	32	30	29	43	46

续表

一级指标	二级指标	三级指标	分数							排名						
			2013年	2014年	2015年	2016年	2017年	2018年	2019年	2013年	2014年	2015年	2016年	2017年	2018年	2019年
创意产出	创新产品和服务	—	34.44	33.60	33.03	31.86	31.35	35.15	35.20	69	33	35	38	29	28	15
		文化创意服务出口	—	—	13.12	0.46	1.66	1.42	12.40	—	—	49	71	70	67	49
		国产电影/百万人口 15~69岁	11.80	3.84	2.31	3.16	2.39	2.39	2.70	87	86	89	85	88	88	87
		娱乐和媒体市场/千人 15~69岁	—	—	—	3.41	5.02	—	6.90	—	—	—	48	44	—	42
		印刷和其他媒体在制造中的占比	6.89	6.39	6.37	7.98	5.18	—	12.20	86	83	91	87	89	—	79
		创意商品出口	100.00	100.00	100.00	100.00	100.00	100.00	100.00	1	1	1	1	1	1	1
	网络创意	—	7.44	11.23	2.60	2.97	7.76	2.77	2.70	136	87	104	92	104	84	79
		通用顶级域（gTLD）	2.44	2.23	2.27	2.32	2.36	2.51	2.40	80	86	84	74	74	69	75
		国家/地区代码顶级域（ccTLD）	27.09	31.16	4.47	5.53	5.78	5.61	5.40	62	55	54	50	46	46	46

续表

一级指标	二级指标	三级指标	分数								排名							
			2013年	2014年	2015年	2016年	2017年	2018年	2019年	2013年	2014年	2015年	2016年	2017年	2018年	2019年
创意产出	网络创意	维基百科年度编辑	—	—	—	—	15.13	0.18	0.20		—	—	—	—	110	111	111
		移动应用下载量	—	—	—	—	—	—	—	142	—	—	—	—	—	79

四、我国科学技术集群的分布与发展

由于创新活动在地理上比较集中，GII 每年都会公布世界最大的科学技术集群的最新排名①。从中国的科技集群发展情况来看，我国 19 个城市在全球前 100 位集群排名中，深圳—香港集群在国内的科技集群中排名第一（全球排名第 2 位）、北京（第 4 位）、上海（第 11 位）、广州（第 21 位）、南京（第 25 位）、杭州（第 30 位）、武汉（第 38 位）、台北（第 43 位）、西安（第 47 位）、成都（第 52 位）、天津（第 60 位）、长沙（第 67 位）、青岛（第 80 位）、苏州（第 81 位）、哈尔滨（第 87 位）、重庆（第 88 位）、济南（第 89 位）、合肥（第 90 位）、长春（第 93 位）。由此看来，同其他国家相比，中国国际专利申请和科学出版物整体增长速度加快。然而，与其他国家一样，创新在我国也存在空间差异，但总体呈现齐头并进、多点开花的局面，从南到北，从东部沿海到西部内陆都有城市上榜。

我国的 19 个科学技术集群研究领域和跨集群合作都相当集中，在科学出版物的发表和合作更多地集中在高校，专利的活动领域和机构则相对更加多元，企业和高校都较为活跃。从科学出版物的情况来看，有 12 个科学技术集群的科学出版物研究领域集中在化学，6 个科学技术集群的科学出版物研究领域集中在工程。从专利活动领域来看，研究领域相对多元，数字通信，制药，计算机技术，医疗技术，电机、仪器、能源，计量都有涉及。从跨集群合作来看，国内合作远远多于国际合作，合作对象高度集中于北京，其中中国科学院是合作最多的研究实体，但这些合作全部来自于国内。在专利活动的合作中，合作的科技集群相对多元，北京仍然是合作最多的集群（7 次）、深圳—香港（6 次）、上海（2 次），华为是最多的合作申请者（6 次），如表 5-3 所示。

---

① 主要根据 PCT 申请量和科学出版物两项指标进行排名。

表5-3 2019年中国进入全球前100名的科技集群情况

全球排名	集群名称	排名第一的科学领域	份额(%)	排名第一的科学组织	份额(%)	排名第一的专利活动领域	份额(%)	排名第一的申请人	份额(%)	科学合作最多的集群	份额(%)	合作最多的组织	份额(%)	专利合作最多的集群	份额(%)	合作最多的申请者	份额(%)
2	深圳-香港	工程	10.81	香港大学	17.23	数字通信	38.39	华为	25.76	北京	9.66	中国科学院	20.15	北京	0.21	华为	70.34
4	北京	化学	10.30	中国科学院	22.69	数字通信	23.60	京东方科技集团	24.43	上海	3.15	中国科学院	32.13	加利福尼亚州圣-旧金山	1.19	英特尔	58.38
11	上海	化学	13.70	上海交通大学	23.06	化学	10.48	阿尔卡特朗讯	3.36	北京	6.00	中国科学院	38.80	纽约州纽约	1.72	默沙东	63.36
21	广州	化学	10.32	中山大学	27.92	电机、仪器、能源	8.95	华南理工大学	5.26	北京	7.06	中国科学院	38.12	深圳-香港	0.83	深圳市国华光电	18.10
25	南京	化学	12.35	南京大学	17.55	电机、仪器、能源	10.35	东南大学	9.36	北京	6.55	中国科学院	36.02	北京	1.78	爱立信	15.08
30	杭州	化学	12.43	浙江大学	57.90	计算机技术	31.29	阿里巴巴集团	48.68	北京	5.58	中国科学院	20.88	上海	0.73	深圳市洛书科技发展	17.31
38	武汉	化学	10.43	华中科技大学	29.81	光学	15.27	武汉华星光电技术	16.88	北京	7.48	中国科学院	38.69	深圳-香港	2.08	华为	79.45

续表

全球排名	集群名称	排名第一的科学领域	份额（%）	排名第一的科学组织	份额（%）	排名第一的专利活动领域	份额（%）	排名第一的申请人	份额（%）	科学合作最多的集群	份额（%）	合作最多的组织	份额（%）	专利合作最多的集群	份额（%）	合作最多的申请者	份额（%）
43	台北	工程	8.22	台湾大学	26.77	计算机技术	12.08	惠普	12.13	台中	7.15	中国医药大学（台湾）	32.62	新竹	7.86	联发科技	55.61
47	西安	工程	13.97	西安交通大学	29.28	数字通信	16.74	西安交通大学	11.90	北京	6.89	中国科学院	25.90	深圳－香港	3.60	华为	91.60
52	成都	工程	11.14	四川大学	42.54	制药	11.70	四川海思科制药	4.32	北京	7.46	中国科学院	32.60	深圳－香港	1.24	华为	73.47
60	天津	化学	18.13	天津大学	29.17	制药	9.14	天津大学	11.93	北京	9.34	中国科学院	25.00	北京	1.28	中国电力科学研究院	16.67
67	长沙	工程	10.81	中南大学	42.83	土木工程	15.63	中联重科	32.84	北京	5.61	中国科学院	25.37	巴塞尔	0.42	诺华	100.00
80	青岛	化学	13.52	中国海洋大学	21.54	其他消费商品	33.11	青岛海尔	14.66	北京	12.97	中国科学院	45.07	上海	0.52	陶氏全球技术	74.23

续表

全球排名	集群名称	排名第一的科学领域	份额(%)	排名第一的科学组织	份额(%)	排名第一的专利活动领域	份额(%)	排名第一的申请人	份额(%)	科学合作最多的集群	份额(%)	合作最多的组织	份额(%)	专利合作最多的集群	份额(%)	合作最多的申请者	份额(%)
81	苏州	化学	17.40	苏州大学	68.69	电机、仪器、能源	9.53	宝时得电动工具	4.68	北京	8.30	中国科学院	42.80	北京	1.74	江苏华东锂电技术研究院	74.93
87	哈尔滨	工程	12.15	哈尔滨工业大学	42.85	计量	12.51	哈尔滨工业大学	38.65	北京	6.73	中国科学院	17.84	北京	3.61	联发科技	50.84
88	重庆	化学	10.09	重庆大学	26.46	医疗技术	13.23	重庆润泽医药	10.51	北京	5.73	中国科学院	24.88	深圳-香港	1.30	华为	83.08
89	济南	化学	14.24	山东大学	58.50	计算机技术	10.79	山东大学	10.04	北京	7.03	中国科学院	22.11	北京	1.13	诺基亚	23.13
90	合肥	物理	14.69	中国科学技术大学	1.28	其他消费商品	12.12	安徽江淮汽车	10.56	北京	8.33	中国科学院	36.97	深圳-香港	3.27	华为	76.16
93	长春	化学	23.62	吉林大学	57.67	计量	14.00	长春应用化学研究所	15.69	北京	11.07	中国科学院	58.97	北京	3.75	北京大学	22.07

第二节 贵州创新及新动能发展

Ronald Boschama（2005）认为本地大学和创新研究中心是本地企业获得知识溢出的来源。随着经济高质量发展的内在需求，创新政策的首要关注点也从评估创新投入和创新产出的数量向创新投入和创新产出的质量转变。创新并非仅与高科技含量和高技术产出有关，所有经济部门都与创新有着越来越密切的联系。因此，传统概念上的创新等同于高科技研发，但利用贵州资源禀赋、工艺和技能特色、适用于贵州产业，并通过渐进式创新解决贵州问题的节约式、全纳式创新将会成为下一步贵州创新的发展方向。

创新也逐渐实现超越经济增长和技术变革的单纯目标，进一步向应对环境、能源、健康等方面延展。因此创新政策的制定也不仅涉及科研部门，更是向跨部门协作提出了更高的要求。创新政策的制定由聚焦于提高科研支出向构建促进创新的生态系统转变（见图5-5），而一个健康有活力的生态系统意味着需要有利于创新被采纳的条件，包括用于研究和技术转让的基础设施、教育和技能、企业家和风险投资市场等。

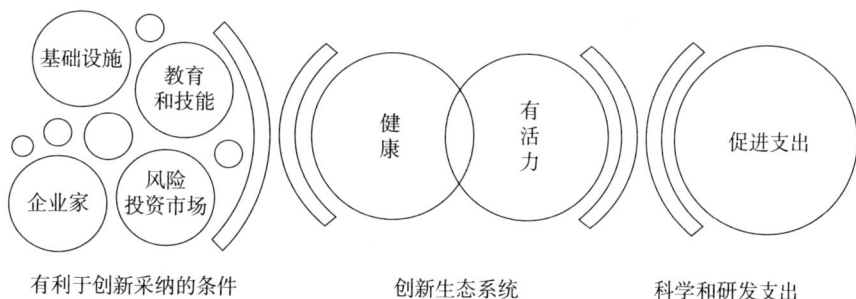

图5-5 创新生态系统的构成

制约贵州新经济产业发展的原因如图5-6所示。

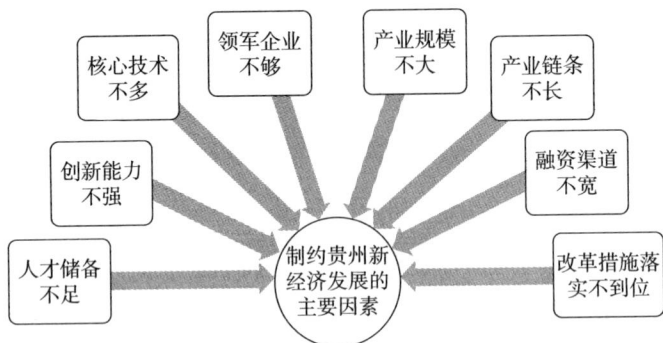

图 5-6 制约贵州新经济产业发展的主要因素

一、贵州技术创新现状

根据世界知识产权组织（WIPO）公布的最新数据显示，2017 年我国发明专利申请量连续 7 年居世界首位，PCT 国际申请量已经超越日本，跃居世界第二，这些数据不仅是我国知识产权的成就，也是我国重视知识产权保护、实施国家知识产权战略的集中体现，希望我国能够不断完善知识产权体系管理，鼓励创新创业，期待在更多领域掌握核心技术，增强我国综合实力和国际竞争力。

1987~2017 年贵州专利申请量如图 5-7 所示，可以看出，在此期间，贵州的专利申请增长数量迅速，但增长速度并不平稳。不仅专利申请的绝对数量增长，相对数量也出现了明显的增长，从 1985~2012 年贵州专利申请量仅占全国 0.54%，到 2017 年贵州专利申请量占全国 0.98%，如表 5-4 所示。

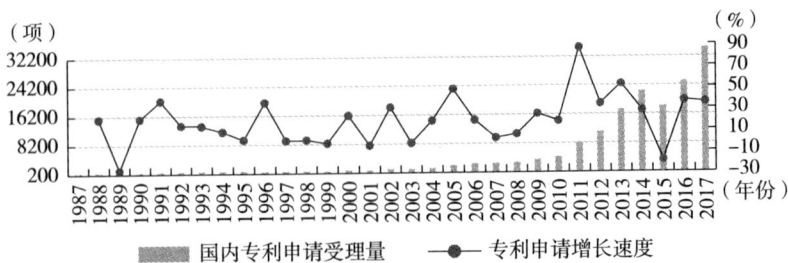

图 5-7 1987~2017 年贵州专利申请受理量变化

资料来源：国家统计局网站。

表5-4　贵州国内专利申请年度情况

年份	1985~2012	2013	2014	2015	2016	2017
贵州（件）	51133	17405	22467	18295	25315	34610
全国（件）	9412188	2234560	2210616	2639446	3305225	3536333
贵州占比（%）	0.54	0.78	1.02	0.69	0.77	0.98

资料来源：国家知识产权局知识产权发展研究中心网站。

在全部的国内专利申请量中，以2017年的数据来看，含金量最高的发明专利贵州申请量占全国的比例最大，达到了全国总量的1.11%，而外观设计专利申请量占比最少，贵州申请量仅占全国总量的0.63%，如表5-5所示。

表5-5　2017年贵州国内三种专利申请量占比

专利申请项目	发明专利申请量	实用新型专利申请量	外观设计申请量
贵州（件）	13885	16898	3827
全国（件）	1245709	1679807	610817
贵州占比（%）	1.11	1.01	0.63

资料来源：国家知识产权局知识产权发展研究中心网站。

2017年贵州职务发明创造申请量占总发明创造申请量的80%，非职务发明创造申请量占20%，其中职务发明的比例略高于全国平均水平。而职务发明中企业申请量最高，占比68.2%，但仍然低于全国82.8%的平均水平，其次是大专院校，占比20%。在贵州职务实用新型专利申请量中企业同样占主要地位，占比60.8%，但低于全国85.9%的平均水平；外观专利中企业申请量占总数的74.1%，远低于全国92.7%的平均水平。这说明企业是技术创新的主力军，而且从这个数量关系中可以看出企业的发明专利申请量与各地区的经济发展程度高度相关。2018年前三季度，贵州专利申请33351件，同比增长36.7%；专利授权14962件，同比增长70.6%；有效发明专利9801件，万人有效发明专利拥有量2.74件。

为推动贵州经济发展质量的动力变革，全面提高专利技术水平、专利申请质量、专利经济效益三个方面内容的专利创造质量。特别是每万人口发明专利拥有量、高被引专利数量，PCT 国际专利申请量等衡量区域专利技术水平和专利申请质量的方面贵州还有很大的提升空间。此外，贵州专利与科技、产业、企业匹配程度还有待进一步提高。这主要表现为研发经费、研发人员投入后的专利产出密度低，企业专利规模、结构、覆盖面和持续性有待改善。地区主导产业产值与专利布局存在一定程度偏离，新经济产业目标定位与实际专利活动趋势吻合度较低。

重视专利密集型企业的引进和培育。专利密集型产业从拉动内需和经济增长、提供就业机会、全球排名和竞争力，对产业优化和改革起到的作用等方面发挥作用，成为经济增长的新源泉，推动产业发展真正向创新驱动转变。

截至 2016 年，贵州战略性新兴产业发明专利持有量为 2610 件，居全国 24 位，仅占排名第一的北京市的 3.67%，增速为 17.6%。从相对优势指数来看，贵州仅在节能环保、生物产业具有相对比较优势，在新一代信息技术、高端装备制造、新能源、新材料、新能源汽车等产业上不具备优势。战略性新兴产业正成为发达地区创新发展的主动力，成为中西部地区特色发展的新动能。城市群的比较优势产业呈现差异化错位发展，以城市、城市群为特征，点面结合的创新经济集聚发展新格局正在形成。

二、贵州新动能产业发展状况

1. 贵州高技术产业发展状况

2018 年，贵州高技术产业营业收入为 1198 亿元，利润总额为 74 亿元。从全国横向对比来看，不仅高技术产业的整体规模和整体利润居全国较低水平，而且贵州营业收入利润率仅为 6.18%，低于全国 6.56% 的总体水平，如图 5-8 所示。

从高技术产业的企业规模来看，2018 年贵州高技术产业中大型企业 19 家共创造了 433 亿元的营业收入，小型企业 59 家共创造了 334 亿元的营业收

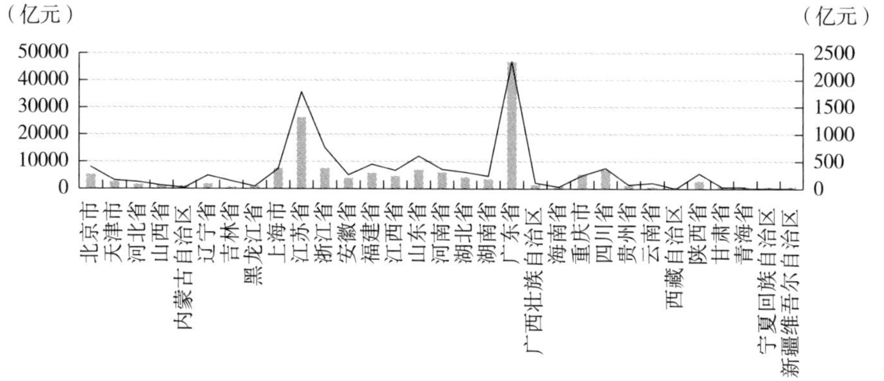

（亿元）

（亿元）

图 5-8　2018 年各地区高技术产业发展情况

资料来源：历年《中国高技术产业统计年鉴》。

入，总体来看，大型企业更具有实力。

从表 5-6 可以看出，医药制造业和电子及通信设备制造业在贵州高技术产业中的研发力量相对较强。

表 5-6　2018 年贵州高技术产业企业办研发机构情况

行业	有研发机构的企业数（个）	机构数（个）	机构人员（人）	机构经费支出（万元）
医药制造业	32	39	1130	38005
电子及通信设备制造业	23	24	1120	22882
计算机及办公设备制造业	1	1	20	282
医疗仪器设备及仪器仪表制造业	3	3	97	4281
信息化学品制造业	—	—	—	—

资料来源：《中国高技术产业统计年鉴》。

2. 贵州研究与试验发展（R&D）经费支出情况

在图 5-9 中内圈是贵州研究与试验发展（R&D）经费支出结构，外圈是全国研究与试验发展（R&D）经费支出结构。可以看出贵州基础研究和应用研究经费投入比重超过全国水平，但试验发展的经费投入低于全国水平。

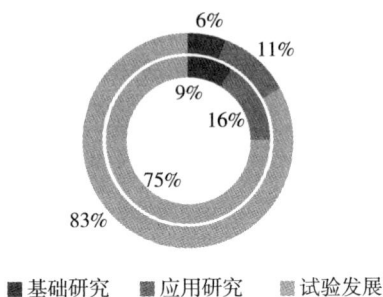

图 5-9　全国与贵州研究与试验发展（R&D）经费支出结构

资料来源：《中国科技统计年鉴》。

3. 贵州新旧动能转换的情况

贵州 2014 年上半年高新技术产业总值 1112.65 亿元，同比增长 17.8%。2016 年高新技术产业产值为 3527.04 亿元，同比增长 21.6%；2017 年 1～9 月，贵州高新技术产业的总产值为 3065.70 亿元，比上期增加近 30%。其中，高新技术工业总产值达 2505.84 亿元，比上期增加 27.1%；高新技术工业增加值达 584.95 亿元，比上期增加 20%。2017 年高新技术工业的业务收入为 2289.21 亿元，比上期增加 24.8%；利润总额较上期增加 32.2%，达 86.12 亿元；整个产业的出口总值达 161.95 亿元，是上期的 1.031 倍。截至 2018 年上半年，高新技术产业增长速度位居全国第一，达到 10%。除了高科技产业，贵州的金融业和其他第三产业的增速也排名全国前列，高达 10.6% 和 15.2%。就拉动贵州 GDP 而言，其他第三产业做出的贡献最多，带动内需 2.4%，贡献率超过 20%，第三产业增加值同比增长 11.2%，也获得了全国第一的成绩。

第三节 金融资源支持动力变革的实证研究

一、金融运行与货币创造的理论

信用货币制度体系下的信用货币创造是现代金融学的基石。A 客户在金融机构 X 贷款贷出的资金，经过各种商业活动运行，成为 B 客户的利润，B 客户将这笔资金存入金融机构 Y 即成为 Y 的存款，C 客户在 Y 银行办理贷款后，将这笔资金再次投入经济运行中，成为 D 客户在 Z 银行的存款，如此循环往复。黄达（1998）提出一笔存款以及与之金额相对应的存款准备可以派生出几倍于初始存款的存款总额，这是过程整体运行的结果。

根据金融学的基本理论，本章提出一个地区的金融资源是由基础货币数量、法定准备金率、通货膨胀率及货币创造能力构成的函数，如式（5-1）所示：

$$Fres = f(Mbase, Res-r, Infl, Ccre) \tag{5-1}$$

其中，Fres 表示金融资源，Mbase 表示基础货币的数量，Res-r 表示法定存款准备金率；Infl 表示通货膨胀率，Ccre 表示该地区金融机构的信用创造能力。

假设四个维度都为正值，即 Mbase>0，Res-r>0，Infl>0，Ccre>0，每一维度的状态改良都会引起 Fres 函数正向的改善，对于地方金融体系而言，基础货币数量、法定存款准备金率、通货膨胀率都是外生的，仅 Ccre 地方金融机构的信用创造能力这一项是内生的。

为了观测地区的信用创造能力，本章使用银行业存贷比作为观测值。存贷比，即一定时期内贷款总额比存款总额的值。在商业银行中一般用于衡量流动性风险状况，但对于一个地区而言，存贷比可以用来衡量一个地区银行体系的信用创造能力。在我国，地区间的物价水平差异不大，但金融机构的信用创造能力差别很大，这样就使得在同样的基础货币数量下，信用创造能力强的地区可以享受更大的增长红利。

从图 5-10 中可以看出贵州在 1978~1988 年信用创造能力波动较大，并在 1988 年达到 1.36 的峰值，之后便持续下滑，在 2008~2016 年持续低位走势，2016 年之后又有所回升。与全国情况对比，贵州信用创造能力在 1988 年之前低于全国平均水平，1988 年之后高于全国平均水平。贵州的金融结构仍然是以银行业为主体的传统结构，非银金融、直接融资、新型金融业态在盘活金融资源方面仍然不足。因此，金融机构的信用创造能力决定了在假设地区基础货币总量不变的前提下提供更多金融资源的下限。

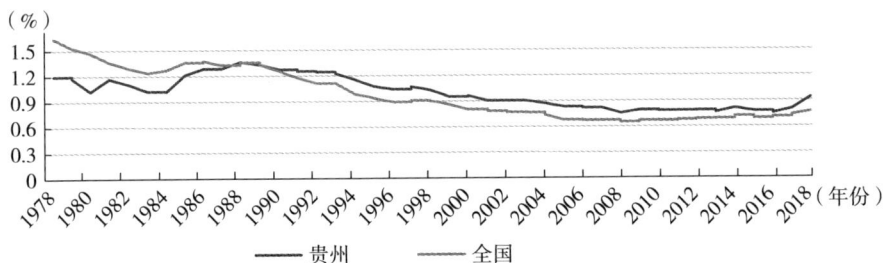

图 5-10　贵州 1978~2018 年金融机构信用创造能力变化情况

资料来源：《贵州统计年鉴》。

二、模型构建与实证检验

(一) 理论模型和理论假说

本章在借鉴现有研究成果的基础上，在以下几个方面进行了创新：一是研究视角的创新，从国家统计局与证券业监督管理委员会的行业分类口径，选择 19 个大类行业进行研究，比已有文献研究更为具体，能够得到更具有针对性的结论和对策建议。二是研究方法创新，现有的研究成果中对金融支持的描述侧重于定性描述，缺乏实证分析和定量研究。为弥补这一不足，本章采用实证研究为主，比较分析为辅的方法，使用面板数据对中国 19 个行业2009~2017 年的银行业金融支持、金融市场的金融支持、国外投资和固定资产投资与行业发展的关系进行实证研究，以确定金融资源配置对行业发展的贡献和影响，并且重点考察教育，信息传输、软件和计算机服务业，卫生和社会工作，科学研究和技术服务业四个与经济新旧动能转化的行业①。本章在研究对象、研究方法以及研究结论上均不同于以往研究。对贵州加快新旧动能转化、供给侧结构性改革、金融支持实体经济、经济高质量发展等重要命题具有理论价值和实践意义。

为了厘清金融资源在不同行业发展中所起的作用，以及金融支持的效果，本章构建以下理论模型：

行业产出 = f(来自银行的金融支持，来自资本市场的金融支持，固定资产投资，来自国外的金融支持，其他因素)

基于以上分析和模型，本章提出以下理论假说：

H_1：对某行业的金融支持和行业产出间存在正向关系。

对于亟待发展的行业，理论界和实务界都呼吁加大金融支持；对于产能过剩和不利于经济高质量发展的行业，监管部门倾向于控制信贷投放。因此，本章假设增加对某一行业的金融支持会增加该行业的产出，那么与经济新动能和未来增长密切联系的教育，信息传输、软件业计算机服务业，卫生和社会工作，科学研究和技术服务业应该得到更多的金融支持。

H_2：来源不同的金融资源对于行业产出的影响不同。

本章按照金融资源的供给者不同，分为银行业、金融市场和国外投资。不同的资金供给者对于风险和收益存在不同的偏好。例如，银行业所提供的金融支持侧重于产业的稳定发展，以确保本金安全和利息的按期给付，而金融市场则看重行业的成长性和盈利能力。国外投资除了带来金融支持，还有可能提高管理经验和技术。因此，本章假设由于投资目的和风险偏好的不同，会使不同来源的金融资源对于行业发展的影响存在差异。

---

① 由于行业增加值，各行业的金融资源数据仅能获得全国数据。因此，此处用全国数据实证，得到普适性的理论结论和经验总结，这些可用于指导贵州的动力变革。

H_3：金融支持与行业发展之间存在动态关系。

对某个行业的金融支持需要一定的过程才能体现出效果，因此本章假设过往的金融支持对当期的行业发展的影响大于当期金融支持对行业发展的影响，也就是说行业发展的变化将会滞后于金融支持的变化。这需要使用动态面板模型进行估计。

H_4：银行的金融支持与行业发展之间存在非线性关系。

银行对某个行业的金融支持一方面受到自身风险偏好和收益要求的影响；另一方面信贷的投放也受到金融监管部门的政策影响，当银行对某个行业信贷投放超过一定阈值时，就可能增加风险。因此本章试图验证银行业提供的金融支持与行业发展之间存在倒"U"形关系。

（二）计量模型及估算问题

1. 计量模型的设定

基于上文的分析，本章构建的模型如下：

$$Outp = f(Loan，Stock，Invest，FDI，u) \qquad (5-2)$$

其中，Outp 表示行业的产出，Loan 表示银行给予的金融支持，Stock 表示资本市场提供的金融支持，Invest 表示固定资产投资，FDI 表示来自国外的金融支持，u 表示除上述因素以外其他可能影响行业产出的因素。

2. 模型变量的选择

（1）被解释变量的选取。被解释变量旨在测定我国各个行业的发展状况，这里采用不同行业每年增加值来度量各行业的发展情况。

农、林、牧、渔业增加值是指农业、林业、畜牧业、渔业和农、林、牧、渔专业及辅助性活动在一个周期内（以年计）较上年的增长值；是农、林、牧、渔业常住单位在一年内生产活动的最终成果，即所有常住单位在生产过程中创造的新增价值，也反映了该行业对国内生产总值的贡献。

采矿业增加值是指煤炭开采和洗选业、黑色金属矿采选业、石油和天然气开采业、非金属矿采选业、有色金属矿采选业、其他采矿业在一个周期内（以年计）较上年的增长值；是采矿业所有常住单位在一年内生产活动的最终成果，即所有常住单位在生产过程中创造的新增价值，也反映了该行业对国内生产总值的贡献。

制造业增加值是指农副食品加工业，食品制造业，酒、饮料和精茶制造业，烟草制造业，纺织服装，服饰业，纺织业，皮革、毛皮、羽毛及其制品和制鞋业、家具制造业，木材加工和木、竹、藤、棕、草制品业，印刷和记录媒介复制业，造纸和纸制品业，石油、煤炭及其他燃料加工业，文教、工美、体育和娱乐用品制造业，医药制造业，化学原料和化学制品制造业，橡胶和塑料制品业，化学纤维制造业，黑色金属冶炼和压延加工业，非金属矿物制品业，金属制品业，有色金属冶炼和压延加工业，专用设备制造业，通用设备制造业，铁路、船舶、航空航天和其他运输设备制造业，汽车制造业，计算机、通信和其他电子设备制造业，电气机械和器材制造业，仪器仪表制造业，其他制造业，废弃资源综合利用业在一个周期内（以年计）较上年的增长值。其是制造业所有常住单位在一年内生产活动的最终成果，即常住单位在生产过程中创造的新增价值，也反映了该行业对国内生产总值的贡献。

电力、热力、燃气及水生产和供应业增加值是指电力、热力生产和供应业、燃气生产和供应业、水的生产和供应业在一个周期内（以年计）较上年的增长值；是电力、热力、燃气及水生产和供应业所有常住单位在一年内生产活动的最终成果，即常住单位在生产过程中创造的新增价值，也反映了电力、热力、燃气及水生产和供应业对国内生产总值的贡献。

建筑业增加值是指房屋建筑业，土木工程建筑业，建筑安装业，建筑装饰、装修和其他建筑业在一个周期内（以年计）比上年的增长值；是建筑业所有常住单位在一年内生产活动的最终成果，即常住单位在生产过程中创造的新增价值，也反映了建筑业在一年中对国内生产总值的贡献。

批发和零售业增加值是指批发业和零售业在一个周期内（以年计）较上年的增长值；是批发和零售业所有常住单位在一年内生产活动的最终成果，即常住单位在生产过程中创造的新增价值，也反映了批发和零售业在一年中对国内生产总值的贡献。

交通运输、仓储和邮政业增加值是指铁路运输业、水上运输业、道路运输业、管道运输业、航空运输业、装卸搬运和仓储业、多式联运和运输代理业及邮政业在一个周期内（以年计）较上一周期的增长值；是交通运输、仓储和邮政业所有常住单位在一年内生产活动的最终成果，即常住单位在生产过程中创造的新增价值，也反映了交通运输、仓储和邮政业在一年中对国内生产总值的贡献。

住宿和餐饮业增加值是指住宿业和餐饮业在一个周期内（以年计）较上年的增长值；是住宿和餐饮业所有常住单位在一年内生产活动的最终成果，即常住单位在生产过程中创造的新增价值，也反映了住宿和餐饮业在一年中对国内生产总值的贡献。

信息传输、软件和计算机服务业增加值是指电信、广播电视和卫星传输服务、软件和信息技术服务业及互联网和相关服务在一个周期内（以年计）较上年的增长值；是信息传输、软件和计算机服务业所有常住单位在一年内生产活动的最终成果，即常住单位在生产过程中创造的新增价值，也反映了信息传输、软件和计算机服务业在一年中对国内生产总值的贡献。

金融业增加值是指货币金融服务业、保险业、资本市场服务业及其他金融业在一个周期内（以年计）较上年的增长值；是金融业所有常住单位在一年内生产活动的最终成果，即常住单位在生产过程中创造的新增价值，也反映了金融业在一年中对国内生产总值的贡献。

房地产业增加值是指房地产业在一个周期内（以年计）较上年的增长值；是房地产业所有常住单位在一年内生产活动的最终成果，即常住单位在生产过程中创造的新增价值，也反映了房地产业在一年中对国内生产总值的贡献。

租赁和商务服务业增加值是指租赁业及商务服务业在一个周期内（以年计）较上年的增长值；是租赁和商务服务业所有常住单位在一年内生产活动的最终成果，即常住单位在生产过程中创造的新增价值，也反映了租赁和商务服务业在一年中对国内生产总值的贡献。

科学研究和技术服务业增加值是指专业技术服务业、研究和试验发展、科技推广和应用服务业在一个周期内（以年计）较上年的增长值；是科学研究和技术服务业所有常住单位在一年内生产活动的最终成果，即常住单位在生产过程中创造的新增价值，也反映了科学研究和技术服务业在一年中对国内生产总值的贡献。

水利、环境和公共设施管理业增加值是指生态保护和环境治理业、水利管理业、公共设施管理业及土地管理业在一个周期内（以年计）较上年的增长值；是水利、环境和公共设施管理业所有常住单位在一年内生产活动的最终成果，即常住单位在生产过程中创造的新增价值，也反映了水利、环境和公共设施管理业在一年中对国内生产总值的贡献。

居民维修和其他服务业是指机动车、电子产品和日用产品修理业，居民服务业，其他服务业在一个周期内（以年计）较上年的增长值；是居民维修和其他服务业所有常住单位在一年内生产活动的最终成果，即常住单位在生产过程中创造的新增价值，也反映了居民维修和其他服务业在一年中对国内生产总值的贡献。

教育业增加值是指教育业在一个周期内（以年计）较上年的增长值；是教育业所有常住单位在一年内生产活动的最终成果，即常住单位在生产过程中创造的新增价值，也反映了教育业在一年中对国内生产总值的贡献。

卫生和社会工作增加值是指社会工作和卫生行业在一个周期内（以年计）较上年的增长值；是卫生和社会工作所有常住单位在一年内生产活动的最终成果，即常住单位在生产过程中创造的新增价值，也反映了卫生和社会工作在一年中对国内生产总值的贡献。

文化、体育和娱乐业是指广播、电视、电影和影视录音制作业，新闻和出版业，文化艺术业，娱乐业，体育在一个周期内（以年计）较上年的增长值；是文化、体育和娱乐业所有常住单位在一年内生产活动的最终成果，即常住单位在生产过程中创造的新增价值，也反映了文化、体育和娱乐业在一年中对国内生产总值的贡献。

公共管理、社会保障和社会组织是指中国共产党机关，国家机构，人民政协、民主党派，群众团体、社会团体和其他成员组织，基层群众自治组织在一个周期内（以年计）较上年的增长值；是公共管理、社会保障和社会组织所有常住单位在一年内生产活动的最终成果，即常住单位在生产过程中创造的新增价值，也反映了公共管理、社会保障和社会组织在一年中对国内生产总值的贡献。

（2）解释变量的选取。第一，银行业提供的金融支持。银行业在我国金融系统中占据了较大比重，银行业（包括商业银行、政策性银行及农村金融机构等）所提供的金融支持始终在我国的产业政策中起到举足轻重的作用。这种作用体现在两个方面，一是银行业提供的信贷资金支持是各行各业所能获得金融资源的主要途径；二是信贷投放的总量和结构性变化是货币政策传导的重要渠道，进而推进供给侧结构性改革和新旧动能转换等宏观经济目标的实现。本章使用 2009~2017 年《中国金融年鉴》① 中的金融机构分行业信贷投放数据来代表各个行业从银行业所获得的金融支持。

第二，金融市场提供的金融支持。近年来，我国金融市场的发展日趋成熟，多层次资本市场已初步建立。金融市场对微观经营主体的金融支持相对金融中介而言效率高且融资规模大。在现有的研究中往往过于重视金融中介的金融支持，而忽视金融市场在此中所扮演的重要角色。本章使用 2012~2017 年各行业上市公司年末总市值之和表示每年各行业从金融市场所获得的金融支持。②

第三，国际直接投资。2018 年《国务院关于积极有效利用外资推动经济高质量发展若干措施的通知》中，利用外资是我国对外开放基本国策和构建开放型经济新体制的重要内容。Markus Behn 等（2014）认为在银行业自由化的情况下，相对公平的外资对本国相对低效率的信贷会形成挤出效应。截至 2017 年，中国占全球吸引外资总量的 9.5%，位列全球第二。外商投资对于各行业的影响不可忽视。对华投资主要来源地区是亚洲、欧盟、北美及

---

① 《中国金融年鉴》从 2010 年开始发布分行业信贷数据。

② 中国证券监督管理委员会于 2012 年 10 月发布《上市公司行业分类指引》（2012 年修订），该分类与国家统计局所有行业分类口径基本重合，但无公共管理、社会保障和社会组织行业类别。

部分自由港地区①。不同国家或地区的对华主要投资行业存在较大区别。用《中国统计年鉴》中每年各行业实际使用外资金额②表示。

3. 估算的基准模型设定

根据上面定义的变量，建立如下面板回归模型来研究金融支持和行业发展的关系：

$$Outp_{i,t} = a + a_i{}^* + \beta_1 Loan_{i,t} + \beta_2 Stock_{i,t} + \beta_3 FDI_{i,t} + \beta_4 Invest_{i,t} + u_{i,t} \tag{5-3}$$

考察变量之间的动态关系：

$$Outp_{i,t} = b + b_i{}^* + \beta_1' Loan_{i,t-j} + \beta_2' Stock_{i,t-j} + \beta_3' FDI_{i,t-j} + \beta_4' Invest_{i,t-j} + u_{i,t}' \tag{5-4}$$

研究银行金融支持的非线性影响：

$$Outp_{i,t} = c + c_i{}^* + \beta_1' Loan_{i,t-j} + \beta_2'' (Loan)^2{}_{i,t-j} + \beta_3'' Stock_{i,t-j} + \beta_4'' FDI_{i,t-j} +$$

$$\beta_5'' Invest_{i,t-j} + u_{i,t}'' \tag{5-5}$$

在模型中，下标 $i = 1, 2, \cdots$ 表示第 i 个行业，$t = 1, 2, \cdots$ 表示时间，各解释变量前的 β 分别表示该解释变量的系数；以 $Outp_{i,t}$ 表示 i 产业在 t 期的产出，用以度量 i 产业的发展状况；$Loan_{i,t}$ 表示 i 产业在 t 期获得的信贷资源，用以度量银行业对 i 产业的金融支持状况；$Stock_{i,t}$ 表示 i 产业在 t 期金融市场的市值，用以度量金融市场对 i 产业的金融支持状况；$FDI_{i,t}$ 表示外商在 t 期对 i 产业的投资，用以度量国外对 i 产业的金融支持状况；$Invest_{i,t}$ 表示 i 产业在 t 期获得的固定资产投资；a、b、c 分别表示式 (5-3)、式 (5-4)、式 (5-5) 的总体均值截距；$a_i{}^*$、$b_i{}^*$、$c_i{}^*$ 分别表示式 (5-3)、式 (5-4)、式 (5-5) 对总体均值偏离的个体截距项；$u_{i,t}$、$u_{i,t}'$、$u_{i,t}''$ 分别表示式 (5-3)、式 (5-4)、式 (5-5) 的个体误差项。

三、数据来源和描述统计

本章的行业增加值数据来源于 2010~2018 年《中国统计年鉴》，银行业

---

① 中华人民共和国商务部. 中国外资统计公报 [R]. 2018.
② 实际使用外资金额是指合同外资金额的实际执行数。

提供的金融支持数据取自 2010~2018 年《中国金融年鉴》，金融市场提供的金融支持数据取自 Wind 系统中 2012~2017 年按证监会行业分类的历年年末各行业总市值，国际直接投资数据及固定资产投资数据取自 2010~2018 年《中国统计年鉴》。本章的样本选择覆盖了国民经济中的绝大多数行业，除居民服务、修理和其他服务业及公共管理、社会保障和社会组织没有上市公司数据外，其余指标数据齐全，具有较高的代表性。

表5-7、表5-8 给出了本章研究所需变量的描述性统计结果，从均值来看，对经济增长贡献最大的前三个行业分别是制造业，农、林、牧、渔业，批发和零售业。教育，信息传输、软件和计算机服务业，卫生和社会工作，科学研究和技术服务业作为新动能的主要力量，分别排在第 10 位、第 11 位、第 15 位、第 16 位。获得银行信贷最多的前三位分别是制造业，交通运输、仓储和邮政业，批发和零售业。教育，信息传输软件和计算机服务业，卫生和社会工作，科学研究和技术服务业排在第 15 位、第 14 位、第 16 位和第 19 位。从资本市场的情况来看，市值最大的是制造业、金融业和采矿业。教育，信息传输、软件和计算机服务业，卫生和社会工作，科学研究和技术服务业排在第 17 位和第 5 位、第 16 位和第 14 位。从国际资金的金融支持来看，排在前三位的行业分别是制造业、房地产业、租赁和商务服务业，而教育，信息传输、软件和计算机服务业，卫生和社会工作，科学研究和技术服务业排在第 18 位、第 8 位、第 17 位和第 7 位。从固定资产投资来看排在前三位的分别是制造业，房地产业，水利、环境和公共设施管理业，教育，信息传输、软件和计算机服务业，卫生和社会工作、科学研究和技术服务业分别排第 11 位、第 14 位、第 16 位和第 17 位。

通过以上分析发现，不同资金来源的金融支持在行业投放上存在不同的偏好。教育，信息传输、软件和计算机服务业，卫生和社会工作，科学研究和技术服务业四个新动能相关产业获得的金融支持相对较少，相对来说，资本市场和国外投资对新动能相关行业的支持更为有力。

表 5-7　变量的描述性统计（1）

行业	Oupt				Loan				FDI			
	平均值	方差	最小值	最大值	平均值	方差	最小值	最大值	平均值	方差	最小值	最大值
农、林、牧、渔业	53640.18	9941.08	35226.00	64660.00	9116.18	2377.42	5234.21	12284.10	169339.30	30618.07	107492.00	206220.00
采矿业	21806.96	3233.95	16726.02	26296.20	19216.77	5424.01	7739.67	24148.74	57073.89	32815.16	9634.00	130198.00
制造业	177929.70	38818.19	110118.50	240505.40	120661.60	28232.48	62387.55	146939.50	4348491.00	621045.60	3350619.00	5210054.00
电力、热力、燃气及水生产和供应业	13660.10	2424.66	8395.43	16797.20	41816.36	8647.84	28151.40	58309.55	228272.70	48038.70	163897.00	352132.00
建筑业	39646.64	10165.06	22398.83	55313.80	24239.99	9472.15	9046.97	38721.37	148503.10	61923.36	69171.00	261940.00
批发和零售业	48262.33	18903.10	13358.10	77658.20	64480.53	22638.50	22871.59	90252.91	936974.30	320814.30	538980.00	1587026.00
交通运输、仓储和邮政业	30511.56	15562.54	16727.11	71290.70	73336.00	25468.53	27783.55	112508.63	558918.30	548909.30	224373.00	2091861.00
住宿和餐饮业	11451.34	4300.81	7118.17	21899.10	5158.86	1765.49	2277.63	6975.71	189141.30	339409.20	36512.00	1147808.00
信息传输、软件和计算机服务业	16335.79	7957.67	8163.79	33058.80	3295.65	1315.87	2030.93	6238.33	323597.10	204401.90	41914.00	844249.00
金融业	42395.56	15684.55	17767.53	65395.00	13008.33	15271.17	622.63	37050.18	503338.90	468084.10	45617.00	1496889.00
房地产业	35498.46	10774.94	18654.88	53965.20	47418.78	14793.13	24335.81	71872.48	2452423.00	566219.30	1679619.00	3462611.00
租赁和商务服务业	13495.80	5093.98	6191.36	21887.80	45309.67	24037.68	18341.09	96608.72	1061881.00	357936.00	607806.00	1673855.00
科学研究和科技服务业	10592.38	3734.32	4721.73	16198.50	1547.48	725.53	503.05	2832.79	367686.70	178376.40	167363.00	684373.00

续表

行业	Oupt				Loan				FDI			
	平均值	方差	最小值	最大值	平均值	方差	最小值	最大值	平均值	方差	最小值	最大值
水利、环境和公共设施管理业	3041.05	1070.27	1480.44	4762.80	46939.89	12103.55	32349.56	74569.92	69034.00	21275.74	42159.00	103586.00
居民维修和其他服务业	9337.80	2857.49	5271.48	14704.40	2231.53	189.03	2001.02	2627.63	109341.10	56789.39	49038.00	205268.00
教育	19441.52	6278.66	10481.79	29918.30	3053.35	797.40	981.54	3827.57	3332.89	2974.89	395.00	9437.00
卫生和社会工作	11358.00	4681.25	5082.56	19027.30	2791.52	1260.71	484.30	4575.00	12437.56	8774.60	4283.00	30516.00
文化、体育和娱乐业	4086.19	1331.69	2231.01	6647.80	2158.03	1048.77	607.01	3811.89	59157.11	20168.80	26732.00	82338.00
公共管理、社会保障和社会组织	22904.02	6090.55	15161.74	34023.60	6580.69	2430.11	1338.77	10316.40	677.33	1115.19	1.00	3057.00

表 5-8　变量的描述性统计（2）

行业	Stock				Invest			
	平均值	方差	最小值	最大值	平均值	方差	最小值	最大值
农、林、牧、渔业	3773.53	1683.23	1741.81	5852.68	11578.15	6445.34	3356.40	22773.90
采矿业	37351.69	3633.82	30421.38	41916.53	11923.38	2205.09	8170.80	14648.80

续表

行业	Stock				Invest			
	平均值	方差	最小值	最大值	平均值	方差	最小值	最大值
制造业	186983.63	72610.26	91711.05	275223.44	130339.13	45396.54	58706.10	187836.00
电力、热力、燃气及水生产和供应业	15526.10	4774.32	8914.81	20900.03	19795.91	5680.12	13545.40	29736.00
建筑业	14490.45	5097.75	7155.75	19808.96	3472.05	1049.12	1569.10	4896.70
批发和零售业	14396.43	5075.90	7395.94	19608.75	11457.39	5230.89	4491.00	18681.40
交通运输、仓储和邮政业	16299.16	5614.15	8930.48	24661.22	36452.99	10289.23	23271.30	53628.50
住宿和餐饮业	936.71	405.67	463.80	1616.59	4873.49	1494.43	2328.60	6504.20
信息传输、软件和计算机服务业	19420.75	10534.02	5020.42	32052.22	3636.86	1439.86	2174.20	6318.70
金融业	111768.93	24213.38	76633.43	146776.93	958.90	393.93	348.50	1367.20
房地产业	20602.04	7021.67	11214.84	30178.15	95748.94	31964.69	43127.60	135283.70
租赁和商务服务业	4496.85	2382.77	1393.65	7432.14	6002.63	3417.05	1880.40	12315.70
科学研究和技术服务业	1465.96	968.42	363.80	3188.64	3022.49	1574.96	1084.00	5567.80
水利、环境和公共设施管理业	3186.22	993.95	1800.70	4508.18	37820.63	16664.07	17878.90	68647.20
居民维修和其他服务业	0.00	0.00	0.00	0.00	1719.43	770.27	518.60	2676.60
教育	123.64	113.12	10.04	280.72	5576.83	2020.52	3242.50	9326.70
卫生和社会工作	834.53	619.95	131.40	1873.06	3398.91	1525.05	1698.00	6282.60
文化、体育和娱乐业	5373.33	2852.74	1483.97	9188.00	4763.60	1933.16	2125.40	7830.10
公共管理、社会保障和社会组织	0.00	0.00	0.00	0.00	6200.21	1363.23	4034.20	8187.50

四、模型估算结果和分析

根据 2009~2017 年 19 个行业分类的面板数据，采用 EViews10 分别进行回归分析，可以获得我国行业发展与金融支持相关关系的实证结果。通过对变量的协方差检验和 Hausman 检验。本章分别按照上述假设构建行业发展的固定效应模型，其回归结果如下：

从模型 1 和模型 2 来看（见表 5-9），银行信贷和资本市场的金融支持效果显著，而外商投资和固定资产投资单独回归都不显著。这说明充实当期的银行信贷和资本市场的金融支持可以有效助力行业发展。

在模型 3 中，同时考虑银行业和资本市场两个来源的金融支持时，模型拟合度良好且优于单独使用两者其一，同期的银行信贷、行业总市值和行业增加值正向相关，且在 1% 的置信水平上显著。在模型 4、模型 5 和模型 6 中，同期的银行信贷、行业总市值、固定资产投资和行业增加值正向相关，模型拟合度良好，且在 1% 的置信水平上显著，但外商投资与行业增加值负向相关且不显著。模型 7 和模型 8 中，同期银行信贷的平方与行业增加值负相关且不显著，这说明同期的银行的金融支持与行业发展间并不存在非线性关系。

模型（5-3）的估计结果为：

$$\text{Outp}_{i,t} = 20977.38 + 0.369\,\text{Loan}_{i,t} + 0.208\,\text{Stock}_{i,t} - 0.007\,\text{FDI}_{i,t} + 0.021\,\text{Invest}_{i,t} \tag{5-6}$$

$$(8.1) \quad (4.2) \qquad (4.8) \qquad (-2.7) \qquad (0.7)$$

$$R^2 = 0.972 \qquad DW = 2.4 \qquad TN = 120$$

式（5-6）的实际含义是 Loan、Stock、Invest 都是 Outp 的重要解释变量，银行贷款 Loan 每增加 1 亿元，若维持其他解释变量不变，行业增加值将增加 0.369 亿元。股票市值 Stock 每增加 1 亿元，若维持其他解释变量不变，行业增加值将增加 0.208 亿元。当期的外商投资对于行业增加值的影响为负值但并不显著。固定资产投资 Invest 每增加 1 亿元，若维持其他解释变量不变，行业增加值将增加 0.021 亿元。虽然三个解释变量对应的回归系数都有显著性，然而影响行业发展$Outp_{i,t}$的主要因素还是银行贷款规模$Loan_{i,t}$。这个结果验证了 H_1 和 H_2，对行业的金融支持有利于行业成长，并且来源银行贷款的金融支持对行业增长的推动最大，资本市场次之，固定资产投资的影响比前两者小，外商直接投资的影响最小。

模型（5-5）的估计结果为：

$$Outp_{i,t} = 19473.38 + 0.496\,Loan_{i,t-j} - 1.07^{-6}(Loan)^2_{i,t-j} + 0.215\,Stock_{i,t-j}$$

$$(5.9) \qquad (2.5) \qquad\qquad (-0.7) \qquad\qquad\qquad (4.8)$$

$$-0.007\,FDI_{i,t-j} + 0.022\,Invest_{i,t-j} \qquad\qquad\qquad (5-7)$$

$$(-2.8) \qquad\qquad (0.8)$$

$$R^2 = 0.9775 \qquad\qquad DW = 2.4 \qquad\qquad TN = 120$$

式（5-7）中加入了$(Loan)^2$以验证 H_4，由于$(Loan)^2$为负值，说明银行信贷对行业的金融支持存在最优值，如果超过这个最优值，银行贷款拉动行业发展的能力将会变弱，但由于在式（5-7）中该变量的系数不显著，说明银行贷款与行业发展之间的倒"U"形关系不明显。

表 5-9　以行业增加值为被解释变量的同期实证结果表

解释变量	模型1	模型2	模型3	模型4	模型5	模型6	模型7	模型8
Loan	0.656 *** (3.309)	—	0.289 *** 3.162	0.379 *** (3.084)	0.369 *** (2.983)	0.278 *** (3.088)	0.347 *** (2.896)	0.496 ** (2.411)
Stock	—	0.309 *** (11.718)	0.257 *** (16.119)	0.211 *** (5.01)	0.208 *** (4.863)	0.250 *** (15.314)	0.262 *** (11.067)	0.215 *** (4.668)
FDI	—	—	—	−0.007 (−1.622)	−0.007 (−1.559)	—	—	−0.007 (−1.606)
Invest	—	—	—	0.021 *** (2.671)	0.028 *** (3.426)	—	—	0.022 *** (3.028)
$(Loan)^2$	—	—	—	—	—	−5.04E-07 (−0.436)	−1.07E-06 (−0.548)	
行业固定效应	Included	Included	Included	Included	Included	Included	Included	Included

续表

解释变量	模型 1	模型 2	模型 3	模型 4	模型 5	模型 6	模型 7	模型 8
R^2	0.944	0.967	0.970	0.972	0.972	0.970	0.970	0.972
F 值	152.490	187.300	198.520***	200.230***	190.230***	189.000	187.440***	181.116***
残差平方和	1.33E+10	6.21E+09	5.53E+09	5.02E+09	4.99E+09	5.47E+09	5.52E+09	4.96E+09
截面数	19	19	19	19	19	19	19	19
总面板数据	120	120	120	120	120	120	120	120

注：***、**、*分别表示在1%、5%、10%的水平下统计显著，括号内的值为相应的 T 统计量。

为了观察不同解释变量对被解释变量的动态影响，本章对各解释变量从滞后一期到滞后六期分别进行面板混合最小二乘法回归，将回归表现良好的结果列在表 5-10 中。

表 5-10　对各解释变量的实证结果

解释变量	系数	R^2	F 值	残差平方和
Loan（-1）	0.643*** （3.769）	0.957	179.770***	9.46E+09
Loan（-2）	0.575*** （3.760）	0.963	182.080***	7.50E+09
Loan（-3）	0.523*** （2.871）	0.963	154.790***	6.64E+09
Stock（-1）	0.292*** （7.754）	0.967	159.330***	5.26E+09
Invest（-2）	0.499*** （4.837）	0.964	188.470***	7.25E+09
Invest（-3）	0.480*** （4.570）	0.967	168.730***	6.10E+09
FDI（-5）	0.014** （2.372）	0.954	81.167***	5.47E+09

注：***、**、*分别表示在1%、5%、10%的水平下统计显著，括号内的值为相应的 T 统计量。

银行信贷可以提供更为长期有效的金融支持，其滞后一期、滞后两期、滞后三期都有较好的支持效果；固定资产投资滞后两期、滞后三期的支持效果较好；外商投资则仅在滞后五期的情况下显著。

由于不同来源的金融支持的当期影响和滞后影响存在不同，本章通过表5-11中模型9至模型13的动态的面板模型检验各解释变量对行业发展的影响力。其中：模型9考察当期的资本市场、当期的外商投资、当期的固定资产投资和滞后一期的银行信贷对行业发展的影响；模型10考察当期的外商投资、当期的固定资产投资、滞后一期的银行信贷、滞后一期的资本市场对行业发展的影响；模型11考察当期的固定资产投资、滞后一期的银行信贷、滞后一期的资本市场、滞后一期的外商投资对行业发展的影响；模型12考察滞后一期的银行信贷、滞后一期的资本市场、滞后一期的固定资产投资对行业发展的影响；模型13为了检验滞后一期的银行信贷是否存在非线性影响，考察滞后一期的银行信贷的平方、滞后一期的银行信贷、滞后一期的资本市场、滞后一期的固定资产投资对行业发展的影响。

表5-11　以行业增加值为被解释变量的动态面板实证结果

解释变量	模型9	模型10	模型11	模型12	模型13
Stock	0.196 *** (4.291)	—	—	—	—
FDI	−0.005 (−1.553)	−0.006 (−1.307)	—	—	—
Invest	0.023 *** (4.070)	0.021 *** (6.109)	0.023 *** (4.524)	—	—
Loan $(-1)^2$	—	—	—	—	−1.26E−06 (−0.517)
Loan (-1)	0.356 *** (2.752)	0.330 * (0.025)	0.317 ** (1.968)	0.248 **	0.353 *** (2.717)
Stock (-1)	—	0.210 (4.702)	0.225 *** (5.396)	0.207 *** (4.358)	0.211 *** (4.287)

续表

解释变量	模型 9	模型 10	模型 11	模型 12	模型 13
FDI (−1)	—	—	−0.002* (−0.716)	—	—
Invest (−1)	—	—	—	0.135 (1.134)	0.183 (1.047)
行业固定效应	Included	Included	Included	Included	Included
R^2	0.971	0.970	0.969	0.969	0.969
F 值	176.364***	149.820***	144.754***	153.270***	145.110***
残差平方和	5.16E+09	4.49E+09	4.65E+09	4.84E+09	4.82E+09
截面数	19	19	19	19	19
总面板数据	120	120	120	120	120

注：***、**、*分别表示在 1%、5%、10%的水平下统计显著，括号内的值为相应的 T 统计量。

模型 11 回归效果最好，当期的 Invest、Loan（−1）、Stock（−1）、FDI（−1）都在不同的显著性水平下显著。金融支持对于行业发展的动态影响的估计结果如下：

$$Outp_{i,t} = 21344.87 + 0.317\,Loan(-1)_{i,t} + 0.225\,Stock(-1)_{i,t} - 0.002\,FDI(-1)_{i,t}$$

$$(5.7) \qquad (2.0) \qquad\qquad (5.4) \qquad\qquad (-0.7)$$

$$+ 0.023\,Invest_{i,t} \qquad\qquad\qquad\qquad (5-8)$$

$$(4.5)$$

$$R^2 = 0.976 \qquad\qquad DW = 2.2 \qquad\qquad TN = 120$$

式（5-8）的实际含义是 Loan（−1）、Stock（−1）、Invest 和 FDI（−1）都是 Outp 的重要解释变量，上一期银行贷款 Loan（−1）每增加 1 亿元，若维持其他解释变量不变，当期的行业增加值将会增加 0.317 亿元。上一期股票市值 Stock（−1）每增加 1 亿元，若维持其他解释变量不变，行业增加值将增加 0.225 亿元。上一期外商直接投资 FDI（−1）每增加 1 亿元，若维持其他解释变量不变，行业增加值将减少 0.002 亿元。模型 13 中虽然四个解释变量对应的回归系数都具有显著性，然而影响行业发展$Outp_{i,t}$的主要因素还是银行贷款规模$Loan_{i,t}$，这个结果验证了理论假说四。

由此可见，金融支持对于行业成长具有长期、显著的提升效应，但新动能相关行业的金融支持力度不足，可能会成为新动能相关产业发展制约的因素。加大对新动能相关产业的金融支持，对于经济发展质量的持续提升非常重要且必要。

第四节　金融支持新旧动能转换研究

一、金融体系影响新旧动能转换逻辑简述

Goldmith（1969）认为金融发展的贡献来源于储蓄的增加，在此基础上促进了资本的形成并作用于经济增长。关于金融发展和经济增长的关系，Patrick（1966）认为金融机构的规模、数量扩张和增加金融服务供给作为衡量金融发展的指标对于经济增长有显著的拉动作用，当经济增长达到较高水平时，金融部门的发展速度则会受到经济增长的拉动。Easterly 等（1999）发现金融深化和金融发展指标的改善有助于平缓经济增长的波动性，他们认为金融部门发展不足是加剧经济增长波动的原因之一。韩廷春（2003）认为金融发展对于经济增长而言的内生机制体现在促使储蓄增加和促进储蓄向投资转化，投资的增加使资本的累计和产出增长，这又继续促进了储蓄增加。武志（2010）提出金融发展、金融增长与经济增长的关系不同，单纯的金融增长是金融总量在原有结构和制度框架内的简单扩张，而金融发展却要依靠经济增长。苏建军和徐璋勇（2014）发现金融发展对于经济增长有显著的促进作用，而金融在促进产业结构升级方面主要体现在经验验证。

金融精准支持地方经济动能转换，从理论上来说就是要实现对金融资源的有效配置，金融资源的稀缺性和金融资源的分配不精准是实现金融精准支持的双重障碍。Banerjee 和 Benjamin Moll（2010）认为对资源的分配不合

理、不精准足够解释不同国家间在全要素生产率方面的巨大差距，而全要素生产率也被认为是衡量经济新动能乃至经济发展质量的重要指标。

金融精准支持地方经济动能转换，从实践上来说就是要精准识别已经产生新动能或存在潜在新动能的行业和企业，对现有金融框架下的金融需求实现有针对性的支持，从而帮助有潜力的企业克服资金上的难关，实现企业、金融机构和地方多方共赢的局面。金融的精准支持重在将业务前移和主动对接，而不能停留在促进区域发展和支持中小企业层面上。实际上，对中小企业的金融支持在全球各个国家来说都是棘手的难题，而新动能企业除了面临中小企业普遍的融资困难之外，还面临由于领域新、技术新等带来的更多挑战。

本章所对应的金融精准支持对象是为实现经济高质量增长的目标，在新旧动能接续转换中发挥新动能的新行业新企业，也包括不断开发新技术新产品的传统企业。推动经济动能接续转化，提升经济发展质量和效益是应对当前供给不平衡、不充分问题的重要支撑，培育新动能是维持就业稳定的新生力量，是提升经济发展质量的关键点，也是重要战略机遇期中的核心，是经济结构转型升级的必要环节。截至 2020 年 1 月，我国新经济投入占整个经济投入的比重为 29.1%。就目前而言，新经济带来的需求增长还难以弥补因传统经济衰退而导致的内需下降，在短时间内也很难成为国内最主要的经济形态，但是新经济的快速发展发挥着对冲传统产业回落、动力不足的重要作用。新经济新动能产业的发展亟待金融支持，但实际上新经济新动能的金融供给与金融需求存在错配问题，致使金融资源在新经济新动能中不能高效配置。

二、金融结构与产业结构的关系研究

Angelos 等（2011）运用面板数据发现银行信贷、金融结构的发展与新技术所引导的产业结构变革显著相关。邢天才和倪殿鑫（2019）从 1985～2016 年三次产业产值比重、商业银行贷款的期限结构和行业分布入手，发现中国商业银行信贷机构与产业结构两者的变化存在长期的显著均衡关系。这些研究虽然对产业结构和信贷结构的关系进行了探索，但无法具体观察与新动能、创新、技术变革等相关行业的具体情况。张蕾蕾和薛洪言（2009）同样从三次产业入手，发现信贷投入对产业产值的影响具有一定的滞后性，前期信贷比重每增加1%，则该产业在当期GDP中的比重增加0.14%。刘涛雄和王伟（2013）从大型企业和中小型企业的视角研究银行信贷结构与货币政策有效性的关系。范立夫、赵善学和张永军（2019）、张玲和刘澄（2015）都采用了中国工商银行的分行业贷款余额数据①作为信贷结构指标，研究行业发展与信贷资源分配的关系。

三、我国金融业对新动能的支持情况

监管部门主要从以下几个方面推进金融支持创新发展：一是引导金融机构加强与"双创"示范基地及各类众创空间等"双创"载体合作。二是推动科技和金融结合试点工作，鼓励金融资本深度参与科技领域创新。三是开展文化与金融合作示范区创建工作，鼓励金融机构对有商标权、专利权、版权等核心知识产权的文化创意企业提供金融服务，扩大知识产权质押贷款业务规模。

信贷资源在支持我国各行业持续发展中起到了主体作用，但信贷资源在各个行业的分布却存在不平衡的情况，特别是与技术变革和创新相关的行业获得信贷资源较少。

从全国金融机构贷款的行业结构来看（见图5-11），对于创新相关行业的贷款投放仅占很小的比例，这些与科技创新相关的行业所获得的贷款与它们在国民经济中做出的贡献完全不成比例。从2017年的数据来看，信息传输、软件和计算机服务业的增加值占GDP的比重为3.2%，是经济增长的重要推动力量②，但信息传输、软件和计算机服务业的贷款占比仅为0.504%。

---

① 中国工商银行的分行业贷款余额数据包含：化工业，其他制造业，电热和水的生产供应业，建筑业，机械制造业，金属加工业，纺织业，电子设备，钢铁，交通运输设备制造业，非金属加工业，石油加工、炼焦及核燃料加工业，采矿业等行业。

② 2018年软件和信息技术服务业统计公报解读［EB/OL］. 中华人民共和国工业和信息化部，https：//www. miit. gov. cn/jgsj/xxjsfzs/xyyx/art/2020/art _ 3baeb0ffaec84683966538f556f02236. html，2019 - 02-04.

科学研究和技术服务业增加值占 GDP 的比重为 1.97%，但该行业的贷款占比仅为 0.229%。教育行业增加值占 GDP 的比重为 3.65%，但该行业的贷款占比仅为 0.28%。卫生和社会工作行业增加值占 GDP 的比重为 2.32%，但该行业的贷款占比仅为 0.37%。与创新相关产业信贷资源相对应的是，水利、环境和公共设施管理业，租赁和商务服务业，交通运输、仓储和邮政业占据了 22.9% 的贷款资源，但对经济增长的贡献却仅有 7.78%。

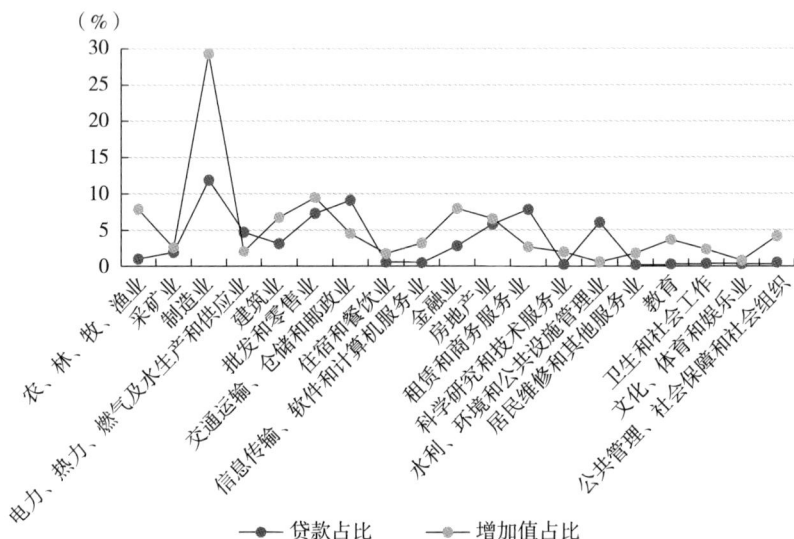

图 5-11　2017 年各行业金融机构贷款结构和增加值结构对比

资料来源：《中国统计年鉴》《中国金融统计年鉴》。

从风险的角度来看（见图 5-12），信息传输、软件和计算机服务业的不良贷款率为 1.1%，科学研究和技术服务业的不良贷款率为 0.8%，教育行业的不良贷款率为 0.5%，租赁和商务服务业的不良贷款率为 0.6%，文化、体育和娱乐业的不良贷款率为 1.3%；均远低于 1.7% 的平均不良贷款率，投向这些行业的信贷资源安全度高。但在信贷资源的分布上存在信贷资源过度集中于高风险行业的现象，制造业、批发和零售业两个行业共获得了 19.2% 的信贷资源，同时其不良贷款率也分别达到了 4.2% 和 4.7%。

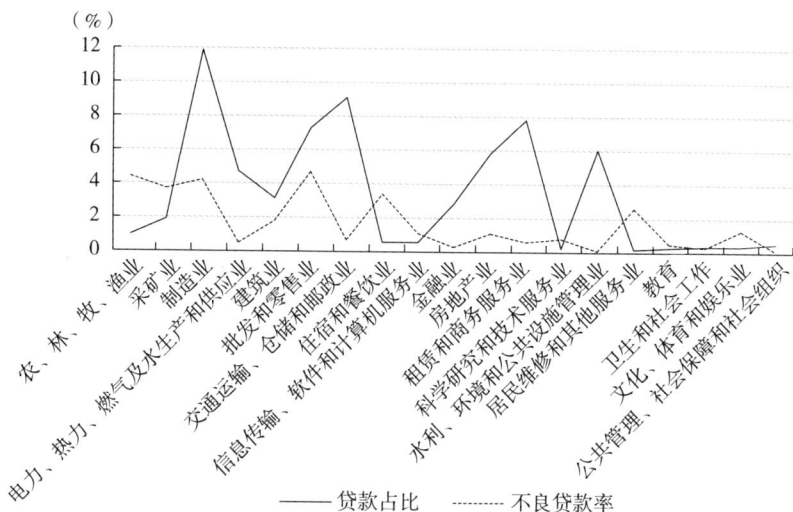

图 5-12　2017 年我国信贷行业分布和行业不良贷款率

四、新经济新动能产业的企业金融生命周期

钱海章（1999）提出，高新技术企业和过去的传统企业有所不同，其研发及生产得到的产品或其归属的行业可能并不成熟。此类企业与传统企业的区别是，传统企业通常会投资研发、生产一类技术成熟并且市场前景广阔的产品。Ardichvili（2002）提出，普通投资和私人投资（天使投资）之间差异较大，私人投资不仅要将融资提供给企业家，还需要为公司提供商业思路的人才以及资源网络。Morrissette（2007）根据许多研究人员的研究成果，归纳并且确定了天使投资的特点，此外，其还认为，将全球市场作为统计对象，可以得出天使投资的投资金额为风险投资的 11 倍，其投资项目数量在全部新融资项目数量中的比例为 70%。新经济企业的金融生命周期界定是从股权融资的不同阶段来划分，其可分为五个阶段，如图 5-13 所示。

对于种子期新经济企业来说，创始人融资难度大，几乎只有依靠自有资金和 3F（Family（家人）、Friend（朋友）、Fool（傻子））投资者进行融资。

对于初创期新经济企业来说，由于产品的市场前景不明朗，存在诸多未

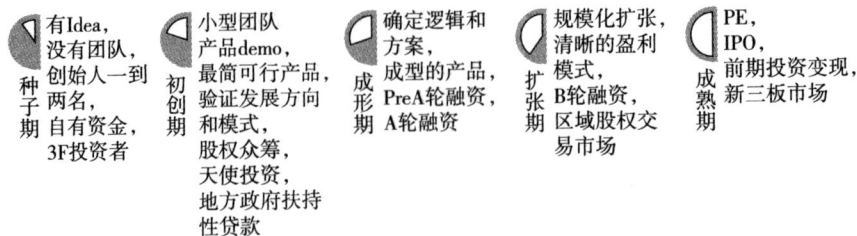

种子期　有Idea，没有团队，创始人一到两名，自有资金，3F投资者

初创期　小型团队产品demo，最简可行产品，验证发展方向和模式，股权众筹，天使投资，地方政府扶持性贷款

成形期　确定逻辑和方案，成型的产品，PreA轮融资，A轮融资

扩张期　规模化扩张，清晰的盈利模式，B轮融资，区域股权交易市场

成熟期　PE，IPO，前期投资变现，新三板市场

图 5-13　企业金融生命周期的不同阶段特征及融资渠道

知性，致使其短期偿债能力较弱、融资风险较大。结合初创期的创业风险特征以及信贷融资市场的实际情况，处在初创期的新经济企业的融资模式主要包括股权众筹，天使投资，地方政府扶持性贷款等。

对于成形期、扩张期新经济企业来说，由于产品研发、技术优化升级以及产品的推广与市场开拓的需要，资金缺口仍然较大，但由于信誉的积累、质押品价值的显现，使得处在该阶段的新经济企业的主要融资模式包括 PreA 轮融资，A 轮融资、B 轮融资，区域股权交易市场等。

对于成熟期的新经济企业来说，由于市场占有率以及消费群体方面的稳定，自身发展趋于平稳，企业的运营风险最低。然而，研发能力不足，会导致技术落后的问题。总体来讲，处在该发展阶段的新经济企业体现出风险最低、实力最强、规模最大以及融资渠道最广的现实特征。因此，处在该发展阶段的新经济企业主要通过 PE、IPO、新三板市场等方式获取资金支持，同时这一阶段也是前期投资变现的最佳时机。

融资约束体现在新经济产业发展的不同阶段。根据 Fazzai 等（1988）提出的定义可知，融资约束指因为市场不完善使公司外源性融资成本较高，并且导致公司投资不能实现最佳水平。企业管理层与外部投资者之间的信息不对称会影响企业筹集外部资金的能力，导致融资约束。卢君生等（2018）发现高新技术企业认定政策能够显著提高企业的信贷融资规模，缓解融资约束。这种提升作用对民营企业和中小型企业的作用更为明显。黄宏斌等（2016）认为处于成长期的企业所受到的融资约束最大，成熟期的企业相对其他时期最不容易受到融资约束的困扰。邓可斌等（2014）研究发现股权性质对企业融资约束程度影响明显，非国有企业的融资约束显著高于国有企业，企业规模越小，受到的融资约束则越大。笔者在调研中也发现了这一点，部分新经济企业从其他地方搬到产业园后，明显感到支持政策更多，办理融资相关手续效率明显提高，融资信息不对称的情况也得到了一定程度的缓解。

由此可见，由于新经济企业绝大多数还处于成熟期之前的生命周期，且股权性质为非国有的企业占比较大，无论从哪一个研究角度来看，新经济企业都属于受到融资约束的企业。除此之外，笔者在调研中还发现新经济企业的创始人和管理者大多数是技术出身背景，对经济金融并不了解，对不同金融机构所能提供的金融资源并不熟悉，特别是处于种子期和初创期的企业，往往人手有限，精力和时间也受到制约，缺乏专门的人员从事企业融资工作，而这些企业往往面临更多的融资约束问题。

五、风险投资对新经济的金融投入

1. 风险投资与新经济发展的相关研究

Pradhan 等（2018）通过对 23 个欧洲国家 1989～2015 年的数据实证研究发现，风险投资、金融发展和创新这三个变量都对经济的长期增长有推动作用，他们还发现互联网的使用程度及晚期风险投资对经济增长的长期稳定有显著影响。Kim 等（2018）验证了创业和风险投资活动将集聚在大都市地区。Yang、Li 和 Wang（2018）从中国各省市的数据运用面板平滑过渡自回归模型，发现技术创新与风险投资之间存在非线性效应，且仅当风险投资超过门槛值后才能对创新产生正向影响。

2. 新动能发展金融支持的相关政策

为了推进金融支持动力变革，近年来，中央密集出台了一系列文件，从科技金融、保险、金融基础设施，税率等方面出台了多项措施（见表5-12）。

表 5-12　近年来中央关于金融支持动力变革的文件

时间、部门、会议（文件）名称	金融支持的相关表述
2018 年 12 月国务院常务会议	创新科技金融服务，为中小科技企业包括轻资产、未盈利企业开拓融资渠道。推动政府债权基金投向种子期、初创期科技企业。创业创新团队可约定按投资本金合同期商业银行贷款利息，回购政府投资基金所持股权。估计开发专利执行险、专利被侵权损失险等保险产品、降低创新主体的侵权损失
2018 年 12 月中央经济工作会议	要以金融体系结构性调整优化为重点深化金融体制改革。推动民营银行和社区银行等逐步回归本源，完善金融基础设施，打造一个规范、透明、开放、有活力、有韧性的资本市场
2018 年 12 月国务院常务会议	从 2019 年 1 月 1 日起，对依法备案的创投企业，可选择按单一投资基金核算，其个人合伙者从该基金取得的股权转让和股息红利所得，按 20% 税率缴纳个人所得税
2018 年 11 月国务院常务会议	将中期借贷便利合格担保品范围从单户授信 500 万元及以下小微企业贷款扩至 1000 万元，激发金融机构内生动力、力争降低主要商业银行新发放小微企业贷款平均利率，整治不合理抽贷断贷
2018 年 4 月国务院常务会议	再推出 7 项减税措施、加大薄弱环节的普惠金融服务
2018 年 9 月国务院《关于推动创新创业高质量发展打造"双创"升级版的意见》	加快城市商业银行转型，回归服务小微企业等实体的本源，为本地创新创业提供针对性的金融产品和差异化服务。加快村镇银行的本地化、民营化和专业化，重点服务农村电商等新业态新模式。支持有条件的银行设立科技信贷专营事业部，提高对创业企业兼并重组的金融服务水平，鼓励有条件的地方出台促进投资发展的政策措施、支持发展潜力好但未盈利的创新型企业上市或在区域性股权市场、全国中小企业股权转让系统挂牌。推动科技型中小企业和创业投资企业发债融资，发行"双创"转向债务融资工具
2018 年 10 月《保险公司投资股权管理办法》	保险资金可以直接或间接投资企业股权
2018 年《关于开展创新企业境内发行股票或存托凭证试点若干意见》	证监会成立科技创新产业化咨询委员会，严格甄选试点企业。试点企业应当是符合国家战略、掌握核心技术、市场认可度高、属于互联网、大数据、云计算、人工智能、软件和集成电路、高端装备制造、生物医药等高新技术产业和战略性新兴产业，且达到相当规模的创新企业

3. 风险投资的行业分布

从图 5-14 来看，风险投资对于新动能产业间存在不同的投资偏好，总体而言，软件和信息业，计算、通信和其他电子设备制造业是最受风险投资偏爱的行业。

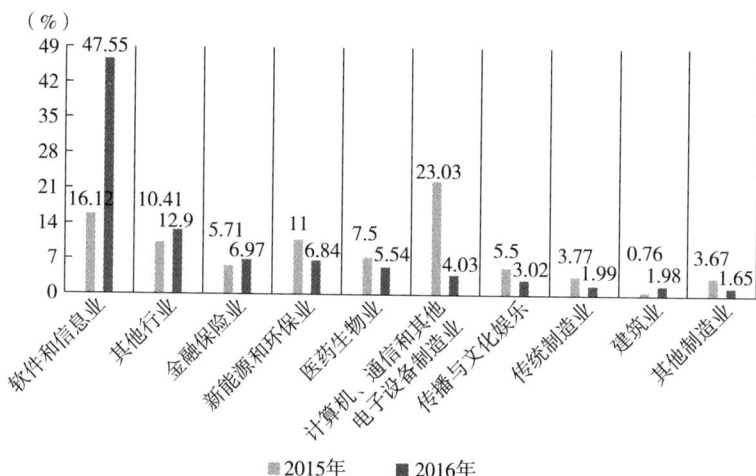

图 5-14　2015~2016 年中国风险投资前十大行业分布

第五节　讨论及结论

一、技术进步和创新亟待获得金融支持

金融作为经济的核心，金融体系必须配合整体经济转型的需求。金融机构作为经营货币的企业，必须发挥金融的先导作用，通过功能再造，在国家促进产业结构优化、推动科技创新、发展绿色经济、支持企业跨境经营及促进小型微型企业发展中发挥积极作用。但事实上宏观层面上的货币政策范围较为广泛，对于亟待金融支持的新动能企业而言"远水难解近渴"。直接的金融支持固然重要，但间接的金融支持通过完善市场机制，可以创造更多的

投资机会。

在新动能自身发展的同时，也可能让其他产业和全社会受益，并且受益者无需为此支付费用，这就是动能接续转化带来的外部性。从新动能方面来看，新经济产业对经济发展的赋能来源于两方面，一方面来源于新经济自身发展带来的经济增长；另一方面是新经济通过溢出效应间接的促进经济增长，信息技术产业的发展能够减少市场信息不对称，从而提高效率。大数据产业作为一种新的生产要素，在降低要素流动成本和提高资源配置效率上还有广阔的市场空间。新经济发展的核心是促进企业的自主高质量研发，目前我国站在新一轮技术革命爆发的前夜，站在旧经济和新经济的十字路口，决定未来新动能发展前景的关键在于技术创新的突破性进展。在我国经济高质量发展的进程中，新动能产业展现出了勃勃生机，然而新兴产业对金融需求依然居高不下，一是传统信贷模式与新经济产业"轻资本、轻资产"的特质不能相互契合；二是风险评估与行业前景预判难度加大，新经济产业覆盖面广，盈利模式与发展前景与传统产业相比区别很大，沿用传统的行业分析手段和风险评估技术难以对其做出正确的判断；三是资金的使用效率和投入时机发生了巨大变化，对金融机构信贷产品设计开发提出更高的要求。

二、金融与动能转化的历史视角研究

从世界范围内历次技术革命的进程来看，每一次动能转换都伴随着金融业的重大突破，金融发展和技术进步总体上呈现良性的螺旋式演进的关系（见表5-13）。18世纪第一次产业革命开始的标志是蒸汽机的发明与应用，其大大降低了动力成本，随之出现了大型矿山、工厂，使大规模生产成为可能。这一时期金融市场迅速发展，股票、企业债和国债得到了长足的发展，伦敦证券交易所诞生。19世纪中后期的第二次产业革命，以电气化和内燃机为代表，进一步解决了动力的传输和控制问题，相关产业得到迅速发展，与之伴随的是跨国资本市场开始形成，给资本跨越地域限制提供了可能。20世纪中后期的第三次产业革命，以信息化和生物医药为代表，与此同时风险投资和电子化交易应运而生，纳斯达克的成立为科技型创业公司的腾飞奠定了基础，可以看出，在过去的三次产业革命中，金融因其配置资源的功能也得到了充分的发展。

表5-13　技术进步与金融发展的内在联系

产业革命	标志性技术	事件	金融发展	结果
第一次产业革命	蒸汽机的发明	英国光荣革命	国债、银行信贷的发展、伦敦证券交易所的出现、股票市场和企业债市场的发展、廉价资金的供给	大型工厂、矿山的出现
第二次产业革命	电力的发明	流水线生产模式、连锁企业开始出现、工人日薪提高	跨国资本市场形成	经济危机、世界大战、托拉斯
第三次产业革命	半导体、计算机、互联网、云计算、大数据、物联网	《乔布斯法案》	风险投资、纳斯达克、电子化交易、程序化交易、结构化金融产品	数据寡头的诞生
第四次产业革命	可植入技术、数字化身份、物联网、无人驾驶、人工智能、机器学习、区块链、大数据、智慧城市	价值互联网	全球性数字资产市场	数字社会、虚拟与实体之间的界限被打破

如果金融行业与技术进步和谐发展，那么可以极大地释放技术进步的外部性和内生增长动力，但金融行业的发展往往比技术变革滞后，这种滞后往往会在一定时期内牵制技术进步并降低其为经济发展质量带来的积极效应。

新动能产业的发展与金融息息相关，新经济具有广阔的市场前景，增值空间较大。金融的介入不但能为新经济产业提供资金支持，而且可与其共享科技进步的成果。同时，新经济为传统金融业提供了新的投资途径，新经济产业发展越好，金融行业的投资回报率就越高。除了丰富投资渠道，新经济的环保高效、以技术为导向的特点也将促进传统金融业的改革和创新。新动能产业的崛起离不开金融的支持，金融业的改革也需要借鉴新经济的发展模式。目前，新动能产业尚处于起步阶段，盈利模式和发展趋势还不明朗，传统金融体系也面临发展瓶颈，亟待创新和转型，两者需要共同协作，以达到双赢的局面。

金融业的支持，是新经济持续发展的动力。动能转化的核心是科技研发和创新，除了必要的先进设施，还需要大量的专业人才，这使企业要在前期投入大量的资金用于运营和研发。然而，大多数企业预算有限，不得不借助金融市场寻找融资渠道。因此，资本力量的介入是发展新经济的重要保障。相关企业可通过融资租赁、抵押产权等方式进行融资来解决资金不足的问题。除了前期的研发投入，后期的实践和市场推广同样离不开金融支持。新技术研发出来以后，企业需将其进行大批量生产和复制，才能获得盈利。这个不断试错，反复实验的过程，就需要投入大量的资金。此外，新技术的市场化过程也离不开资金投入，不论是市场调研，产品宣传，还是投放广告，调整营销方案，都需要资金支持。可以说，从技术的前期研发创新，中期的实践和生产，到后期的营销推广，每个环节都少不了资金的介入。没有足够的资金作为保障，新动能产业的发展就难以为继。但对应新动能企业的共性特征和传统的金融供给框架我们却发现存在多维的错配使金融资源难以有效对新动能企业提供有力支持。

需求和供给的错配：笔者在调研中发现，虽然新动能企业在产业园或者开发区获得的支持政策更多，融资相关手续更加便捷，获取融资信息的渠道更为多元。但相对于新动能企业旺盛的金融需求而言，各个部门和金融机构的支持有限、门槛较高，难以满足需求。

金融人才的错配：在推进新旧动能的转换中，为新动能企业提供金融支持需要大量的专业性人才，他们除了需要对风险投资具备一定的经验与理论积累，还需要保持对行业前沿的关注，但事实上金融机构中同时兼具这两种能力的员工数量远远不能满足动能转换的金融需求。

风险与收益的错配：从企业发展的生命周期来看，由于新动能企业绝大多数还未达到成熟期且股权性质以民营为主，因此在融资中新经济企业并不具有显著优势。但金融机构的工作流程仍然是从传统产业的经营模式出发，对于轻资产的创新型技术型企业来讲，与之相对应的金融产品和风险管理工具尚不成体系。

时间线上的错配：新动能企业的资金需求和盈利周期与传统企业有着完全不同的规律。往往在研发阶段和市场拓展阶段需要大量的资金投入，但这些阶段由于并未产生盈利而难以得到银行以及证券市场的青睐。

风险管理方法的错配：目前的金融领域和学术界尚未形成一套成熟的判断高科技企业价值的方法体系，因此金融机构大多只能沿用对传统行业和传统经营模式的评估方法对新技术、新产品和新模式进行评估。例如，如何对尚未盈利乃至尚在亏损阶段的新动能企业进行风险评估，如何评估产品的价值，如何评估科技含量的价值，如何评估新的商业模式有多少的发展空间。

金融信息传递中的错配：在信息爆炸的时代，信息技术的高速发展使人们忽视了信息传导不畅的问题，笔者在调研中发现新动能企业的创始人和管理者专注于技术领域，对融资相关的宏观经济形势与地方金融政策并不十分了解，对不同金融机构所能提供的金融资源的差异从未进行融资额度、成本、期限方面的比较，虽然园区、开发区会定期组织一些关于如何申请各种政策支持的培训，但相关金融扶持政策来源于各个不同的部门，每个部门的支持政策所需要提供的材料有着很大的区别，并且各部门政策的稳定性和延续性不强，这就导致新动能企业获得相关金融扶持政策的信息渠道实际上并不通畅，特别是处于种子期和初创期的企业，由管理者和少量技术人员组成，精力和时间也受到制约，缺乏专门的员工和部门从事企业的融资工作，而这些企业往往面临更多的融资约束问题。

三、积极培育和完善区域创新体系

在近几年国内外宏观环境持续趋紧和各类要素资源制约严重的情况下，传统发展难以为继，科技创新已经成为推动贵州经济转型升级的核心支撑要素。科技创新平台因其具有整合创新资源、培育创新主体、提升服务水平等功能，越来越成为政府服务企业的核心抓手。因此，研究如何进一步加快贵州的科技创新平台建设，完善区域创新体系，既是实现科技资源共建共享的需要，也是加快经济发展方式转变、促进产业集聚发展的时代要求。这可以通过加快升级工业园区、建设技术创新队伍、与重点高校进行合作等培育和完善贵州创新体系，不断提升自主创新能力。

四、不断增加人力资本存量

在经济的发展过程中，仍要注重以人为本的发展理念，因为人是生产力的第一关键因素。人力资本作为经济生产的投入要素，直接参与经济生产过程。在生产过程中，劳动力素质提高使劳动生产率提高，从而使各部门产出及国内生产总值增加，人力资本的这种经济效应称为人力资本存量的直接效应。因此，在动力转换的过程中也需要不断增加人力资本存量，劳动生产率得到提高就意味着成本的降低和效益的提升，从而经济增长。

五、科技投入和产出都需要进一步加强

直至2018年末贵州省的科技投入强度仍然仅占全国平均水平的不到四成，为了赶上全国平均科技投入强度，力保贵州每年财政科技投入增幅要明显高于财政经常性收入增幅。重点解决贵州经济社会发展中的重大科技问题。并结合重大项目的实施加强对本土创新人才和领军人物的培养，结合贵州实际，对技术扩展阶段创新重点支持，提升科技投入和产出绩效。

第六章 贵州经济发展
质量的风险因素分析

虽然在大多数关于经济质量的研究中，并没有把地方债务乃至地方财政问题纳入分析和评价框架中，但地方债务对于贵州、全国、全球经济来讲这并不是一个可以忽略的问题。2019 年包括世界各地的政府负债、企业负债、家庭负债在内的全球债务水平创造了历史新高，国际金融协会预计在未来一段时间内由于货币政策和财政政策的高度宽松，全球债务率仍将持续增长。①M. Ayhan Kose 等（2019）也认为此次债务狂潮的范围异常广泛，从私人债务到政府债务、从新兴市场和发展中经济体到发达国家都广泛存在。

在国际债务风险严峻的背景下，近年来与贵州经济增长相伴随的是贵州地方债务问题。自 2015 年开始贵州的债务率就远超国际公认的警戒线水平，位居全国第一。从杠杆率角度看，2018 年贵州地方政府杠杆率也远超 30%的红线，达到 86.6%。从地方债券的短期偿付压力来看，贵州同样位列全国各省级地方政府排名的榜首，甚至遥遥领先于其他省市。这些风险的存在将会给地方经济发展质量埋下巨大的隐患。

第一节 地方政府信用与经济发展质量

贵州为抓住政策窗口期而扩张债务规模，贵州迅速填补由于自然条件造

---

① 全球债务水平 2019 年创历史最高纪录，2020 年将持续增长［EB/OL］. 东方财富网，http：//global. eastomoney. com/a/202001151357810933. html，2020-01-15.

成的基础设施短板并且适度超前建设，可以说是扫清了未来贵州经济质量增长的障碍。虽然在过去几年中一提到贵州，经济学界研究者都提醒贵州地方债务蕴含的巨大风险。但本章认为贵州地方债务的战略性扩张在乡村振兴等机遇期有其合理性，如果顺利化解风险则为贵州进一步的经济增长和经济质量提升奠定坚实的基础，但如果不能化解风险则可能引发一系列问题导致发展停滞甚至是倒退。世界银行（2019）提出历史证明发展中国家的债务规模急剧增长往往与人均收入的显著减少和金融危机密切相关。

本章在深入考察贵州地方债务的现状后认为，如果持续以长债替换短债，在目前的通货膨胀水平下，化解债务风险的成功概率很大。与企业不同的是，地方债务的最大风险不在于偿付能力（虽然偿付能力风险也是非常严重的风险），地方债风险的顺利化解取决于对地方政府信用的维护，地方债的发行取决于地方政府的信用维护状况，而外部评级的客观性不足以使利益相关方准确判断地方政府的信用情况，这就要求地方政府重视信用建设，承担信用约束风险。

第二节　贵州金融债务发展历程与现状描述

贵州位于我国西南地区，处于我国中部和西部地区的结合地带。贵州面积 17.62 万平方千米，占全国的 1.84%，其下辖贵阳、六盘水、遵义、安顺、铜仁、毕节 6 个地级市，以及黔西南布依族苗族自治州、黔东南苗族侗族自治州和黔南布依族苗族自治州。近年来，贵州经济总量占全国的比重逐渐提高，地方生产总值占全国比重从 2016 年的 1.58% 提高到 2018 年的 1.64%，经济增速连续八年居全国前列。从经济增长的动力结构来看（见图 6-1），消费和投资是贵州地区生产总值的主要动力来源，近年来两者对贵州地区生产总值的贡献率合计超过 100%。2011 年以前，消费对贵州地区生产总值的贡献超过 50%，2012 年起投资占比逐年增长，成为拉动地方生产总值的主要动力。

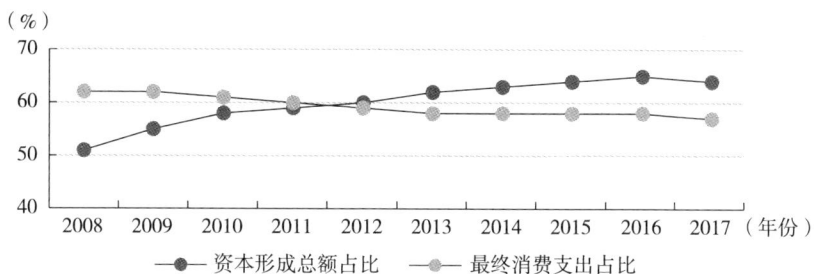

图 6-1 2008~2017 年贵州经济增长的动力特征

资料来源：Wind 数据库。

一、贵州财政结构与潜在风险分析

自 1994 年我国分税制改革以来，贵州始终贯彻实施与中央政府相应的财政管理体制，并根据财政部统一部署，不断完善分税制财政管理体制，逐步推进财税体制改革。2013 年，贵州省政府颁布的《省人民政府关于进一步完善分税制财政管理体制的通知》完善了贵州分税制财政体制改革后各级税收收入分享比例，科学合理划分地方各级财政收入和支出，并建立了省级对市、县逐步提高增量集中比例和逐步调整分类分档补助比例相结合的增量集中机制。

地方经济的快速增长与持续稳定的中央转移支付使贵州的财政平衡能力可以较好地满足民生、基础设施建设等领域的支出需求。贵州政府性基金预算收入以国有土地使用权出让收入为主，近年来保持增长趋势，其国有资本经营收入主要来源于国有企业上缴利润，规模相对有限。

财政收入是地方金融债务主要的还款来源，从 2017 年的财政收入情况来看，贵州财政收入共计 8339.74 亿元，其中一般公共预算收入占比 75%，主要来源于 2015 年贵州发行的地方债券和中央财政的大力补助。贵州政府性基金预算收入占财政收入比重的 24%，主要来源于国有土地使用权出让收入和地方政府专项债券收入。国有资本经营预算收入仅占 1%，如图 6-2 所示。

从一般公共预算收入的结构来看，受益于中央对贵州的财政支持，2017年中央财政补助占一般公共预算收入的 50%，发行一般债券的收入占 21%，如图 6-3 所示。

国有资本经营预算收入
1%

政府性基金
预算收入
24%

一般公共预算
收入
75%

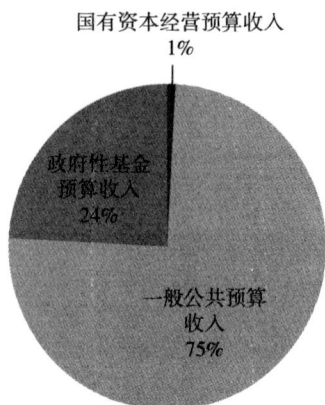

图 6-2　2017 年贵州财政收入结构

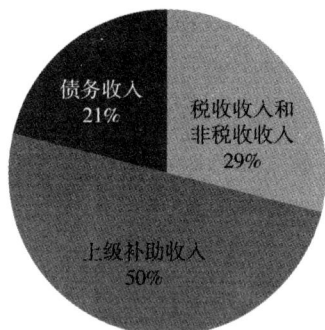

债务收入
21%

税收收入和
非税收入
29%

上级补助收入
50%

图 6-3　2017 年贵州税收收入和非税收入中总计结构

在这其中，税收收入和非税收入中以税收收入为主，2016~2018 年，贵州税收比率分别为 71.76%、73.10% 和 73.31%，税收贡献度稳定增长。从税种来看，2018 年增值税占 35%，企业所得税占 13%，耕地占用税占 7%，契税占 7%，上述五项税收合计 860.06 亿元，占税收收入的 67.94%。从非税收入来看，2018 年国有资源（资产）有偿使用收入占一般公共预算收入的 10%，行政事业性收费收入占比 5%，专项收入占比 5%，罚没收入占比 4%，如图 6-4 所示。

从一般公共预算支出总计来看，2016 年债券还本支出占一般公共预算支出的 25.28%，2017 年该项支出占比为 16.55%。除该项之外，用于教育、农林水事务、交通运输、医疗卫生、社会保障和就业、住房保障等领域的支出增长较快,2016 年增长 8.2%,2017 年增长 8.2%,2018 年增长 8.8%。

2016 年贵州一般公共预算自给率为 36.63%,2017 年为 34.99%,2018 年为 34.42%,一般公共预算自给率较低,尚还需要中央转移支付的支持以实现均衡。贵州一般公共预算自给率在全国排在第 21 位,在西部地区排第 5 位。近年来,中央对地方的转移支付总规模逐渐减少,但贵州对于中央转移支付的依赖程度仍然较高,这在未来可能会是贵州金融债务面临的潜在风险。

从政府性基金预算收入来看,2016 年贵州政府性基金预算收入为 715.54 亿元,2017 年为 961.16 亿元,2018 年为 1249.89 亿元(见表 6-1),主要由国有土地使用权出让收入构成,2016~2018 年国有土地出让收入分别占政府性基金预算收入的 90.44%、93.24% 和 92.37%。但土地市场受到调控和限价政策影响较大,支撑政府性基金收入的稳定性不足。地方专项债券收入在 2016~2017 年分别达到了 990.52 亿元和 948.13 亿元,成为贵州政府性基金预算收入中的重要支撑。

表 6-1 贵州经济、财政和债务有关数据

年份	地区生产总值(亿元)	地区生产总值增长速度(%)	一般公共预算收入(亿元)	一般公共预算支出(亿元)	地方政府一般债券收入(亿元)	地方政府一般债券还本支出(亿元)	政府性基金收入(亿元)	政府性基金支出(亿元)	地方政府债务限额(亿元)
2016	11776.73	10.50	—	—	—	—	—	—	—
2017	13540.83	10.20	1613.84	4612.52	1150.84	1030.80	961.16	878.71	9276.50
2018	14806.45	9.10	1726.80	5017.32	1318.19	1339.49	1249.89	1075.92	9361.50
2019	—	—	1761.00	4660.00	—	—	1127.40	1127.40	9810.50

资料来源:《贵州统计年鉴》。

从政府性基金预算支出来看,2016 年贵州政府性基金预算支出为 762.40 亿元,2017 年为 878.71 亿元,2018 年为 1075.92 亿元,主要由征地和拆迁补偿支出、土地开发支出和城市建设支出等国有土地使用权出让相关支出构成。与一般公共预算不同的是,贵州政府性基金预算收入基本可以覆盖其支出,2016 年贵州政府性基金预算自给率为 93.85%,2017 年为

109.38%，2018 年为 116.17%。

从政府性基金预算收入与一般公共预算收入的关系来看，2018 年贵州政府性基金预算收入/一般公共预算收入为 0.72，说明贵州对土地使用权出让的依赖度较高。

二、我国地方债务发展情况分析

近年来，地方金融债务的管理、识别受到中央的高度重视，从《中华人民共和国预算法》执行后国务院及财政部出台了一系列重要文件以给定整个地方金融债务的管理框架。该做法对地方政府债务产生了深远影响：第一，发行债券的主体受到了严格的限制，市县及以下地方政府和融资平台公司不能发行政府债券并且受到严格监管；第二，明确禁止地方政府通过债券募集的资金用于经常性支出；第三，中央政府的救助形式变化，从给予一定协助转变到明确不救助；第四，地方政府可用的"工具包"受到限制，并逐渐通过新发型的债券将存量的隐性债务置换；第五，将地方政府的债务收入与债务支出进行对应，按照项目本身的性质和盈利能力匹配对应的债券类型和还款渠道；第六，对于债务责任层层落实，明确债务风险的承担主体。相关文件及主要内容如表6-2所示。

表 6-2　地方金融债务的相关文件

时间	名称	主要内容
2014 年10 月 2 日	《国务院关于加强地方政府性债务管理的意见》	规范地方政府债务融资机制，疏堵结合，赋予地方政府适度举债融资权限；提出政府不得通过企业进行融资，对地方政府债务实行规模控制
2014 年10 月 8 日	《国务院关于深化预算管理制度改革的决定》	完善政府预算体系，积极推进预算公开；改进预算管理和控制，建立跨年度预算平衡机制；在财政收入管理、支出结构、预算执行、债务管理、理财行为等方面提出规范管理要求
2014 年10 月 28 日	《地方政府存量债务纳入预算管理清理甄别办法》	对地方政府截至 2014 年 12 月 31 日尚未清偿的债务进行清理甄别，分类纳入预算管理

续表

时间	名称	主要内容
2015 年 3 月 16 日	《地方政府一般债券发行管理暂行办法》	对地方政府一般债券发行进行规范管理，包括利率、信息披露、信用评级等方面
2015 年 3 月 20 日	《财政部关于做好 2015年地方政府一般债券发行工作的通知》	对 2015 年地方政府一般债券发行中的具体工作进行指导，包括承销团组建、信用评级、信息披露、债券发行等
2015 年 4 月 17 日	《2015 年地方政府一般债券预算管理办法》	地方政府在 2015 年 1 月 1 日起发行的一般债券、为置换截至 2014 年 12 月 31 日的存量一般债务的一般债券，在未超过国务院规定的规模可纳入一般公共预算管理
2015 年 4 月 8 日	《地方政府专项债券发行管理暂行办法》	对地方政府专项债券发行进行规范管理，包括利率、发行期限、信息披露、信用评级等方面
2015 年 4 月 9 日	《财政部关于做好 2015年地方政府专项债券发行工作的通知》	对 2015 年地方政府专项债券发行中的具体工作进行指导，包括承销团组建、信用评级、信息披露、债券发行等
2019 年 6 月 10 日	《关于做好地方政府专项债券发行及项目配套融资工作的通知》	重大项目（没有收益）——统筹财政预算资金和地方政府一般债券；重大项目（收益全部属于政府性基金收入）——地方专项债券融资；重大项目（剩余专项收入）——金融机构市场化融资

资料来源：国务院和财政部网站。

自 2017 年我国地方债券的总体发行情况如表 6-3 所示：一是地方债券的平均发行年限逐步延长，其中一般债券的平均发行年限从 2018 年 4 月的4.4 年逐渐延长至 2019 年 6 月的 11.2 年；专项债券的平均发行年限从 2018年 4 月的 4.7 年延长到了 2019 年 6 月的 7.8 年。二是地方债券的平均发行利率显著下降，一般债券的平均发行利率从 2018 年 5 月的 3.96% 逐步下降至2019 年 6 月的 3.53%；专项债券的平均发行利率从 2018 年 5 月的 4.01% 逐步下降至 2019 年 6 月的 3.43%。债券平均发行年限的延长和平均发行利率的下降有效缓解了地方债券的偿付压力。

表6-3　全国地方政府债券发行情况

时间	一般债券(亿元)	专项债券(亿元)	新增一般债券(亿元)	新增专项债券(亿元)	置换和再融资债券(亿元)	一般债券平均发行年限(年)	一般债券平均发行利率(%)	专项债券平均发行年限(年)	专项债券平均发行利率(%)
2017年11月	2157	2384	1231	—	3310	—	—	—	—
2017年12月	23	300	126	—	197	—	—	—	—
2018年3月	1318	592	—		1910	—	—	—	—
2018年4月	2210	808	—		3018	4.40	—	4.70	—
2018年5月	2366	1187	171		3382	5.70	3.96	5.90	4.01
2018年6月	4434	909	3157		2186	6.00	3.97	5.70	4.00
2018年7月	5611	1959	4614		2956	6.10	3.91	6.00	3.93
2018年8月	3564	5266	5127		3703	6.10	3.89	6.00	3.89
2018年9月	745	6740	7044		441	6.10	3.90	5.90	3.90
2018年10月	1287	1273	348	729	1483	—		—	
2018年11月	270	189	42	—	417	6.10	3.89	6.00	3.90
2018年12月	476	362	475		163	6.10	3.89	6.00	3.90
2019年1月	2635	1545	2276	1412	492	7.60	3.34	6.00	3.32
2019年3月	2335	3910	1304	3582	1359	8.50	3.37	6.90	3.32
2019年4月	1322	945	456	637	1174	8.60	3.42	7.00	3.35
2019年5月	1464	1579	355	1302	1386	9.50	3.47	7.50	3.41
2019年6月	3178	5818	1903	5267	1826	11.20	3.53	7.80	3.43

三、贵州金融债务形成机理和发展过程

由于对市政交通、教育及民生方面的大力投入，贵州形成了较大规模的政府债务，总债务率居全国前列。但近年来由于贵州金融债务管理体系不断健全，债务规模在财政部规定的债务规模之内。

1. 贵州政府债务状况

从2014年对贵州政府债务进行审计的结果来看，截至2013年6月，贵州政府性债务总额为6321.61亿元，具体而言，政府负有偿还责任的债务、

负有担保责任的债务和可能承担一定救助责任的债务占比分别是 73.12%、15.40% 和 11.48%。

随着政府债务管理体系的不断完善，2014 年末贵州政府债务余额为 8774.28 亿元，2015 年为 8754.81 亿元，2016 年为 8721.07 亿元，2017 年为 8607.15 亿元，2018 年为 8834.15 亿元（见图 6-4）。其中，2014~2017 年贵州政府债务余额稳中有降，贵州政府债务余额 2018 年增长 2.57%，2018 年债务限额的利用率为 94.37%。

图 6-4 贵州政府债务余额情况

从政府债务余额的结构来看，一般债务余额从 2014 年的 57.33% 增长到 2018 年的 60.29%，而专项债务余额从 2014 年的 42.67% 降低到 2018 年的 39.71%，总体比例较为稳定，如图 6-5 所示。

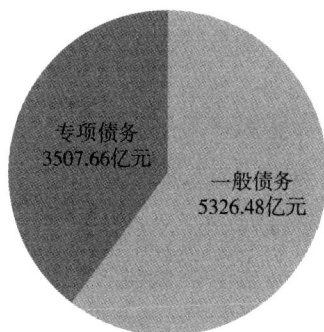

图 6-5 贵州 2018 年政府债务余额结构

2015 年地方政府债券推出，地方政府有条件实现地方政府债券的自发自还，当年贵州总共发行 2350.00 亿元地方政府债券，2016 年发行 2589.68 亿元，2017 年发行 2098.97 亿元，2018 年发行 2145.22 亿元，如图 6-6 所示。

（亿元）

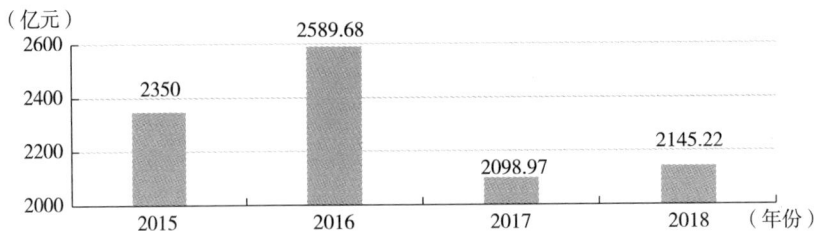

图 6-6　贵州发行政府债务情况

在新发行的政府债券中，2015 年所发行的 2350 亿元地方政府债券中，有 2264 亿元属于置换债券，政府需要将这笔资金用来偿还 2015 年到期的债务本金，在剩下的资金中，有 56 亿元属于新增债券，满足当年整个贵州民生和基础设施建设所需。在 2016 年的政府债券中，其主要用途包括政府存量债务的置换、重大基础设施项目建设等。2017 年发行的政府债券中，其资金主要投入重大基础设施项目建设、政府存量债务置换等项目中。

2. 贵州完善金融债务管理体系的进程

2012 年，财政部代理发行地方政府债券收入 73 亿元。2013 年，财政部代理发行地方政府债券收入 100 亿元。当年贵州政府开始完善相关制度，包括偿债准备金制度、风险预警制度和债务监控制度等。在预算管理工作中，将地方金融债务纳入其中。在市县政府性债务的管理中，针对性地进行专项检查，保证政府债务能够在规定的制度、流程和时间里进行"借、用、还"。贵州主动创新民生建设投资融资管理模式，政府发挥主观能动性，指导项目的有效建设和科学运营，或者提供合理的补贴，让民间资本参与公共基础项目的建设，放大地方金融的杠杆效应。

2014 年，贵州开始在地方政府债务管理上采取更严谨的行动。对于新增债务严格管控，明确政府举债流程和资金用途，对于潜在大量风险的区域，不得继续进行新项目的施工。及时有效地处置存量债务与在建项目后续融资问题，科学地划分债务类型，按照不同类型债务的特点来化解存量债务。完善债务风险预警和防控制度，为地方政府债务的管理提供制度保障，实现对其有效监管。在中央部署和要求下，尽快给出针对性的政府债务管理执行标准，确定债务预算管理以及政府发行债券等方面的具体制度和要求，实现债务管理水平的提升。

2015 年，贵州地方政府债务余额的构成如图 6-7 所示。贵州在 2014 年政府债务余额的基础上进行了后续融资，新增地方债务限额，这些资金主要用于农网改造、棚户区改造、城市地下综合管廊建设以及水利建设等。

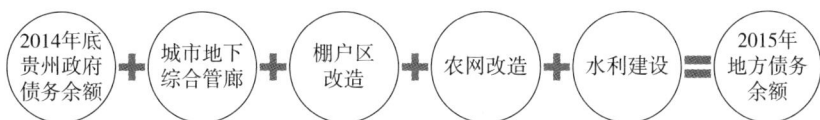

图 6-7　2015 年贵州地方政府债务余额的构成

2015 年，贵州出台《贵州省人民政府关于加强政府性债务管理的实施意见》《贵州省地方政府债务风险评估和预警管理暂行办法》等政策措施，对政府债务纳入预算管理、加强在建项目后续融资等做出统一部署和安排。严控债务高风险地区新增债务，要求其出台债务化解工作方案和风险应急处置预案。及时转贷债券资金，有效缓解各级政府偿债压力，切实防范因偿债引发财政金融风险及社会稳定风险，腾挪出预算空间用于弥补建设资金需求。

2016 年，贵州政府通过地方政府举债融资、风险预警管理以及应急处理等相关制度规则，为政府债务风险的控制提供制度保障。贵州财政划出补助资金，要求市县财政根据 1∶1 的比例，将资金用于本级预算稳定调节基金的建立上，该基金主要用于预防债务风险，是防止债务风险向经济其他领域扩散的屏障。持续进行存量债务的置换，已置换债务平均期限从之前的 4 年延长到 6.2 年，平均利率也有所下降，从最初的 7.8% 下降到 3.1%，总共节省的利息支出为 218.43 亿元，实现偿债压力下降。利用预算资金方案，主动总结和尝试融资平台公司转型之路，为存量债务的化解提供更多的方式。建立健全财政内部控制，2016 年贵州政府建立了一个内部控制基本制度和七个专项风险管理办法，实现财政部门风险管控能力和内部管理能力的跨越性提升。

2017 年，贵州继续完善债务管理、债务风险防范等有关制度和规则，针对地方政府债务的"借、用、还"等，规定了详细的过程，另外还在这一过程上建立了相关机制。在预算管理方面，设计了基于预算一体化的 35 个管理系统，设计出了闭环模式的预算编审、调整、执行流程，实现财政业务的全过程动态化跟踪分析，将责任落实在每个部门中。将年度预算和中期财政规划统一在一起，健全跨年度预算平衡制度。将财政专项资金整合在一起，给出省级财政专项资金清单，对财政资金的用途进行有效监管。科学配置财政存量资金，实现这笔资金的高效应用。强化政府债务管理，进一步完善债务管理相关制度规则，在债务风险管理方面，通过了应急预案，逐步降低每个地区综合债务率，划出一定标准的预算资金进行存量债务的偿还等。对违法违规融资担保行为进行了核查处理。另外推出"1+7+N"财政内部控制体系，即内部控制基本制度、专项风险管理办法、内部控制操作规程分别为 1 个、7 个和 37 个，满足财政部门风险管理和内部控制等任务所需。

2018 年，贵州进一步化解存量债务。根据统计分析发现当年平均成本显著降低，2015~2018 年连续四年时间里总共节约利息费用达 1000 亿元，政府还本付息压力有所下降。政府债务全部转换成政府债券，还能够发行再融资债券进行债务的置换，且预算中也包含了政府债券利息，由此可以将政府债务风险控制在更低的范围中。针对部分高风险地区，政府拿出 32.47 亿元用于债务高风险市县，满足其到期债务本息偿还需求。完善债务风险应急预案，提高响应速度，执行差异化的政策，落实各个部门的职责，相关部门共同协作，从整体上做好整个贵州债务风险防范工作。成立省级债务风险应急资金池，且组建市州资金池。

四、贵州显性债务现状

1. 贵州地方政府债券发行情况

贵州政府债券都为记账式固定利率付息债券，其付息方式为半年付息且到期偿本。这些债券按时间分为 3 年期、5 年期、7 年期债且利息按年支付，10 年期、30 年期债券且利息按半年支付，发行方式为招标发行；按项目类别分为市政建设、交通运输、科教文卫、农林水建设、保障性住房。置换债券用于偿还地方政府债务的本金，优先置换高息债务。表6-4是自2015年以来贵州发行的所有一般债券及专项债券，其评级都为AAA级。可见，债券的发行期限变长，新增债券相对较少，置换债券为主体。

表6-4　贵州政府债券发行情况

政府债券发行	计划发行总额（亿元）	置换债券（亿元）	再融资债券（亿元）	新增债券（亿元）	期限（年）
2019年贵州省政府一般债券（八期）	91.65	6.99	84.66	—	30
2019年贵州省政府专项债券（五期）	43.59	43.59	—	—	30
2019年贵州省政府专项债券（四期）	112.97	33.37 存量政府债务	79.60 偿还2016年五期专项债	—	30
2019年贵州省政府一级债券（六至七期）	254.00	25.82 存量政府债务	39.98 偿还2016年九期一般债券	188.20 易地扶贫搬迁	3、30
2019年贵州省政府专项债券（三期）	64.65	64.65	—	—	30
2019年贵州省一般债券（四期）	195.69	—	—	195.69 易地扶贫搬迁	5
2019年贵州省一般债券（五期）	50.02	50.02	—	—	10
2019年贵州省一般债券（三期）	114.38	—	34.32 2016年定向承销置换一般债券（一期） 80.00 偿还2016年五期一般债券	—	30

政府债券发行	计划发行总额（亿元）	置换债券（亿元）	再融资债券（亿元）	新增债券（亿元）	期限（年）
2019 年贵州省政府专项债券（二期）	60.00	59.96 置换 2016 年二期专项债券 0.38 置换 2016 年五期专项债券	—	—	5
2019 年贵州省一般债券（二期）	100.00	99.55 置换 2016 年一期一般债券 0.45 2016 年定向承销一期一般债券	—	—	5
2019 年贵州省棚户区改造专项债券（一期）	7.00	3.00 西秀区龙家湾片区 4.00 龙里县老场坝片区	—	—	7
2019 年贵州省政府一般债券（一期）	51.00	—	—	51.00	5
2018 年贵州省政府专项债券（十四期）	57.41	57.41 2015 年五期专项债券	—	—	7
2018 年贵州省政府一般债券（十三期）	65.09	30.00 中央代发代还的 2013 年地方政府债券 25.43 2015 年贵州省政府一般债务（十三期） 6.00 2015 年贵州省政府一般债券（十三期）	—	3.66	5

政府债券发行	计划发行总额（亿元）	置换债券（亿元）	再融资债券（亿元）	新增债券（亿元）	期限（年）
2018 年贵州省（县级）公立医院建设专项债券（一期）——2018 年贵州省政府专项债券（十三期）	—	—	—	4.00 晴隆县人民医院扩建、镇宁县人民医院建设、纳雍县人民医院整体搬迁建设、思南县第一人民医院建设	5
2018 年贵州省政府专项债券（十二期）	100.00	100.00 置换 2015 年贵州省政府（一期）专项债券	—	—	3
2018 年贵州省政府一般债券（十二期）	17.61	11.61 2015 年贵州省定向承销一般债券（一期） 6.00 中央代发代还的 2013 年地方政府债券	—	8.00	7
2018 年贵州省（遵义市）棚户区改造专项债（一期）—2018 年贵州省政府专项债券（十一期）	8.00	—	—	8.00 遵义市红花岗区（南部新区）南关护城片区城市棚户区改造	5
2018 年贵州省政府专项债券（十期）	33.14	33.14	—	—	10
2018 年贵州省政府一般债券（十至十一期）	161.51	11.51 存量政府债务	100.00 2015 年贵州省政府一般债券（九期） 4.00 中央代发代还 2013 年地方政府债券（十期）	46.00	5、10

政府债券发行	计划发行总额（亿元）	置换债券（亿元）	再融资债券（亿元）	新增债券（亿元）	期限（年）
2018年贵州省政府一般债券（八至九期）	119.78	59.78、60.00	—	—	3、10
2018年贵州省政府专项债券（九期）	5.22	5.22	—	—	10
2018年贵州省政府专项债券（七至八期）	150.00	50.00、100.00	—	—	3、5
2018年贵州省政府一般债券（七期）	150.00	70.00	80.00 偿还到期地方政府债券	—	5
2018年贵州省政府专项债券（三至六期）	140.00	57.00、33.00、27.00、23.00	—	—	3、5、7、10
2018年贵州省政府一般债券（三至六期）	100.00	32.00	68.00 偿还到期地方政府债券	—	3、5、7、10
2018年贵州省政府专项债券（一至二期）	110.00	44.00、66.00	—	—	3、7
2018年贵州省一般债券（一至二期）	300.00	120.00、180.00	—	—	3、7
2017年贵州省政府一般债券（十一至十二期）	100.00	96.61	—	3.39 水利基础设施、城镇保障性安居工程、民生及政法基础设施	3、7
2017年贵州省政府专项债券（七至十期）	300.00	300.00	—	—	3、5、7、10
2017年贵州省政府一般债券（七至十期）	300.00	82.00、57.00、123.00、38.00	—	—	3、5、7、10

政府债券发行	计划发行总额（亿元）	置换债券（亿元）	再融资债券（亿元）	新增债券（亿元）	期限（年）
2017 年贵州省政府专项债券（五至六期）	100.00	92.00	—	8.00 推进农业供给侧结构性改革	5、10
2017 年贵州省政府一般债券（五至六期）	200.00	143.90	—	56.10	5、10
2017 年贵州省政府一般债券（三至四期）	100.00	60.00、40.00	—	—	5、10
2017 年贵州省政府专项债券（三至四期）	100.00	60.00、40.00	—	—	5、10
2017 年贵州省政府专项债券（一至二期）	200.00	80.00、120.00	—	—	3、7
2017 年贵州省政府一般债券（一至二期）	190.00	76.00、114.00	—	—	3、7
2016 年贵州省政府一般债券（十七至二十期）	120.00	24.00、36.00、36.00、24.00	—	10.50	3、5、7、10
2016 年贵州省政府专项债券（九至十二期）	80.00	16.00、24.00、24.00、16.00	—	—	3、5、7、10
2016 年贵州省政府专项债券（七至八期）	200.00	120.00、80.00	—	7.00 城镇保障性安居工程项目	5、10
2016 年贵州省政府一般债券（十三至十六期）	200.00	40.00、60.00、60.00、40.00	—	41.20 农村危房改造、棚户区改造、美丽乡村、城镇保障性安居工程	3、5、7、10
2016 年贵州省政府一般债券（九至十二期）	200.00	103.30	—	—	3、5、7、10
2016 年贵州省政府专项债券（五至六期）	200.00	80.00、120.00	—	—	3、7

续表

政府债券发行	计划发行总额（亿元）	置换债券（亿元）	再融资债券（亿元）	新增债券（亿元）	期限（年）
2016 年贵州省政府一般债券（五至六期）	400.00	80.00、120.00、120.00、80.00	—	—	3、5、7、10
2016 年第一批贵州省政府一般债券	500.00	100.00、150.00、150.00、100.00	—	—	3、5、7、10
2016 年第一批贵州省政府专项债券	300.00	60.00、90.00、90.00、60.00	—	—	3、5、7、10
2015 年贵州省第五批一般债券	30.00	6.00、9.00、9.00、6.00	—	—	3、5、7、10
2015 年贵州省第二批专项债券	284.16	58.16、85.00、85.00、56.00	—	—	3、5、7、10
2015 年贵州省第四批一般债券	131.26	27.26、39.00、39.00、26.00	—	—	3、5、7、10
2015 年贵州省第一批专项债券	500.00	493.00	—	7.00 募集资金拟用于贵安新区北京师范大学附属学校、普贡中学改扩建、同济贵安医院一期等项目建设	3、5、7、10
2015 年贵州省第三批一般债券	500.00	100.00、150.00、150.00、100.00	—	—	3、5、7、10
2015 年贵州省第二批一般债券	400.00	80.00、120.00、120.00、80.00	—	—	3、5、7、10
2015 年贵州省第一批一般债券	336.00	287.00	—	49.00	3、5、7、10

2. 贵州专项债券投向分析

贵州专项债券的置换投向如表 6-5 所示，2019 年之后专项债券投向口径较之前有显著变化。在贵州专项债券的投向结构中，交通运输、保障性安居工程和市政建设三项占比最高，分别是 25.39%、21.61% 和 21.34%。生态环境保护投入占比 16.7%，土地储备占比 10.17%，其他占比 7.53%，农林水利建设占比 4.23%，科教文卫占比 7.53%。由于置换债券置换的是 2~3 年之前的债券，因此资金投向上存在一定的滞后性。

表 6-5　贵州专项债券的置换投向　　　　单位：万元

政府债券	交通运输	保障性安居工程	市政建设	土地储备	生态环境保护	农林水利建设	科教文卫	其他	合计
2018 年贵州省政府专项债券（一至二期）	—	96648	—	348449	37142	61247	154156	42331	139973
2017 年贵州省政府专项债券（七至十期）	381572	405967	1423496	314345	38854	35545	54511	342710	2997000
2017 年贵州省政府专项债券（五至六期）	144120	122604	336099	155032	14818	15654	11951	119722	920000
2017 年贵州省政府专项债券（三至四期）	156652	133265	365323	168513	16105	17015	12988	130139	1000000
2017 年贵州省政府专项债券（一至二期）	309637	266934	908669	330956	38707	42392	38063	64642	2000000
2016 年贵州省政府专项债券（九至十二期）	465990	121915	66644	41803	15193	3637	19436	65382	800000
2016 年贵州省政府专项债券（七至八期）	1026931	253957	189434	95258	34520	29939	58993	240968	1930000
2016 年贵州省政府专项债券（五至六期）	1164974	304789	166609	104507	37983	9093	48589	163455	2000000
2016 年第一批贵州省政府专项债券	1530101	313949	367432	144266	52205	60933	99932	431182	3000000
2015 年贵州省第一批专项债券	71000	2450000	590000	400000	60000	600000	120000	0	4291000

3. 贵州地方政府债务与全国地方债务

2015 年，贵州地方政府一般债务限额为 5384.7 亿元，居全国第四位，占全国地方政府一般债务的 5.09%。2015 年末余额为 5142.36 亿元。2015 年贵州地方政府专项债务限额为 3612.45 元。

2016 年，贵州地方政府一般债务限额为 5459.47 亿元，居全国第五位，占全国地方政府一般债务的 5.09%。2016 年末一般债务余额为 5206.35 亿元，居全国第五位，占全国的 5.32%。2016 年，贵州地方政府专项债务因预算管理变化调整后限额为 3740.03 亿元，居全国第四位，占全国地方政府专项债务的 5.78%，2016 年末专项债务余额为 3503.44 亿元，居全国第三位，占全国的 6.34%。

2017 年，贵州地方政府一般债务限额为 5528.47 亿元，居全国第六位，占全国地方政府一般债务的 4.79%，2017 年末一般债务余额为 5113.68 亿元，居全国第八位，占全国的 4.93%。2017 年，贵州地方政府专项债务限额为 3748.03 亿元，居全国第六位，占全国地方政府专项债务的 5.16%，2017 年末专项债务余额为 3493.48 亿元，居全国第五位，占全国的 5.68%。

2018 年，贵州地方政府一般债务限额为 5601.47 亿元，居全国第九位，占全国地方政府一般债务的 4.53%，2018 年末一般债务余额为 5326.48 亿元，居全国第九位，占全国的 4.82%。2018 年，贵州地方政府专项债务限额为 3760.03 亿元，居全国第八位，占全国地方政府专项债务的 4.36%，2018 年末专项债务余额为 3507.66 亿元，居全国第六位，占全国的 4.73%。

在 2016~2018 年的数据中，地方政府隐性债务占据一定的比重，在这些债券中，大部分是银行贷款，债务举债主体以融资平台公司为主。而这些债务资金的举债与使用等并没有纳入政府总预算会计中进行反映和计量。

五、贵州隐性债务分析

截至 2018 年上半年，贵州城投平台存量债余额达到 2064.3 亿元，共有 72 个发行人。根据对发行人最新评级结果进行分析，AAA 级、AA+级、AA 级和 AA-级分别是 1 个、7 个、56 个和 6 个，还有 2 个属于无评级状态，其中 AA 级数量最多，如图 6-8 所示。

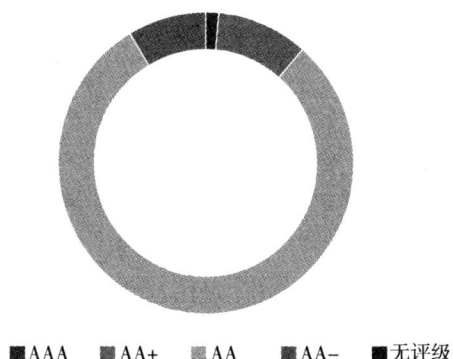

■AAA　■AA+　■AA　■AA-　■无评级

图 6-8　贵州城投平台评级分布

　　从市州城投平台结构来看，贵州各市州的城投平台按照平台存量债余额进行排序，分别是贵阳市、省本级、遵义市、六盘水市、安顺市、黔东南苗族侗族自治州、毕节市等，每个城市的城投平台存量余额详细信息如图 6-9 所示。

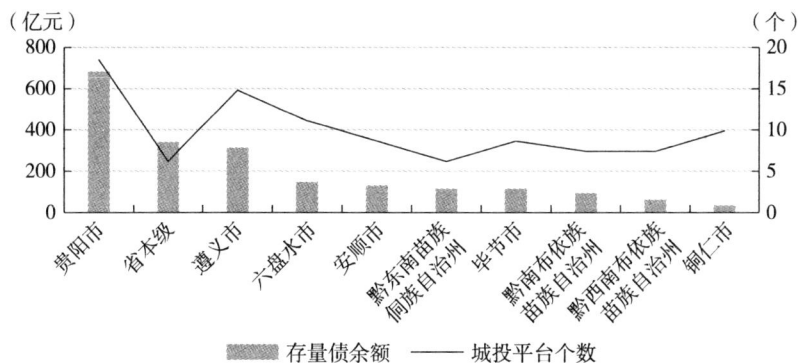

██ 存量债余额　——— 城投平台个数

图 6-9　贵州各市州城投平台及存量债余额

　　对贵州存续城投债整体回售与到期信息进行分析，发现 2019 年城投债回售或到期规模最为显著，达到 570.4 亿元，占比 27.6%。对各个市州存续城投债回售与到期现象进行分析发现，2019 年城投债回售或到期压力相对较大的包括贵阳市、遵义市、黔南布依族苗族自治州；2020 年城投债回售或者到期压力相对较大的是遵义市；2023 年之后需要承受较高城投债回售或者到期压力的城市主要有贵阳市、六盘水市、遵义市、毕节市，具体信息如表 6-6 所示。

表 6-6　贵州存续城投债到期情况　　　　　　　　　单位：亿元

各地州	2018 年下半年	2019 年	2020 年	2021 年	2022 年	2023 年及以后	合计
省本级	30.00	109.50	39.00	70.00	71.00	25.60	345.10
贵阳市	3.00	268.00	91.00	127.90	27.00	175.00	691.90
遵义市	50.00	62.00	74.78	25.80	0.00	105.25	317.83
六盘水市	0.00	17.00	11.00	0.00	0.00	121.10	149.10
毕节市	10.00	14.40	0.00	7.80	12.80	71.80	116.80
黔南布依族苗族自治州	0.00	35.00	0.00	0.00	32.40	27.00	94.40
黔西南布依族苗族自治州	0.00	14.60	1.00	0.00	10.00	37.90	63.50
黔东南苗族侗族自治州	7.00	5.20	18.00	13.90	34.00	39.00	117.10
安顺市	20.00	26.50	3.20	14.00	0.00	69.00	132.70
铜仁市	2.40	18.20	3.00	0.00	12.00	0.30	35.90
总计	122.40	570.40	240.98	259.40	199.20	671.95	2064.33

从贵州的主要城投平台情况来看，非标债务的规模普遍较大，由数据可得，平台非标债务占同期有息债务的 33%以上，最高的甚至达到 65%。

六、贵州金融债务存在的问题及其原因

贵州一般公共预算收入对中央转移支付的依赖程度较高，地方政府发行一般债券，还款来源于地方政府的一般公共预算收入。因为贵州一般公共预算对中央转移支付的依赖程度较高，但中央对地方的转移支付有逐渐减少的趋势，这将成为影响贵州一般债券偿债能力的重要因素。

贵州专项债务增长较快，依赖土地收入和举借新债偿还且借新还旧数额

较大，虽然新发债券明确要求只能用于归还借债的本金，但也要重视利息支出的复利效应。

债务管理需要进一步规范，清理融资平台公司，对不合规抵押融资是近年来地方金融债务管理的重点。"退出类"融资平台公司中，需要剥离原有债务或公益性融资任务，明确融资平台公司偿债资金来源。

资金监管仍须进一步加强，监测发债融资是否及时使用，是否存在债务资金因筹集与项目进度不衔接等原因闲置，对资金流向及使用情况进行动态监测。

存在风险的存量隐性债务缺乏恰当的化解措施，有些地区制定的债务化解方案缺乏可行性。

第三节　贵州金融债务风险评价

一、地方金融债务风险的传导机制

地方政府的融资行为实际上是处于一个复杂的系统中，一方面受到投资体制、财税体制、银行业及开发性金融，以及土地管理等的影响；另一方面也受到地方政府融资行为、融资偏好、风险状况的影响，如图 6-10 所示。

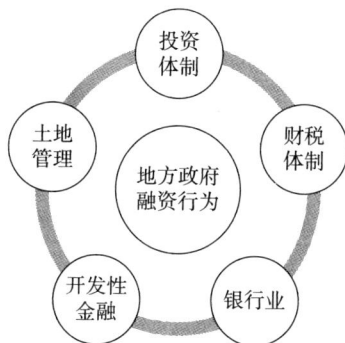

图 6-10　地方政府金融债务风险影响

对于潜在风险更大的隐性地方金融债务则存在以下风险传导链条（见图 6-11），由于政信类地方债的风险违约，会导致对该类产品的硬性约束和软性约束进一步强化，在这种情况下融资主体的融资能力进一步被削弱。与此同时，因受到消息面和政策面的影响，市场信心进一步衰减，这将导致融资主体的融资能力进一步被弱化，进而导致更多潜在的风险暴露。

政信类地方债风险违约 ▷ 约束强化 ▷ 融资主体融资能力弱化 ▷ 市场信心衰减 ▷ 融资能力进一步弱化 ▷ 更多潜在的风险暴露

图 6-11　隐性地方金融债务风险传导链

贵州利用化解存量债务和置换存量债务等手段，使数据报表上显示每一年财政部批复的地方债限额均没有被完全使用，地方债务余额和限额之间存在一定差距。虽然"明面上"的政府债务余额在可控范围之内，但是因经济发展的资金需求，隐性举债现象难以杜绝。地方隐性负债的产生主要由两种情况，第一种是地方政府投融资平台利用信托、企业债、银行借贷、资产管理产品和保险等方式，为地方政府融资，在这个过程中政府提供担保，且在规定时间里负责到期债务利息的偿还；第二种是利用不达标的 PPP 项目、政府购买服务、政府投融资基金等方式进行举债。

地方金融债务的风险根源在于地方经济、民生发展需要的资金体量与使用期限和地方政府所能动员的资金收益、规模、期限的不匹配。这一方面使地方仍然需要通过各种融资途径来满足发展的资金需求；另一方面也要符合越发严格的监管需求。

二、贵州显性金融债务的规模和风险状况

贵州整体经济财政实力较弱，但经济增长较快。近年来贵州的债务规模和债务风险屡居全国第一，引发各界的高度关注。

2016 年贵州地方政府债务率全国排名第一（203.33%），即使是同年排名第二的辽宁省地方政府债务率也仅为 160.13%。贵州的债务规模接近全国平均水平（74.96%）的 3 倍。

贵州在 2017 年实现的生产总值达到 13540.8 亿元，全国排名第 25 位，根据可比价核算得出增长率为 10.2%，位列全国第一。贵州 2017 年公共预算收入达到 1613.8 亿元，在国内排名中位居第 23，同比提升 7.2%。到 2017 年结束，整个贵州地方政府债务余额是 8607.2 亿，较 2016 年末下降了 113.9 亿元，债务率①为 161.7%，负债率②为 63.6%。贵州在 2018 年实现的生产总值达到 14806.45 亿元，全国排名第 23 位，根据可比价核算得出增长率为 9.1%，位列全国第一。贵州 2018 年财政收入达到 6844 亿元，政府债务余额为 8834 亿元，债务率为 148.79%，负债率为 59.66%。债务风险初步得到控制。

1. 贵州显性债务规模情况

自 2015 年以来，贵州通过发行政府置换债券共计 8434.69 亿元，用于置换存量债务，分别是 2015 年发行 2294.00 亿元，2016 年发行 2531.43 亿元，2017 年发行 2028.53 亿元，2018 年发行 1580.73 亿元。政府置换债券的发行从拉长期限和降低利率两方面疏导了风险，如图 6-12 所示。

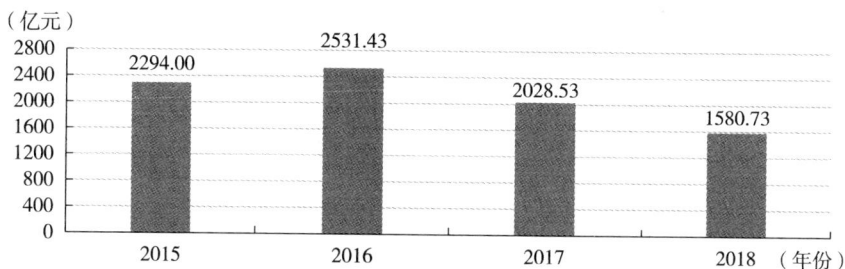

图 6-12 贵州政府置换债券发行情况

资料来源：Wind 数据库。

根据 2019 年《关于下达 2019 年中央财政城镇保障性安居工程专项资金预算的通知》，该通知中指出，在全国财政困难系数排名中，贵州位列全国

---

① 债务率等于政府债务余额/综合财力，用于衡量政务债务规模的大小。IMF 确定的标准参考值为 90%~150%。

② 负债率等于政府债务余额/GDP，用于衡量经济增长对政府债务的依赖程度。《马斯特里赫特条约》规定的负债率 60% 通常被作为政府债务风险的控制参考标准。

第 9 位，财政困难系数为 76.35。财政困难系数根据地方"保工资、保运转、保民生"支出占标准财政收入比重及缺口率计算确定。计算公式如下：

$$财政困难系数 = \left(\frac{"保工资、保运转、保民生"支出}{地方标准财政收入}\right) \times 50\% +$$

$$标准化处理后\frac{标准收支缺口}{标准支出} \times 50\%$$

2. 贵州专项债券的风险情况

由于地方专项债券的偿债来源主要是政府性基金收入和项目收益，而政府性基金与土地市场关联紧密，下面以遵义和安顺的土地市场波动情况为例进行分析。

（1）遵义土地市场波动情况分析。2015~2017 年，遵义土地出让面积及出让价格波动幅度较大（见图 6-13）。2015 年遵义土地出让总价为 89.51 亿元，出让面积为 1091.67 万平方米；2016 年土地出让总价为 88.41 亿元，出让面积为 1243.27 万平方米；2017 年土地出让总价为 136.75 万元，出让面积为 1198.59 万平方米；2018 年上半年土地出让总价为 106.86 亿元，出让面积为 982.68 万平方米。

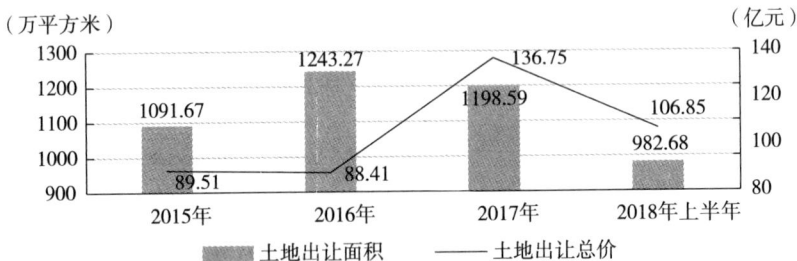

图 6-13 遵义土地出让情况

资料来源：CREIS 中指数据库土地版。

从结构上来看，2017 年住宅用地的出让比例增加，总面积占比从 2015 年的 34.53% 增加到 2017 年的 49%，接近出让总面积的一半，出让均价也显著提高。但无论是土地出让面积还是价格，其波动幅度较大且并不平稳。商业/办公用地占比在 2015~2018 年显著降低，从 28.47% 降至 14.52%，工业用地出让总体价位稳定，2015~2017 年占比都在 33% 上下，2018 年上半年升至 44.45%，如图 6-14 所示。

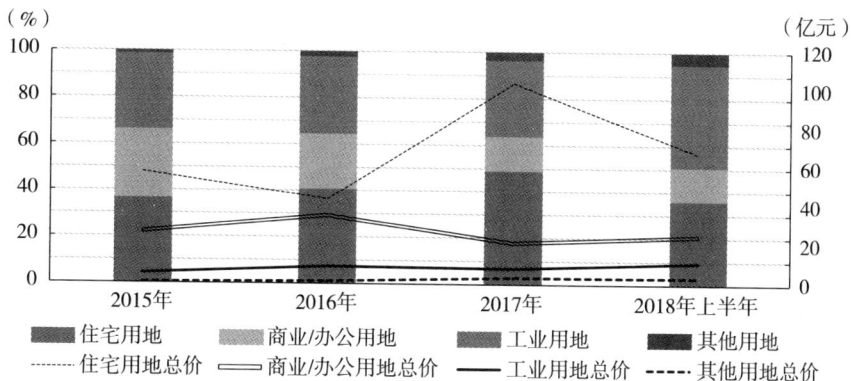

图 6-14　遵义土地出让占比情况

资料来源：CREIS 中指数据库土地版。

（2）安顺土地市场波动情况分析。2016 年安顺土地出让总面积为 289.59 万平方米，2017 年土地出让总面积为 319.48 万平方米，2018 年土地出让总面积为 421.19 万平方米。2016 年土地出让总价为 26.10 亿元，2017 年土地出让总价为 19.73 亿元，2018 年土地出让总价为 47.94 亿元。2018 年由于住宅用地土地出让面积大幅增加，土地出让总价同比增长 143%，如图 6-15 所示。

图 6-15　安顺土地出让情况

资料来源：CREIS 中指数据库土地版。

从结构上来看，2016~2018 年住宅用地土地出让面积占总出让面积的 48.62%、17.46% 和 55.54%，出让价格分别占总出让价格的 63.14%、

40.14%和73.2%。2016~2018年商业/办公用地土地出让总面积占比分别是27.07%、37.20%和9.94%，出让价格占比分别是31.3%、42.57%和11.56%。2016~2018年工业用地土地出让面积分别占24.30%、44.78%和22.18%，如图6-16所示。

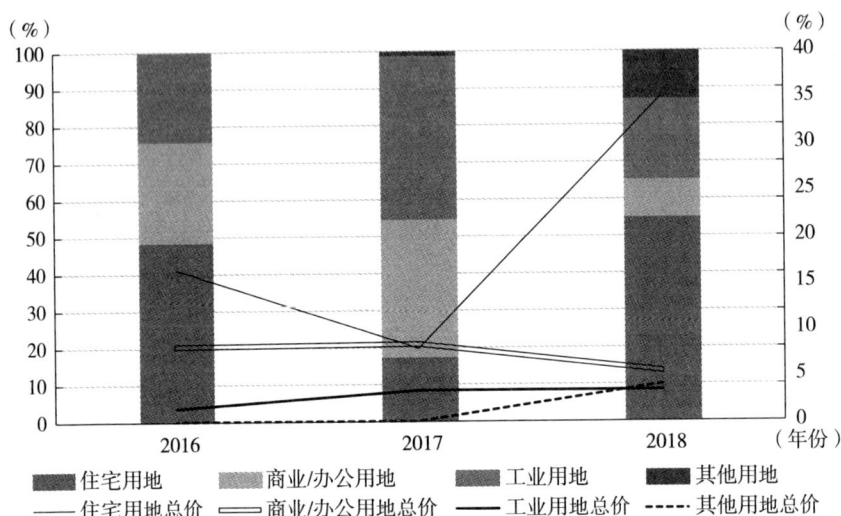

图6-16 安顺土地出让占比情况

从以上遵义和安顺近年来土地出让情况来看，土地市场不存在时间序列方向上的稳定性，受宏观政策、市场需求的影响很大，土地出让面积和价格很难预测和控制。因此这也为地方专项债券的偿付能力带来了风险。

3. 贵州金融债务管理政策

近年来，贵州制定了一系列防范金融债务风险的政策和文件，取得了一定的效果，如表6-7所示。

表6-7 贵州地方政府债务管理文件

文件名称	内容
《贵州省地方政府债务风险评估和预警管理暂行办法》	建立了政府债务风险预警机制和风险预警体系

续表

文件名称	内容
《贵州省人民政府关于加强政府性债务管理的实施意见（试行）》	从严控新增、梯度化债、追责问责、应急处置等8个方面提出了要求，"借用还"和"责权利"统一
《贵州省地方政府债务风险评估和预警管理暂行办法》	建立政府债务风险预警机制和风险预警体系，设立风险警戒线，评估各地区债务风险状况
《贵州省政府性债务风险应急处置预案》	债务高风险地区要通过控制项目规模、压缩公用经费、处置存量资产、债务重评估等方式，多渠道筹集资金偿还债务，努力避免债务风险爆发

资料来源：贵州省政府及贵州省财政厅。

三、隐性债务风险暴露形势严峻

1. 贵州省隐性债务风险状况

截至 2018 年 6 月 30 日，贵州城投平台存量债余额为 2064.33 亿元，涉及发行人 72 个，以 AA 评级为主，占比高达 78%。

分地区看，贵阳和遵义存量城投债余额及平台数量较多。从回售或到期情况看，2019 年铜仁市、贵阳市、黔南布依族苗族自治州城投债回售或到期压力较大；2019~2020 年遵义市城投债回售或到期压力较大。

截至 2019 年 8 月，贵州地方债和城投债的债务余额总计约 1.14 万亿元，债务负担（债务余额/GDP）为 77.25%，在国内排名第一。贵州公共财政支出和收入间存在严重失衡，2018 年贵州全省的公共财政支出（5017.32 亿元）接近财政收入（1726.80 亿元）的 3 倍，财政收入无法弥补支出。

部分市县财政收入能力较弱，但财政支出高，债务压力极大，以都匀市和三都水族自治县为例，2018 年都匀市财政收入为 40.46 亿元，一般公共预算支出（44.43 亿元）是一般公共预算收入（21.22 亿元）的 2 倍多。2017年三都水族自治县公共财政支出（25.97 亿元）是公共财政收入（3.55 亿元）的 7.3 倍，2018 年这一差距进一步扩大至 9.29 倍。

所以在贵州很多市县中，通过转移支付、外部融资和政府性基金填补的现象很常见，地方经济实力比较弱是不争的事实。最近几年中很多地区都指出要加大投资基建力度，进一步推动经济发展，在这一背景下地方融资平台公司崛起。区县级平台前几年中在市场中发行了大量非标产品，但是，随着2018年政策面收紧，地方平台继续发行非标产品受到极大的限制。

2. 出现偿付问题的地方金融债务产品情况

贵州财政基础较弱，政府债务压力较高；域内政信产品违约频发，特别是黔东南州潜在关联政府信用的非标产品违约数为全国之最。表6-8中所列出有偿付问题的贵州政信产品体现了贵州隐性债务的潜在风险，为经济发展质量提升埋下了隐患。出现违约的非标债务不仅影响投资者对贵州整体信用生态的评价，也大大提高了贵州各类债券融资的成本，加大了发行难度，使得本来就面临金融资源有限的贵州各级各类融资雪上加霜。

表6-8　出现偿付问题的贵州政信产品

日期	产品名称	投资方向	借款人	风险控制
2018年7月9日	首誉光控黔东南州凯宏资产专项资产管理计划1号	用于黔东南州2013年黄平县棚户区改造建设工程项目以及黔东南州2014年黄平县棚户区改造建设工程项目	—	—
2018年7月13日	首誉光控黔东南州凯宏资产专项资产管理计划3号	本金8060万元及相应利息	贵州黔东南州城投公司　黔东南州凯宏资产运营有限责任公司	由黔东南州人民政府所属两家平台公司之一的黔东南州开发投资有限责任公司提供无限连带责任担保，另外黔东南州人民政府要提供承诺函，州人民政府在到期的时候承诺提供资金归还到期贷款本息

日期	产品名称	投资方向	借款人	风险控制
2018 年 8 月	坦沃资产—政信 302 号私募基金	—	贵州铜仁武投平台公司	—
2018 年 11 月	中江国际·金马 382 榕江县基础设施建设投资集合资金信托	用于榕江县中心大道三期道路工程建设	榕江县新城开发有限公司,由榕江县人民政府 100%控股	土地、不动产抵押;榕江县政府出具相关承诺性文件,确保信托计划按期足额兑付;应收账款
2018 年 12 月	三都水族自治县城镇建设投资有限公司 2016 年直接债务融资产品	用于三都水族自治县农贸市场片区基础设施建设工程项目	三都水族自治县城镇建设投资有限公司	贵州省三都水族自治县国有资本营运有限责任公司为其提供担保
2019 年 4 月 2 日	中泰·贵州凯里项目贷款集合资金信托计划	2016 年底发行,发行 10 期,共约 4.5 亿元。产品收益分为 3 档,100 万~300 万元期间收益率为 6.8%/年;300 万~2000 万元收益率为 7.0%/年;超过 2000 万元,收益率可协商	贵州凯里开元城市投资开发有限责任公司	—
2019 年 5 月	安信·新农村建设发展基金集合信托计划	贵州乐湾国际新农村建设项目,安信信托以股权投资的途径参与项目开发、土地整理、建设运营等整个过程中	—	—
2019 年 8 月	方兴 335 号红花岗城投应收账款投资集合资金信托计划	受让遵义市红花岗城市建设投资经营有限公司(下称"红花岗城投")对遵义市红花岗区政府合法拥有的 5.5 亿元应收账款债权	—	该计划还款来源为遵义市红花岗区政府、即红花岗城投和遵义湘江投资建设有限责任公司的经营收入

续表

日期	产品名称	投资方向	借款人	风险控制
2019 年	国元安盈 201702 003 号集合资金信托计划	贷款给贵州清水江城投集团有限公司，用于企业日常经营周转，主要用于都匀经济开发区城市整体开发及基础设施建设	—	—
2019 年	中泰·弘泰 11 号集合资金信托计划	用于受让都匀经济开发区城市投资开发有限公司因代建都匀经济开发区 11 号路（西段）道路工程项目形成的应收账款共计人民币 7.27 亿元	都匀经济开发区城市投资开发有限公司	还款来源为都匀经开区管委会的财政收入，清水江城投的经营收入，黔南东升的经营收入

除表 6-8 中的地方金融债务产品外，发生违约的还有金诚铜仁城市化发展 2 号私募基金、三都城投应收债权私募投资基金、金政一号契约型私募基金、嘉泰 220 黔南三都圣山大道专项私募基金、乾堃二号三都城投应收账款投资私募基金、2016 独山县下司镇城镇基础设施建设定向融资计划、迈科瑞茂资产管理计划、中经宏熙政信 3 号基础设施私募投资基金等政信产品。

在多起违约事件中，投资者和渠道商表示对具体的资金流向与使用进度并不完全了解，缺乏相关渠道。例如，公开资料显示，首誉光控凯宏资产计划系列产品是由首誉光控担任管理人设立的一对多专户产品，通过贵州银行凯里迎宾支行向借款人凯弘资产发放委托贷款，最终用于黔东南苗族侗族自治州人民政府下属的棚户区改造项目建设。管理人首誉光控是中邮基金设立的专户子公司。然而，在信托网上对该产品的描述是：最高收益政信，罕见市级政信平台，非区非县，融资方担保方总资产均为百亿级 AA 发债。由此可见普通投资者很难识别类似产品的风险。

对贵州近年发生的债务违约事件进行梳理后可以发现，发生违约的平台或产品评级并不低，多家都是 AA 评级，这也许从另一个角度说明了目前国内债券评级并没有充分揭示产品风险。除此之外，虽然多数项目都有直接或间接的政府担保，但在推迟偿付方案实施或推进方案实施的过程中也面临种种困难。

在下一步的发展中城投公司面临的外部融资环境越来越严苛，不仅被明确严禁城投公司以任何名义要求或接受地方政府为其市场化融资行为提供担保或承担偿债责任，而且金融机构要求或接受地方政府提供担保函、承诺函、安慰函这一方法也被叫停，最近几年关于地方政府举债融资行为的规定更加严谨，"借新还旧"这一做法在很多文件中已经被明令禁止，如何处理老项目债务和完成还款成为地方政府的一大难题。

尽管法律意义上城投公司不能再承担政府融资职能，但从本质上仍然带有很强的"融资工具"属性，因此其偿债能力在很大程度上受制于所属地方政府的财政状况。若当地财政减收严重或债务负担过重，那么在辖区内城投公司出现偿债危机时，地方政府提供救助的意愿和能力都会大打折扣，违约概率自然也会增大。

与商业银行逐步向打破刚性兑付方向努力的同时，各种形态的地方债产品一方面由于背后直接或间接的存在地方政府的信用背书，以至于实质上风险与收益的天然联系被割裂；另一方面，这些金融产品在发行时大多采用预期收益率的形式，基础资产的风险不能与产品的价格波动挂钩，投资者无法对投资标的的风险进行正确估计。从以上违约事件可以看出，应建立相应的风险拨备体系及完善的风险管理制度。

四、贵州金融风险状况

从图 6-17 和图 6-18 可知，自 2011 年以来，贵州的银行业不良贷款余额和不良贷款率显现了先小幅走低后又逐渐走高的态势至 2017 年之后逐渐回落。2017~2018 年虽然全国商业银行不良贷款率从 1.74% 上升至 1.89%，总体呈现上升局面，但贵州银行业的不良贷款率超过全国水平，这说明伴随着贵州经济持续向好发展的同时，要注重商业银行的整体贷款质量和经营效益，提高拨备覆盖率，提高商业银行的风险抵补能力，加强对同业市场、杠杆行为的管理和规划表外业务。督促贵州法人金融机构健全公司治理结构，加强股权管理，规范股东行为和董事会、监事会运作，完善逆周期调节机制。贵州银行业的不良贷款额和不良贷款率在 2017~2018 年创峰值后逐渐回落。

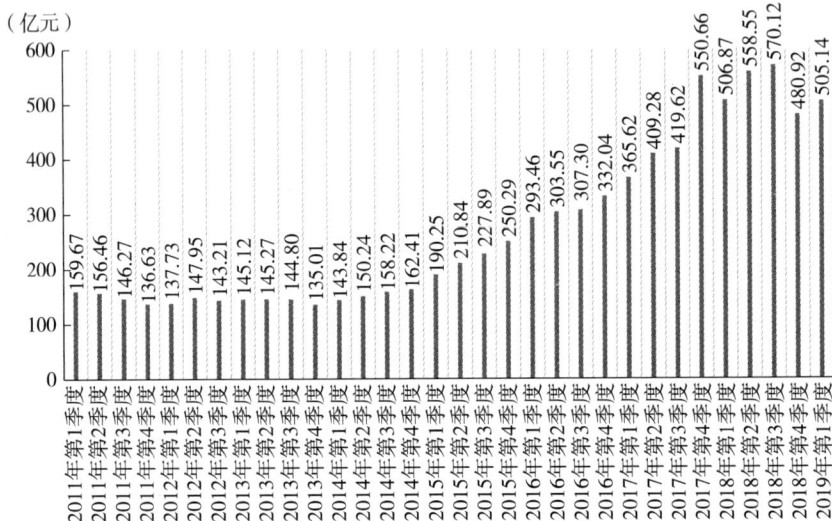

图 6-17　贵州银行业不良贷款余额情况

资料来源：《中国金融年鉴》。

注：2012 年第四季度数据无法获得。

2017 年，贵州商业银行不良贷款同比增长 65.84%，不良贷款率上升至 3%，在全国排名第三，仅次于内蒙古自治区和甘肃。其主要原因在于农村中小金融机构的不良贷款反弹幅度较大，其中地方法人中小金融机构不良贷款余额增长 119.38%，不良贷款率同比增长 4.66%，大幅超越全省平均增长幅度。除政策性银行和国有商业银行的不良贷款率有所下降之外，其他类型商业银行的不良贷款率均有上升。在 2017 年，全国的银行业不良贷款同比增长 8.92%，不良贷款率为 1.7%。与全国银行业金融机构情况相比，贵州银行业不良贷款的增速和不良贷款率都远高于全国平均水平，但与全国情况

（%）

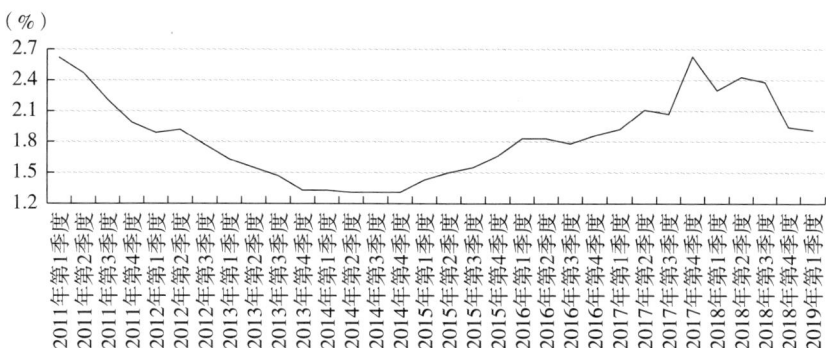

图6-18 贵州银行业不良贷款率

资料来源:《中国金融年鉴》。

相同的是，贵州农村商业银行的不良贷款率，特别是次级类和可疑类的不良贷款远高于其他类型的商业银行。从产生不良贷款的行业来看，批发和零售业不良贷款比率最高，达到4.7%，农、林、牧、渔业和制造业的不良贷款率也都超过4%。

五、分地区贵州金融债务风险评估

根据经济发展指标，贵州2017年9个市州的地区生产总值排名从高到低依次是贵阳、遵义、毕节、六盘水、黔南布依族苗族自治州、黔西南布依族苗族自治州、黔东南苗族侗族自治州、铜仁市、安顺市。其中，贵阳、遵义两市GDP总量均超过2500亿元，而黔东南苗族侗族自治州、铜仁市、安顺市在1000亿元以下。贵阳市地区生产总值约占全省经济规模的30%。

从地区生产总值增长率来看，各个市州经济发展速度比较快，除黔东南苗族侗族自治州这一例外情况，其他市州的经济增速均维持在两位数上，黔西南布依族苗族自治州、安顺市、遵义市较高，分别为12.5%、12.3%和12.1%，黔东南苗族侗族自治州较低，经济增长速度为5.2%，其他城市的经济增长速度都超过11%。

从人均GDP来看，人均GDP在5万元以上的城市有贵阳市和六盘水市，人均GDP低于3万元的城市有黔东南苗族侗族自治州与毕节市。

结合财政指标进行分析，整个 2017 年贵州各市一般公共预算收入排名和地区生产总值排名大致相符，如表 6-9 所示，公共预算收入比较多的是贵阳市和遵义市，分别达到 377.85 亿元、216.39 亿元，而铜仁市、安顺市和黔东南苗族侗族自治州在 100 亿元以下。

表 6-9　2017 年贵州各市州财政指标情况

地区	GDP（亿元）	GDP增长率（%）	人均GDP（万元）	一般公共预算收入（亿元）	一般公共预算收入增长率（%）	一般公共预算收入质量（%）	财政自给率（%）	政府债务余额（亿元）	债务率（%）	负债率（%）
贵阳市	3537.96	11.30	7.45	377.85	8.13	78.46	64.87	2012.41	307.30	63.40
遵义市	2748.59	12.10	4.41	216.39	17.90	77.66	33.99	1391.16	237.30	59.20
毕节市	1841.61	11.70	2.77	123.84	12.80	73.31	23.47	1016.40	469.00	—
六盘水市	1461.71	11.10	5.01	138.62	6.08	75.22	47.44	528.00	150.90	40.20
黔南布依族苗族自治州	1160.59	12.10	3.55	119.00	13.00	72.13	31.45	751.08	180.90	73.40
黔西南布依族苗族自治州	1067.60	12.50	3.75	114.38	3.10	72.05	34.55	439.96	140.30	50.40
黔东南苗族侗族自治州	972.18	5.20	2.77	86.56	-19.90	64.80	21.58	410.56	110.40	46.80
铜仁市	969.86	11.50	3.08	65.64	11.72	74.39	16.41	641.48	171.70	78.20
安顺市	802.46	12.30	3.43	76.24	12.80	72.09	29.79	414.88	160.80	61.30

注：债务余额为政府债务余额，即政府负有偿还责任的债务余额。

资料来源：各市财政决算报告、各市财政预算执行报告、各市财政局及市本级城投评级报告，毕节缺全市数据，为市本级数据，六盘水市 2017 年数据为 10 月中旬数据。

从一般公共预算收入增长率来看，各市州间差距较大，增长率超过 10% 的有遵义市、黔南布依族苗族自治州、毕节市、安顺市、铜仁市五个市州，其中遵义市以 17.9% 的增长率遥遥领先。而黔东南苗族侗族自治州一般公共预算收入下降较多，同比下降 19.9%。

从一般公共预算收入质量（税收收入占一般公共预算收入比例）来看，

贵州整体收入质量尚可。除黔东南苗族侗族自治州外，其余各市州税收收入占比均在70%之上。其中比较高的是贵阳市、六盘水市和遵义市，这三个城市的税收收入百分比高于75%，比较低的是黔东南苗族侗族自治州，只有64.8%。

从财政自给率来看，贵州的财政自给率整体处于较低水平，且不同地区之间存在显著差异，经济发展水平较低的地区，财政自给率也相对较低，其中财政自给率相对高的是贵阳市（64.87%），剩余市州财政自给率都低于50%，具体而言，铜仁市、黔东南苗族侗族自治州、毕节市财政自给率较低，分别为16.41%、21.58%、23.47%，对上级补助依赖严重。

从政府债务余额来看，贵州省政府金融债务规模为全国第5位，债务呈现集中化、两极化的特征，超过40%的债务集中于贵阳市和遵义市。2017年从地方政府债务余额来看，贵阳市、遵义市地方政府债务余额较高，分别为2012.41亿元、1391.16亿元，黔东南苗族侗族自治州、安顺市、黔西南布依族苗族自治州地方政府债务余额较低，分别为410.56亿元、414.88亿元、439.96亿元。

从债务率来[①]看，2017年贵州总体债务率为180%，居全国第一，说明贵州存在债务风险。贵州所有市州债务率都在100%之上，2017年毕节市债务率在400%之上，贵阳市这一指标也在300%之上，遵义市该指标也超过200%。

从负债率来看[②]，负债率在60%以上的城市有铜仁市、黔南布依族苗族自治州、贵阳市与安顺市，铜仁市的负债率达到78.2%。

从综合财力来看，贵阳市综合财力最好，遵义市，毕节市紧随其后，铜仁市政府性基金收入占综合财力的比例超过20%（见表6-10），而政府性基金收入主要来源于土地出让收入，因此省内各市州政府债务的风险与土地市场的关联较小，但专项债券仍然受到土地市场波动的影响。除贵阳市财政收

---

① 债务率＝债务余额/（财政收入+转移性收入+政府性基金收入+国有资本预算收入），债务率超过综合财力收入则存在债务风险，债务率在70%~100%则出现债务风险预警。

② 负债率＝债务余额/GDP，负债率在60%以上为高债务风险。

入占比超过50%以外，各市州该比例均在15.9%~38.2%，各市州偿债能力较弱，面临的债务风险较大。

表6-10　贵州各市州综合财力情况

地区	综合财力（亿元）	基金占比（%）	转移收入占比（%）	财政收入占比（%）
贵阳市	651.5	19.2	24.4	56.2
遵义市	600.0	13.3	55.4	31.3
毕节市	516.7	18.4	59.8	21.8
六盘水市	350.2	18.1	43.6	38.2
黔南布依族苗族自治州	415.2	18.5	55.0	26.5
黔西南布依族苗族自治州	333.6	9.4	56.1	34.1
黔东南苗族侗族自治州	398.3	7.8	64.4	27.8
铜仁市	390.6	22.3	61.6	15.9
安顺市	267.4	16.0	55.8	28.2

资料来源：各市州预算报告。

从近年来贵州各市州政府性基金收入的增长情况来看，贵阳市、黔西南布依族苗族自治州、遵义市排前三位，这些市州偿债能力强；与前三位形成鲜明对比的是铜仁市和黔东南苗族侗族自治州，其政府性基金收入呈现下降的态势，如表6-11所示。

表6-11　贵州各市州政府性基金收入情况

地区	2016年（亿元）	2017年（亿元）	2018年（亿元）	增速（%）
贵阳市	125.18	270.46	344.18	65.82
遵义市	99.73	180.24	269.05	64.25
毕节市	95.12	103.68	132.26	17.92
六盘水市	46.39	50.90	49.38	3.17
黔南布依族苗族自治州	76.80	104.97	127.57	28.59
黔西南布依族苗族自治州	31.25	58.08	85.82	65.72

地区	2016 年（亿元）	2017 年（亿元）	2018 年（亿元）	增速（%）
黔东南苗族侗族自治州	53.90	40.41	38.43	-15.56
铜仁市	86.90	63.91	69.58	-10.52
安顺市	46.57	61.53	85.22	35.28

第四节　讨论及结论

从过往的研究成果来看，一个经济体的金融风险和财政风险除非积累到了一定的临界点，否则很难引起政府的高度重视。

因此，将风险问题纳入经济质量的考量范围不仅是必要的，而且非常紧迫。我们应当对风险进行持续关注和管理，而不是在风险爆发的时候再进行"灭火"和"抢救"。

一、地区资产负债表的风险评估

资产负债表由资产、负债、所有者权益三部分构成。资产和负债又因其流动性、时间性不同而分为流动资产、固定资产、短期负债、长期负债等。风险评估就是量化测评某一事件或事物带来的影响或损失的可能程度。通过对地区资产负债表进行风险评估，明确地方资产的构成和现状，以及地区目前与未来所需要支付的债务数额，可以更好地了解、预测地方财政的抗风险能力，做好风险应对策略，为地方的经济发展提供政府保障。

二、建立中长期金融风险预警机制

贵州重点产业、特色产业发展需要依靠金融业的资金支持，金融业自身的发展需要得到一定的稳定发展，才能为各大企业提供稳定的资金来源，在有稳定资金的保障之下才能进行稳定持续的经济发展。因此，随着贵州经济增速持续居全国前列，贵州金融业也亟待追求突破并应对各种突出的金融风险，建立中长期金融风险预警机制对于贵州金融业的发展具有重大的意义，对于经济稳定发展也具有非常重大的意义。

三、地方债务降杠杆的路径取向

企业是一个地方经济增长的主要推动力，地方要根据国务院相关文件指示，坚持积极的财政政策和稳健的货币政策导向，以市场化、法治化方式，通过推进兼并重组、完善现代企业制度强化自我约束、盘活存量资产、优化债务结构、有序开展市场化银行债权转股权、依法破产、发展股权融资七大途径积极稳妥降低企业杠杆率，激发企业发展活力。地方政府还可以从经济内部入手，推动地方的产业改革，提高全要素生产率，以提高经济增长率；适当提高当地物价，控制总体物价下降，保持适当的通货膨胀水平，拉动物价上涨，刺激消费；大力推进密集型产业向知识型产业转变升级，控制过剩产能继续扩张。

四、地方债务降杠杆带来的风险及其管理应对

地方债务降杠杆可以整合资源，防止产能过剩恶化扩张，但也会因采取降杠杆的措施而使地方经济活动存在一定的风险。例如，对于债务特别高、土地出让收入不能覆盖债务本息的地方政府，可能会实施债转地，地方政府用土地使用权抵押债务，将土地使用权直接划拨给债权人。债权人拿到土地使用权后无力开发，只能将土地使用权再次转让，这样会增加土地的短期供应量，压低土地价格。房地产业因土地价格下降而进行土地操控，实行土地垄断。地方政府举债的投向绝大部分是基建项目，降杠杆意味着基建项目开工量下滑，对应的基建、钢铁、水泥等行业将受到影响。那么这时地方政府就需要制定完善的相关政策以及建立监督机制来引导、维护市场的正常秩序，充分发挥市场在资源配置中的决定性作用，科学规避降杠杆所带来的风险，为经济的发展创造良好的市场环境。

第七章　贵州经济发展质量人民福祉维度的分析

　　教育和医疗对经济发展质量而言可能是最关键的衡量指标，重要之处在于它们既是经济发展质量中投入侧的指标，同时又是判定人民幸福的坐标和准绳。亚当·斯密（1776）认为学习是一种才能，即是个人财富的一部分也是社会财富的一部分。李斯特（1961）指出一国的最大部分消耗应用于培养和促进未来的生产力。维诺德·托马斯、王燕（2017）在《增长的质量》中提出经济发展质量通过改善教育和医疗的分配来提升社会福祉。杨俊和李雪松（2007）也发现教育的不平等不利于经济增长，并且日益成为地区间经济发展质量差异的重要原因。2019 年全球创新指数报告《打造健康生活——医学创新的未来》通过对全球创新形式的全景式考察提出实现人人拥有优质和可负担的医疗保健，对于实现可持续的经济增长和提高公民整体生活质量十分重要。虽然全球在过去数十年的许多方面取得了长足进步，但对于全球大部分人口而言，在获得优质医疗保健方面仍然存在显著差距。但笔者发现相比其他领域的投资和重视情况而言，最为重要的教育和医疗往往不被获得与其地位相符的重视。导致这一现象发生的原因可能是教育和医疗都是"黑箱"系统，例如，提高预期寿命或者希望延长受教育年限，从经济学的角度很难找到具体如何对教育和医疗进行怎样的投入才能达到期望。对倾向于短期决策效应的地方政府而言，为了未知的成果而投入大量的资源似乎是矛盾的。Bils 和 Peter（2000）通过实证分析证明在教育和医疗方面的投资和经济增长之间呈动态和互补关系，这种关系是双向的。Blankenau 和 Simpson（2004）运用内生增长模型探究政府教育支出对经济增长的影响。

Alyousif（2008）通过误差修正模型框架下的格兰杰因果关系，分析了6个海湾阿拉伯国家合作委员会的成员国教育支出与经济增长的关系。Beauchemin（2001）、Teles 和 Andrade（2010）均运用世代交叠模型分析教育投入对经济增长的作用。国内学者运用相关计量模型对中国教育投入对经济增长的作用进行了相关分析。王家庭（2013）利用教育生产函数，使用空间计量方法分析了教育与区域经济增长的贡献。胡咏梅和唐一鹏（2014）通过增值模型分析了教育自身结构变化对经济增长的影响，提出在扩大各级教育投入的基础上，更应注重教育质量的提高，尤其是延长中等教育受教育年限。谢秀桔（2015）采用面板数据模型和地理加权回归模型研究中国各省（自治区、直辖市）教育投入规模与经济发展的相互关系，分析了教育投资区域分布状况。王磊（2011）运用误差修正模型框架探究职业教育对经济增长的影响。赵树宽等（2011）以向量自回归模型为基础，运用协整检验、格兰杰因果关系检验、脉冲响应函数、方差分解等实证方法，研究我国高等教育投入与经济增长的长期动态关系。

经济增长的主要推动力向消费转移，而对于家庭来说，其愿意将更多的金钱花费在更好的教育和医疗上。因此，提供更好的教育和医疗资源将作为下一步拉动消费的主要引擎。

增加卫生和教育方面的财政支出以及平衡这些支出的结构同样重要。教育、卫生、科技、环境与人民的生活质量以及未来的经济增长密切关联，同时由于它们公共物品的属性而很难通过市场机制来解决，一是关于这些领域的投入和产出关系相对不确切；二是这些领域中的收益并不是被投入者全部享用。这种投入和收益的不对称使无法完全通过市场化解决这些领域存在的分配问题。当然这样的市场失灵并不是在这些系统中普遍存在。

第一节 贵州人民生活的基本状况

一、卫生资源的总量及分配情况

国际上通常将一个地区的每万人拥有床位数和每万人拥有执业医师数量作为衡量一个地区医疗资源状况的指标。根据世界卫生组织统计，全球人均拥有护士数量最多的国家是挪威，每千人拥有护士数量达 17.27 人，欧盟制定的基本标准为每千人拥有护士数量 8 人以上，而美国和日本分别为每千人拥有护士数量 9.8 人和 11.49 人。相比之下，我国的每千人拥有护士数量还有相当大的差距。《全国医疗卫生服务体系规划纲要（2015—2020 年）》中要求到 2020 年底，每千常住人口床位数达到 6 张，每千常住人口执业（助理）医师数达到 2.5 人，每千常住人口注册护士数达到 3.14 人。

从图 7-1 可以看出，在 1978~2004 年贵州的医疗资源一直保持在较低水平，从 2004 年起，医疗硬件资源开始迅速发展，并远远超过执业医生的增长速度。截至 2018 年，贵州每千常住人口医疗卫生机构有 0.78 个，每千常住人口床位 6.82 张，每千常住人口在岗职工 8.99 人，每千常住人口卫生技术人员 6.82 人，每千常住人口执业医师 2.26 人，每千常住人口注册护士 3.03 人。虽然从数据上来看，贵州每千常住人口床位数基本满足国家规划的最低要求，但在医护人员方面存在较大的缺口。除了总量上的不足之外，医疗卫生资源的质量也亟待提高，执业（助理）医师中，大学本科及以上学历占比较低；注册护士中，大学本科及以上学历占比较低。此外，医疗卫生资源布局不合理，地区医疗卫生资源仍面临着总量缺、质量差、效率低的情况。

从地区结构来看，贵阳市作为省会城市，医疗资源具有显著优势，遵义市、黔东南苗族侗族自治州分列省内第二、第三名。铜仁市、六盘水市、黔南布依族苗族自治州、黔西南布依族苗族自治州、安顺市依次位于省内第

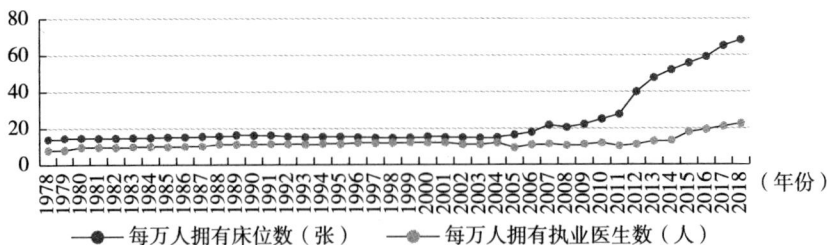

图 7-1 贵州医疗资源的发展情况

资料来源：《贵州统计年鉴》。

四、第五、第六、第七、第八名。毕节市各项医疗卫生资源总量都处于全省最弱，如图 7-2 所示。

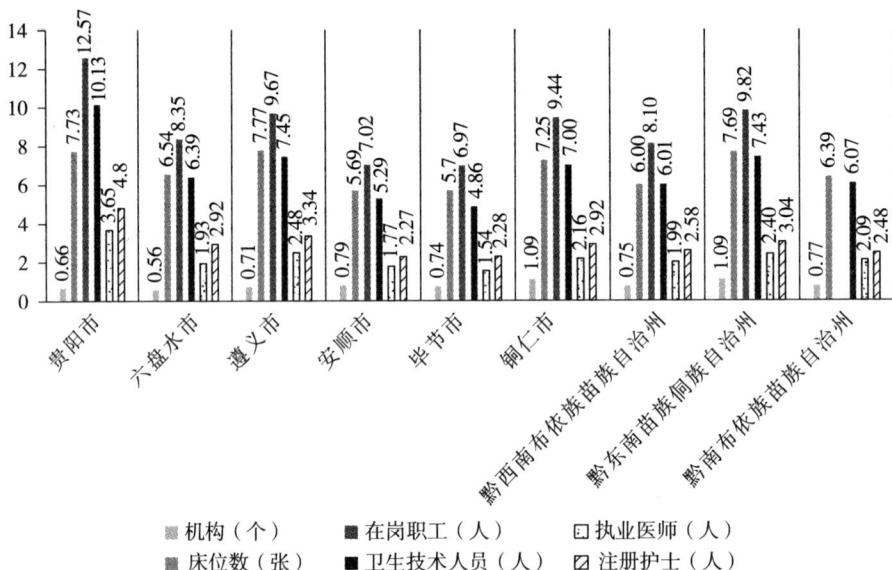

图 7-2 贵州各市每千常住人口卫生资源状况

资料来源：贵州省卫生健康委员会（2018 年）。

二、教育资源的总量及分配情况

本章借鉴 QS 的高等教育排名指标体系对贵州高等教育进行评价，其核心理念是一个地区高等教育的系统优势由该教育体系中一流大学的质量和数量来衡量。其中由三项主要指标构成，一是教育公平，以该地区的人口规模为基础，考察有机会进入一流大学学习的学生比例，本章采用每万人中的在校大学生数量来表示；二是顶尖大学的表现，取决于该地区排名最好的大学表现，本章采用中国校友会的排名来表示；三是财政投入，其是衡量政府对高等教育的财政投入力度。

1. 贵州高等教育的覆盖面迅速扩大，已接近全国平均水平

1978 年全国每万人中有 8.89 个大学生，而同年贵州每万人中仅有 4.95 个大学生，是全国平均数量的 55.68%。此后贵州和全国的差距先是逐渐扩大并在 1994 年达到了最大差距，当年贵州高等教育的覆盖面仅占全国的 39.99%。从 1995 年开始，贵州高等教育进入了快速成长期，和全国平均水平的差距不断缩小，截至 2018 年末，贵州每万人拥有大学生人数为 191 人，同年全国每万人拥有大学生人数为 203 人，贵州的高等教育覆盖面已经达到了全国平均水平的 94.09%。从图 7-3 可见，自 2000 年高校扩招开始，贵州和全国一起进入了高等教育覆盖面的扩张期，其中在 2000~2010 年全国的大学生增速快于贵州，之后全国增速趋于平缓而贵州仍然保持了较快的增长速度，从而贵州的高等教育覆盖面迅速向全国平均水平收敛，贵州在高等教育上已经接近全国平均水平。

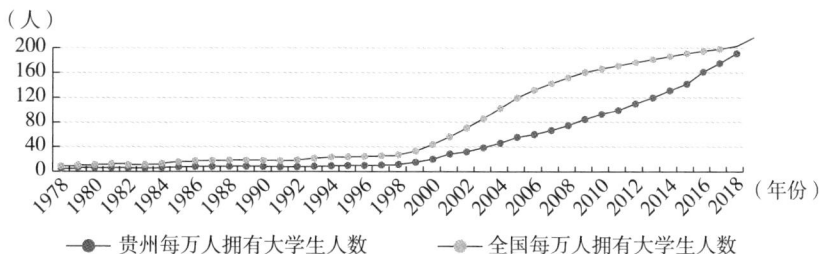

图 7-3　1978~2018 年贵州每万人拥有大学生人数与全国对比情况

资料来源：《贵州统计年鉴》。

2. 贵州的高等教育水平亟待提升

从世界一流大学的数量和质量上来看，中国的高等教育第一次名列亚洲

第一位，世界第八位；政府对高等教育的财政投入产出排名世界第二①。但与中国高等教育发展势头不同，贵州高等教育的发展状况并不乐观。

按照国际惯例，评价一个地区的高等教育水平是根据前三名的高等学校排名，贵州迄今为止没有大学进入世界大学 500 强②名单，因此本章采用了中国校友会 2006~2020 年的数据，根据图 7-4 可以看出，除了贵州大学和贵州师范大学自 2007 年始终保持在全省第一位、第二位之外，关于第三位的争夺比较激烈，无论是贵州民族大学、贵州财经大学抑或贵州医科大学都没有稳定保持排位。即使是省内排名第一的贵州大学从 2014 年之后也没有再进入过全国前 100 位，且排名有逐渐下降的趋势；贵州师范大学表现较为稳定，无论是全国排位还是全省排位；贵州医科大学全国排位下降明显，从 2006 年的全国第 269 位下降到 2020 年的第 340 位；在省内的排位也一度下滑到第五位。从世界排名情况来看，贵州大学 2019 年世界平均排名第 898 位，西班牙 CSIC 排名第 1303 位；贵州师范大学世界平均排名第 1490 位，西班牙 CSIC 排名第 2249 位；贵州医科大学的上述两项排名都是第 3565 位。贵州没有一所大学能够稳定保持中国大学排行榜前 100 强，只有贵州大学进入全国前 200 强。

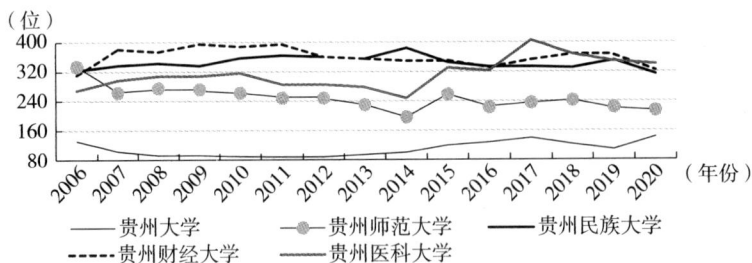

图 7-4　贵州前五名高校排名变化

---

① 中国经济网：QS：中国教育投入产出效率全球第二．http：//www.chinadaily.com.cn/2016-05-25.

② 国际公认的三大世界大学排名分别是英国泰晤士报高等教育增刊、美国新闻与世界报道、英国 QS 大学排名榜。

可以看到，贵州的高等教育发展并没有随着贵州经济的良好发展势头而展现出良好的进步；这对技术进步、研发等带来不好的影响。

本章还注意到，在中国校友会排名中，贵州的前五位中学排名如下：贵阳市第一中学表现优异名列全国第 11 位，紧随其后的是贵州省兴义市第八中学，排名全国第 19 位；清华中学和遵义市南白中学并列全国第 50 位；遵义航天中学名列全国第 78 位。从贵州高中和大学的排名中可以看到差异巨大，这也意味着在高中阶段的优质生源不会选择报考本省的高等学校，进而大学毕业后这部分优秀人才回流的可能性进一步减少。陈耀、陈钰（2012）① 的实证证明内陆省份相较沿海地区投入更多的教育经费所培养出的人才和劳动力却流向了沿海地区，从而进一步加大了地区间经济发展水平的差异。贵州的人才缺口面临着"引进难、留不住"的双重困局。

3. 财政支出对教育的支持力度始终保持较高的水平

从图 7-5 中可以看出，贵州地方财政教育支出占地方一般预算支出的比例自 2007 年以来总体相对稳定，从 2008 年达到 21.8%的高位后，连续下降了 3 年，在 2011 年达到 16.75%的低位，之后略有回升。贵州地方财政科学技术支出占地方一般预算支出的比例虽然相对较低，但总体上保持上升趋势。

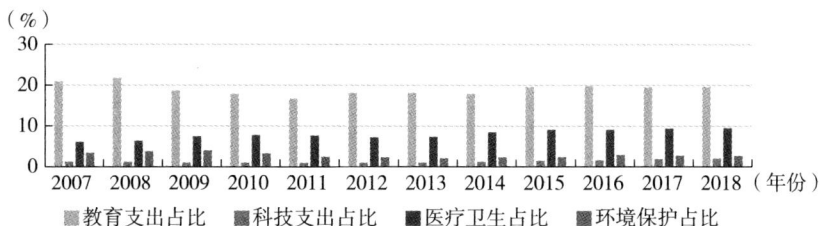

图 7-5　贵州地方财政支出中教育、科技、医疗卫生和环境保护支出所占比例变化情况
资料来源：国家统计局网站。

---

① 陈耀，陈钰. 资源禀赋、区位条件与区域经济发展. 经济管理。2012.02. P32-35。

三、人民生活的改善情况

一个地区的城乡居民消费支出结构变动反映在以下几个方面：生存资料在消费支出中的比重逐步下降，发展资料和享受资料的比重逐步上升。食品的支出比重中，主食品的比重下降，副食品的比重上升；在穿用的消费支出中，购买中档、高档消费品和耐用消费品的支出比重上升，购买低档消费品的比重下降；在住房建设中，新建扩建投资比重上升，维修投资比重下降；在消费总量中，服务性支出比重上升，商品性支出比重下降。

1. 贵州城镇居民的消费结构部分得到改善，但教育医疗的消费仍然受到抑制

从贵州城镇居民的消费结构变动来看分为三种不同的变化情况，首先，食品和衣着消费比重显现下降趋势。虽然 2002~2008 年贵州城镇居民恩格尔系数波动上升，但之后在 2009~2018 年贵州城镇居民恩格尔系数波动下降。衣着消费支出占比也从 2006 年的 12.2% 降至 2018 年的 7.6%（见表 7-1）。其次，医疗保健消费、文教娱乐服务消费这两类支出的比重较为稳定。最后，居住消费支出和交通和通信消费支出比重明显上升。贵州城镇居民医疗保健和文教娱乐消费支出没有和全国消费结构同步变动，这说明贵州城镇居民的住房、交通和通信支出挤占了教育和医疗等消费空间，整体的消费结构并不是呈现良性变动趋势。

从 2018 年的数据看贵州与全国城镇居民的消费结构相比较，恩格尔系数贵州超过全国（28.4%）的 1.17 倍，说明贵州的人民生活水平距离全国平均水平仍有显著差异。

表 7-1　贵州城镇居民消费结构　　　　单位：%

年份	食品消费支出占比	衣着消费支出占比	居住消费支出占比	家庭设备及用品消费支出占比	医疗保健消费支出占比	交通和通信消费支出占比	文教娱乐服务消费支出占比
2002	38.9	10.5	10.4	6.1	5.8	10.0	14.7

续表

年份	食品消费支出占比	衣着消费支出占比	居住消费支出占比	家庭设备及用品消费支出占比	医疗保健消费支出占比	交通和通信消费支出占比	文教娱乐服务消费支出占比
2003	39.8	10.6	8.5	5.8	5.9	11.3	14.5
2004	41.1	10.7	8.5	5.2	5.5	10.9	14.5
2005	39.9	11.4	9.5	5.5	6.5	10.2	13.2
2006	38.7	12.2	9.2	6.5	4.8	11.3	13.7
2007	40.2	11.7	9.3	6.0	4.6	11.5	13.4
2008	43.1	10.2	10.0	6.3	5.6	10.4	11.3
2009	41.5	11.2	8.3	6.5	5.9	10.9	12.7
2010	39.9	11.0	8.9	6.7	5.4	12.6	12.5
2011	40.2	10.7	9.7	7.6	5.1	12.3	11.7
2012	39.7	11.1	8.1	6.8	5.2	15.0	11.1
2014	34.9	8.2	15.9	7.1	6.1	12.3	13.6
2015	34.0	8.0	17.7	6.4	5.2	13.3	13.7
2016	33.2	7.9	17.8	6.6	5.5	14.0	13.0
2017	33.0	7.7	17.5	6.7	5.8	13.9	13.4
2018	32.4	7.6	17.9	6.7	5.9	14.1	13.4

注：2013年前城镇居民收支数据来源于独立开展的城镇住户抽样调查。2013年由于该数据采集改革，无法得到相关资料。后同。

资料来源：《贵州统计年鉴》。

2. 贵州农村居民生活水平和消费结构显著改善

贵州农村居民的消费结构情况与城镇居民有一定的区别，从恩格尔系数来看，贵州农村居民的生活水平在2002~2018年持续向好，从2002年的58.1%降至2018年的36.9%。除衣着消费比重比较稳定之外，贵州农村居民的居住消费、家庭设备及用品消费、医疗保健消费、交通和通信消费、文教娱乐服务消费比重都有显著的提高，其中文教娱乐服务消费支出占比提升最多，2018年的比重是2002年的3.43倍，2018年医疗保健类的消费比重是2002年的1.79倍。这说明贵州农村居民的生活水平和消费结构在2002~

2018 年得到了持续改善，如表 7-2 所示。

表 7-2 贵州农村居民消费结构 单位：%

年份	食品消费支出占比	衣着消费支出占比	居住消费支出占比	家庭设备及用品消费支出占比	医疗保健消费支出占比	交通和通信消费支出占比	文教娱乐服务消费支出占比
2002	58.1	4.9	13.2	4.3	4.3	9.5	2.8
2003	56.9	4.6	14.4	3.5	4.2	10.8	3.9
2004	58.2	4.3	12.8	3.2	5.4	10.8	3.7
2005	52.8	5.1	15.2	4.0	6.4	10.4	4.6
2006	51.5	5.4	16.3	4.0	7.5	8.6	4.7
2007	52.2	5.2	17.2	3.7	8.1	7.7	4.1
2008	51.7	5.2	19.7	4.4	7.4	5.6	4.4
2009	45.2	5.2	24.3	4.8	7.2	6.3	5.4
2010	46.3	4.8	21.8	4.8	8.1	6.5	6.2
2011	47.6	5.4	18.5	5.6	8.8	5.3	7.1
2012	44.6	5.8	19.4	5.4	9.5	5.8	7.3
2014	41.7	5.7	20.1	5.9	6.2	10.7	8.1
2015	39.8	5.3	20.4	5.7	6.8	11.8	8.8
2016	38.7	5.0	20.2	5.8	7.0	12.8	9.2
2017	38.0	5.0	20.3	5.4	7.3	13.0	9.5
2018	36.9	5.5	19.9	5.5	7.7	13.3	9.6

注：2013 年前农村居民收支数据来源于独立开展的农村住户抽样调查。
资料来源：《贵州统计年鉴》。

从 2018 年的数据看贵州与全国农村居民的消费结构相比较，恩格尔系数贵州超过全国的 1.23 倍，说明贵州的农村居民人民生活水平距离全国平均水平仍有显著差异。衣着消费、生活用品家庭设备、交通与通信三个方面的消费比重与全国的平均比重差距不大。居住消费、医疗保健和教育文化支出比重略低于全国平均。

3. 贵州城乡消费结构差异较小

根据 2018 年的数据来看，贵州农村居民生活水平和消费结构与城镇居民相比并没有呈现显著的差异性。恩格尔系数方面，农村比城镇高 4.5%，相比 2002 年的 19.2% 而言城乡生活水平的差距越来越小；医疗保健和居住方面城镇居民支出比重也略低于农村居民；衣着、家庭设备及用品和文教娱乐的支出方面，城镇居民的支出比重略高于农村居民；交通和通信方面的支出城乡差异最小，如图 7-6 所示。

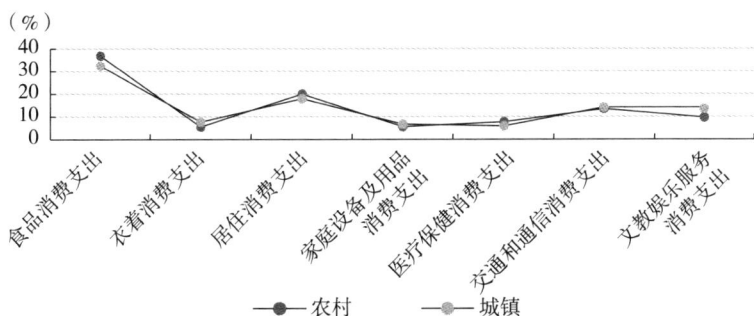

图 7-6　2018 年贵州城乡消费结构对比

第二节　贵州 HDI 指数的发展与提升路径

一、中国的人类发展指数

改革开放以来，我国除了在经济建设上取得了巨大成就，人类发展指数同样取得了巨大的进步，从 1978 年的 0.410 到 2018 年的 0.758（见表7-3）。根据 1990 年以来联合国开发计划署公布的数据，中国是唯一一个实现低人类发展水平到高人类发展水平跨越的国家。由图 7-7 可知，极高发展水平、高发展水平、中等发展水平、低发展水平等各个档次的发展虽然在 1990~2018 年都在上升，但各个等级之间的差距呈现一定的收敛趋势，中国在超越了中等发展水平的曲线之后，在 2014 年实现了对高等发展水平的超越并一直保持相对优势，如图 7-7 所示。

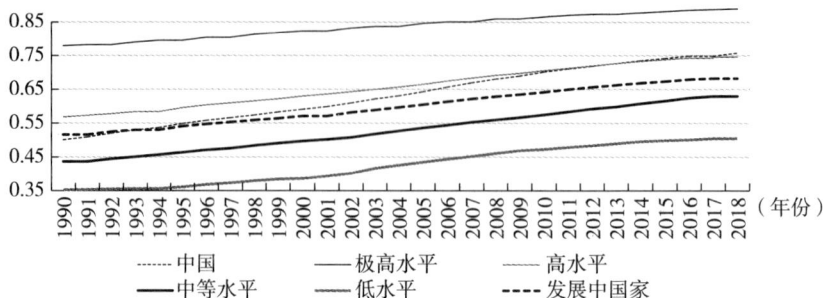

图 7-7　中国及各等级人类发展情况变化

从区域来看，1990 年中国人类发展指数仅占东亚和太平洋地区的 96%，但这一情况在 2005 年出现了改变，中国在所在地区成为了引领者。与全球平均水平相比，中国人类发展指数从 1990 年仅占全球平均水平的 83.78%（见表 7-3）到 2010 年实现对全球平均水平的超越，如图 7-8 所示。

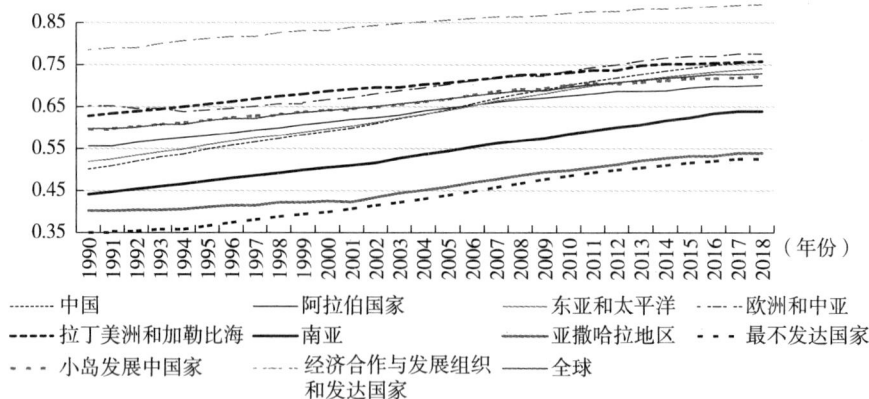

图 7-8　中国及全球各区域人类发展情况变化

二、贵州的人类发展指数

本章借鉴人类发展指数的计算方法，即采用预期寿命、受教育程度和人均地区生产总值三项指标。预期寿命、综合入学率、人均地区生产总值的数

表7-3　中国及全球分发展等级、分地区人类发展指数变化

国家和地区	1990年	1991年	1992年	1993年	1994年	1995年	1996年	1997年	1998年	1999年	2000年	2001年	2002年	2003年	2004年	2005年	2006年	2007年	2008年	2009年	2010年	2011年	2012年	2013年	2014年	2015年	2016年	2017年	2018年
中国	0.501	0.509	0.520	0.530	0.537	0.549	0.558	0.566	0.574	0.583	0.591	0.599	0.610	0.622	0.631	0.643	0.657	0.670	0.681	0.690	0.702	0.711	0.719	0.727	0.735	0.742	0.749	0.753	0.758
发展级别																													
极高人类发展	0.779	0.782	0.780	0.790	0.795	0.799	0.804	0.804	0.813	0.818	0.823	0.827	0.832	0.837	0.841	0.846	0.851	0.855	0.860	0.861	0.866	0.871	0.874	0.878	0.882	0.886	0.888	0.890	0.892
高人类发展	0.568	0.573	0.578	0.584	0.588	0.596	0.604	0.610	0.616	0.622	0.630	0.636	0.643	0.650	0.657	0.665	0.675	0.684	0.692	0.698	0.706	0.713	0.720	0.727	0.733	0.738	0.743	0.746	0.750
中人类发展	0.437	0.439	0.445	0.451	0.457	0.464	0.471	0.476	0.484	0.491	0.497	0.502	0.508	0.518	0.527	0.536	0.544	0.553	0.560	0.567	0.575	0.584	0.593	0.599	0.608	0.616	0.625	0.630	0.634
低人类发展	0.352	0.353	0.355	0.356	0.356	0.361	0.368	0.373	0.379	0.384	0.386	0.393	0.402	0.417	0.426	0.435	0.444	0.452	0.461	0.469	0.473	0.479	0.484	0.490	0.496	0.499	0.501	0.505	0.507
发展中国家	0.516	0.520	0.525	0.530	0.534	0.541	0.547	0.553	0.559	0.564	0.571	0.575	0.582	0.589	0.597	0.605	0.614	0.622	0.629	0.635	0.642	0.650	0.657	0.663	0.669	0.674	0.680	0.683	0.686
地区																													
阿拉伯国家	0.556	0.559	0.565	0.571	0.576	0.581	0.587	0.594	0.599	0.607	0.613	0.620	0.624	0.630	0.640	0.647	0.653	0.661	0.667	0.671	0.676	0.681	0.687	0.688	0.691	0.695	0.699	0.701	0.703
东亚和太平洋地区	0.519	0.525	0.534	0.542	0.549	0.559	0.568	0.576	0.581	0.589	0.597	0.604	0.613	0.623	0.632	0.641	0.652	0.664	0.672	0.681	0.691	0.700	0.707	0.714	0.721	0.727	0.733	0.737	0.741
欧洲和中亚地区	0.652	0.650	0.646	0.643	0.638	0.642	0.646	0.651	0.657	0.660	0.667	0.672	0.681	0.688	0.695	0.703	0.712	0.718	0.723	0.726	0.735	0.744	0.750	0.759	0.766	0.770	0.772	0.776	0.779
拉丁美洲和加勒比海地区	0.628	0.634	0.639	0.644	0.650	0.656	0.662	0.669	0.675	0.680	0.687	0.692	0.696	0.697	0.703	0.707	0.713	0.719	0.726	0.727	0.731	0.737	0.740	0.748	0.752	0.754	0.756	0.758	0.759
南亚地区	0.441	0.447	0.454	0.460	0.466	0.473	0.480	0.486	0.492	0.499	0.505	0.510	0.516	0.527	0.536	0.544	0.554	0.563	0.569	0.575	0.585	0.593	0.601	0.607	0.617	0.624	0.634	0.639	0.642
撒哈拉以南非洲地区	0.402	0.404	0.404	0.406	0.407	0.411	0.415	0.418	0.422	0.425	0.423	0.426	0.434	0.444	0.451	0.459	0.469	0.477	0.486	0.494	0.498	0.505	0.512	0.521	0.527	0.532	0.535	0.539	0.541
最不发达国家	0.350	0.353	0.354	0.358	0.358	0.366	0.374	0.381	0.388	0.394	0.399	0.407	0.415	0.422	0.430	0.439	0.448	0.458	0.467	0.477	0.485	0.493	0.499	0.504	0.510	0.516	0.520	0.525	0.528
小岛屿发展中国家	0.595	0.598	0.603	0.608	0.612	0.618	0.624	0.629	0.632	0.638	0.642	0.645	0.649	0.655	0.662	0.668	0.678	0.687	0.692	0.694	0.702	0.706	0.704	0.708	0.712	0.717	0.719	0.722	0.723
经济合作与发展组织和发达国家	0.785	0.790	0.788	0.800	0.807	0.812	0.817	0.817	0.826	0.831	0.834	0.839	0.843	0.848	0.852	0.856	0.860	0.864	0.867	0.868	0.873	0.877	0.879	0.883	0.886	0.889	0.892	0.894	0.895
全球	0.598	0.601	0.601	0.608	0.611	0.617	0.622	0.624	0.631	0.636	0.641	0.646	0.651	0.657	0.663	0.669	0.676	0.682	0.688	0.691	0.697	0.703	0.708	0.713	0.718	0.722	0.727	0.729	0.731

资料来源：联合国开发计划署。

据来自《人口普查公告》和《贵州统计年鉴》。由于预期寿命只能从人口普查数据中获得，因此并不能计算连续的人类发展指数，本章从 1990 年、2000 年、2010 年三个年度的 HDI 指数来衡量贵州的发展情况，HDI 指数构建过程如图 7-9 所示。

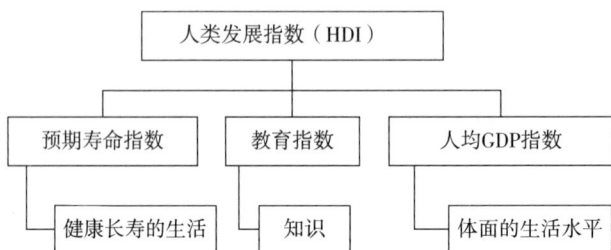

图 7-9　人类发展指数构建过程

计算公式如下：

$$分项指数值 = \frac{实际值-最小值}{最大值-最小值}$$

预期寿命指数：衡量贵州在人口出生时预期寿命方面的相对成就，如表 7-4 所示。

表 7-4　贵州预期寿命指数

指标	1990 年	2000 年	2010 年
预期寿命指数	0.768	0.683	0.655

教育指数：由于九年义务教育的普及，小学毕业生升学率较学龄儿童入学率更合适作为考量教育发展的指标。采用考量文盲率和小学升学率的加权指数作为教育指数（见表 7-5），公式如下：

$$教育指数 = \frac{1}{3}识字率 + \frac{2}{3}小学毕业生升学率$$

$$人类发展指数 = \frac{人均\,GDP\,指数+教育指数+预期寿命指数}{3}$$

1982 年，贵州的人类发展水平仅为 0.291，属于低发展水平，到 2017

年，该指数为 0.665，为中等发展水平，如表 7-5 所示。

表 7-5　贵州人类发展指数

指标	1982 年	1990 年	2000 年	2010 年	2017 年
贵州人类发展指数	0.291	0.381	0.461	0.586	0.665
健康分指数	0.637	0.681	0.707	0.786	0.824
全国平均预计寿命	68.000	69.000	71.700	75.000	—
贵州平均预计寿命	61.400	64.290	65.290	71.100	—
教育指数	0.211	0.277	0.363	0.451	0.518
全国平均教育年限	—	5.520	7.110	8.000	9.130
贵州平均教育年限	3.160	4.150	5.440	6.760	7.770
收入分指数	0.183	0.293	0.382	0.567	—
人均国民收入（美元）	335.240	696.240	1255.350	4259.740	9526.960

资料来源：国家统计局、《中国人类发展报告特别版》。

从地级市的人类发展指数来看，2016 年贵州各地级市的人类发展指数差异显著，贵阳市排名第一，人类发展指数为 0.744，之后依次是六盘水市、遵义市、黔西南布依族苗族自治州、黔南布依族苗族自治州、安顺市、铜仁市、黔东南苗族侗族自治州和毕节市，而毕节市的人类发展指数仅为贵阳市的 90%，如图 7-10 所示。

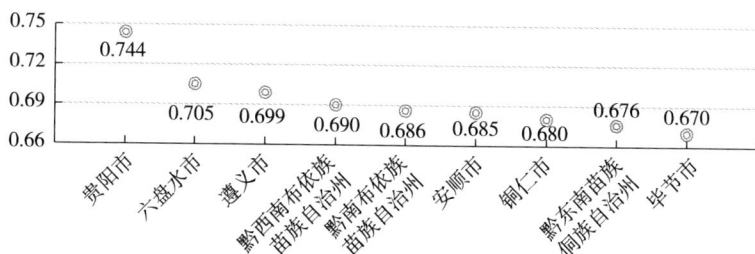

图 7-10　贵州各地级市人类发展指数

资料来源：《中国人类发展报告特别版》。

从省级性别发展指数的情况来看，贵州同全国一样，男性教育指数和男性收入指数都显著超于女性，显示在这两方面的性别不平等仍然明显，如表7-6所示。

表7-6　贵州性别发展指数（2016年）

地区	GDI 性别发展指数	男性HDI	女性HDI	男性预期寿命指数	女性预期寿命指数	男性教育指数	女性教育指数	男性收入指数	女性收入指数
全国	0.925	0.761	0.704	0.844	0.844	0.650	0.626	0.800	0.660
贵州	0.903	0.699	0.631	0.784	0.794	0.593	0.547	0.730	0.580

资料来源：《中国人类发展报告特别版》。

第三节　讨论及结论

从医疗资源来看，贵州省医疗"硬实力"（每千常住人口床位数）基本满足国家总体规划的最低要求，但在"软实力"——医护人员方面存在总量不足，质量不高的现实困境。空间布局的不均衡也显著影响了贵州经济发展质量的提升。

在《全国医疗卫生服务体系规划纲要（2015—2020年）》中提出床位是医疗卫生服务体系的核心资源要素，但本章认为床位的增加是投入资金可以在较短的时间内解决的，而医护人员的培养却不能直接在短时间内大量增加。因此，本书建议贵州省应当重视医护人员的培养和引进。

从教育发展情况来看，贵州高等教育的覆盖面迅速扩大，已接近全国平均水平。但与此同时，贵州的高等教育水平仍然难以为地区的经济发展和技术进步提供足够的支持。贵州的高等教育发展并没有随着贵州经济增长的好成绩同步提升，这制约了技术进步、研发的发展空间。贵州省高中和大学的排名存在巨大差异，在高中阶段的本地优质生源几乎不会将报考本省的高等学校作为最优选择，在贵州就业的可能性很低。贵州的人才缺口面临着引进难，留不住的双重困局。

后发优势使贵州可以利用医学技术创新以缩小与医疗发展领先地区之间的差距。贵州的医疗发展还存在不均衡的现象，缺乏在一定程度上可运作的卫生系统，所以，贵州应建立适合自己的卫生系统。

政策制定方面，需要对医疗创新提供资金支持；建立能够有效运作的医学创新体系；建立和维持训练有素的卫生队伍；支持建立新的数据基础设施和制定数字健康战略；开发高效和安全的数据收集、管理和共享流程。

与前人的研究成果相比，本章将人民的福祉作为经济发展质量产出的重要指标，由于卫生事业和教育事业属于公共物品，所以既有研究仅将财政投入作为衡量指标，但这样却无法得到经济高质量发展的产出成果。将这些因素纳入各级经济发展质量的研究中，不仅是经济持续稳定增长的目标，更是"人的全面发展""以人民为中心""人民对美好生活的向往"的落脚点。

第八章　贵州经济发展质量生态发展维度的分析

第一节　环境与增长：悖论还是相关

　　Grossman 和 Krueger（1991）用人均收入变化的三种效应来解释经济增长对环境产生的影响：规模效应、结构效应和技术效应。规模效应指扩大经济规模将产生更多的污染；随着经济增长，经济结构也将发生变化，从过去高污染的工业经济转向清洁的服务型经济和技术型经济；技术的进步可以有效减少污染物的排放量。总之，在经济发展的初级阶段，规模效应的影响最为显著，随后结构效应和技术效应将逐渐占据主导地位。库兹涅茨首次提出了环境与经济增长之间可能的相关关系，即环境库兹涅茨曲线，该曲线描述了人均收入和环境恶化的相关关系，其表现为类似于倒"U"形的曲线特征，这意味着在经济发展初期，环境质量趋于恶化，当经济发展到某一水平时，环境质量的恶化趋于顶点并在之后随着经济的继续发展而逐步降低。Shafik 和 Bandyopadhyay（1992）对 10 种不同污染物指标进行了分析，其中，只有二氧化硫和颗粒悬浮物这两种空气污染物符合环境库兹涅茨假说，河流质量、城市污染物和碳排放却随着收入增加递减。Selden 和 Song（1995）在新古典环境增长模型的基础上，考察了污染、治理和经济发展之间的动态联系，认为最优污染程度与资本存量之间存在倒"U"形关系，而最优的环境治理路径则呈现"J"形，也就是说，在环境库兹涅茨曲线的上升阶段，对污染需要更多的治理，以抵消增长带来的直接影响。当曲线越过拐点之后，污染开始降低，治理仅需要抵消污染而已。因此，污染路径的拐点会发生在治理行为出现之后。Lopez（1994）认为假如由生产者承担对污染的社会边际成本，那么污染的排放与收入之间的关系则主要依赖于该社会技术进步的状况和偏好。如果偏好是同质的，那么收入的增加会引起消费的同比例增加，因此产出的增加会导致污染的上升。如果偏好不是同质的，则收入增加时污染的状况取决于相对的风险规避程度和污染与传统产出之间产品的相对替代弹性。Grossman 和 Krueger（1995）认为环境库兹涅茨曲线向下倾斜的部分可以这样解释，即发达国家在经济发展的后期停止生产污染密集型产品，并且从环境管制不那么严格的发展中国家进口该类产品。De Bruyn 等（1998）通过对英国、美国、德国和荷兰的时间序列数据进行分析发现，经济增长会增加二氧化碳、一氧化氮及二氧化硫的排放。厉以宁（2004）从资源消耗、环境破坏和知识产权三个角度对中国经济发展质量进行评价。吴敬琏（2010）则从政府垄断、政绩考核机制和财税制度等方面论述了影响提高经济发展质量的因素。维诺德·托马斯和王燕（2017）通过对多个国家增长质量的考察发现，经济增长的快慢与自然资本的消耗之间并没有必然的联系。他们认为自然资源所承受的压力来自于经济增长的结果而不是原因，而且自然资源的恶化会让那些依靠自然资源生存的低技能人群的经济状况和生活状况更加恶化。陈诗一和陈登科（2018）通过对 PM2.5、劳动生产率及地方环境政策指标的研究发现，雾霾污染与经济发展负相关，而雾霾污染主要通过城市化和人力资本两个渠道传导。

因此本章认为，自然资本的变化虽然和经济增长之间并不存在明显的直接联系，但自然资本和经济发展质量之间却存在着紧密的关系，被破坏的、不可持续的自然资本消耗方式对经济发展质量的影响都不乐观。

第二节 "绿水青山"与"金山银山"的辩证发展

一、"绿水青山"代表的自然资本和"金山银山"代表的实物资本

2005 年,习近平同志在湖州安吉考察时首次提出"绿水青山就是金山银山"的科学论断。2005 年 8 月,习近平同志在《浙江日报》发表《绿水青山也是金山银山》一文,文章认为:绿水青山可带来金山银山,但金山银山却买不到绿水青山,绿水青山与金山银山既会产生矛盾,又可辩证统一。在鱼和熊掌不可兼得的情况下,我们必须懂得机会成本,善于选择,学会扬弃,做到有所为、有所不为,坚定不移地落实科学发展观,建设人与自然和谐相处的资源节约型、环境友好型社会。在选择之中,找准方向,创造条件,让"绿水青山"源源不断地带来"金山银山"。如果能够把生态环境优势转化为生态农业、生态工业、生态旅游等生态经济的优势,那么"绿水青山"也就变成了"金山银山"。2006 年,习近平同志在中国人民大学发表演讲,对"绿水青山"与"金山银山"的关系做了系统性阐释,提出了"三个阶段"的关系论:第一个阶段,用"绿水青山"去换"金山银山",不考虑或者很少考虑环境的承载能力,一味索取资源。第二个阶段,既要"金山银山",同时也要保住"绿水青山",这时候经济发展和资源匮乏、环境恶化之间的矛盾开始凸显出来,人民意识到环境是生存之本,要留得青山在,才能有柴烧。第三个阶段认识到"绿水青山"可以源源不断地带来"金山银山","绿水青山"本身就是"金山银山"。这三个阶段,是经济增长方式转变、发展观念不断进步的过程,也是人和自然关系不断调整、趋向和谐的过程。2013 年 9 月,习近平同志在哈萨克斯坦纳扎尔巴耶夫大学发表演讲,强调"我们既要绿水青山,也要金山银山。宁要绿水青山,不要金山银山,

而且绿水青山就是金山银山。"由此对生态发展和经济建设的辩证关系、阶段关系进行了宏观阐释。

学术界对"两山"理论陆续进行了深化研究，包括生态观、指导意义、辩证关系论等方面。赵建军等认为这一发展理念为人与自然由冲突走向和谐指明了发展方向，促进了人类与自然双重价值的实现。一些"两山"理论的实践研究主要是对"两山"模式的形态描述，有提出推进水土保持、保护"绿水青山"的陕西留坝模式；有提出生态立市、做大"金山银山"的湖州模式；有提出一棵树到一片林的塞罕坝模式等。然而在"两山"理论指导实践的核心逻辑和基本路径方面，相关研究仍有待深化，以往的研究多聚焦于生态环境保护和绿色发展之间的关系方面。

本章从生态文明与高质量发展两个视角切入"两山"理论，并且呼应贵州的"两条底线""走新路"战略，从理论和实践两个层面辩证推演出贵州经济高质量发展模式。

二、"两山"理论的研究意义

为"两山"理论研究提供新视野。创造性地将哲学分析与实证分析相结合，将经济高质量增长与"两山"理论进行连接，丰富了环境金融等相关学科的研究视野；为经济学研究带来新发现和新解释。弥补传统生态与经济关系研究的主观性和片面性短板。以绿色动能视角考察新旧动能发展，透析其演进机制；提高生态文明研究的科学性和阐释力。用统计分析方法考察生态文明与贵州经济高质量发展的内在机制和动因。

与中央精神和贵州省委省政府战略决策紧密相关；绿色动能关乎贵州经济跨越式发展潜力，是推动经济高质量的突破性问题，依托国家大数据综合试验区、国家生态文明试验区、国家内陆开放型经济试验区建设的机遇，厘清生态在推动新经济新动能发展上的内在逻辑，并以此指导政策设计和实践发展，具有重要的应用价值；本章的成果有助于经济高质量增长目标的实现，值得政府机构、企业等相关决策者借鉴和参考。

过去中国经济的规模和增长是建立在落后、低效率，甚至是可能造成污染的技术之上，人民生产和生活水平的提高，意味着产品质量和数量不断提高，同时农业和工业废弃物增加、空气质量恶化等环境问题频发。贵州生态环境敏感脆弱，发展不足与保护不够的问题并存。贵州园区建设、工业强省、投资带动、城镇化都处于加速发展阶段，基本建设及生产生活都可能带来一系列的污染问题、生态问题、水环境问题、空气环境问题、声环境问题等。贵州经济发展与城市（镇）环境基础设施、城市（镇）规划、污染防控能力以及公众环境保护意识不相对称，发展远远超越了环境承受能力，并带来了各类环境问题。所以贵州颁布实施《贵州省生态文明建设促进条例》，在全国率先设立环保法庭和环保审判庭。2016年贵州9个地州市平均优良天数比例为97.1%，全省八大水系151个省控断面水质优良比例为96%，森林覆盖率达到52%。但贵州仍有一些地方和部门把发展与环境保护割裂甚至对立看待，导致保护滞后于发展，甚至让位于发展的情况时有发生。近年来，贵州省级有关部门陆续编制或正在编制工业、农业、畜牧业、渔业等专项规划，尽管这些规划都有环保篇章或说明，但普遍没有详细的环境评价体系，且环境资源约束机制以及环境保护与产业发展协同机制尚不健全。除此之外，由于企业污染整治不彻底、源头控制不到位，流域沿线磷石膏渣场渗漏排放严重，导致乌江、清水江流域总磷污染问题较为突出。贵州"网箱"养鱼无序发展，造成多处水体断面化学需氧量浓度上升，部分水源地环境违法行为屡禁不止，在集中式饮用水水源地出现违规建设住房现象，对水环境造成污染。

第三节　近年来贵州资源环境状况得到初步改善

一、我国的环境可持续发展概况

虽然近年来我国的可持续发展状况有了较大的改善，但从国际情况的横向比较中可以发现我国的可持续发展状况仍然存在相当大的改进空间。

从表 8-1 的各项指标来看，部分指标的情况不容乐观：中国 2010~2015 年的化石能源消费占总能源消费的比重超过全球平均水平，也超过极高人类发展水平标准。土地退化的情况也相当严重，2015 年土地退化面积占总陆地面积的 27%。人均二氧化碳排放量和二氧化碳排放量都远超全球平均水平。森林面积占总土地面积的比重低于低人类发展水平的标准。其余指标相对较为乐观：2015 年的可再生能源消费占比居于极高人类发展水平标准和高人类发展水平标准之间，低于全球平均水平。自然资源消耗占比同样位于极高人类发展水平标准和高人类发展水平标准之间。家庭和环境空气污染水平则位于高人类发展水平标准和中等人类发展水平标准之间，如表 8-1 所示。

二、贵州的环境可持续发展概况

从空气质量来看，2019 年贵州空气质量平均优良天数比率为 98.0%，按空气质量综合指数进行排名，排在前三的中心城市为兴义市、都匀市、安顺市；排在后三位的中心城市分别是铜仁市、贵阳市、凯里市。九个中心城市环境空气质量全部达到国家规定的二级标准，如表 8-2 所示。

2014 年 1~12 月安顺市、毕节市、兴义市、铜仁市、六盘水市、都匀市、凯里市的空气质量综合指数按《环境空气质量标准》（GB 3095—1996）对二氧化硫、二氧化氮和可吸入颗粒物 3 项指标进行计算。2014 年 1 月至 2018 年 3 月的贵阳市和遵义市空气质量综合指数及 2015 年 1 月至 2018 年 3 月安顺市、毕节市、兴义市、铜仁市、六盘水市、都匀市、凯里市的空气质量综合指数按《环境空气质量标准》（GB 3095—2012）对二氧化硫、二氧化氮、一氧化碳、臭氧、可吸入颗粒物和细颗粒物 6 项指标进行计算，如图 8-1 所示。

表 8-1　中国及全球分发展等级人类发展指数变化

对比情况	化石能源消费占比（%）2010~2015年	可再生能源消费占比（%）2015年	人均二氧化碳排放量（吨）2016年	二氧化碳排放量（吨）2016年	森林面积占比（%）2016年	变化率（%）1990年/2016年	淡水取水量占比（%）2007~2017年	自然资源消耗占比（%）2012~2017年	家庭和环境空气污染（吨）2016年	不安全的水、卫生和卫生服务 2016年	土地退化占比（%）2015年	生物多样性丧失速度（%）2018年
中国	87.670	12.413	6.405	0.470	22.354	33.552	20.920	0.897	113.000	0.600	27.000	0.744
人类发展水平标准												
极高人类发展水平	82.350	10.499	9.571	0.245	32.896	1.222	6.444	0.721	24.743	0.280	—	—
高人类发展水平	84.919	15.814	4.666	0.357	31.607	-4.253	5.924	1.497	94.459	1.879	25.363	—
中等人类发展水平	68.962	39.840	1.315	0.233	30.892	-7.741	—	2.160	164.252	17.956	23.243	—
低人类发展水平	—	80.978	—	—	24.903	-12.009	—	6.370	202.058	46.453	15.706	—
发展中国家	80.457	23.539	3.107	0.316	27.131	-6.395	—	2.102	133.259	14.019	22.901	—
全球	80.579	18.155	4.289	0.270	31.207	-2.990	7.719	1.064	114.122	11.704	19.509	—

表 8-2　贵州主要城市空气质量指数变化情况

月份	贵阳市	遵义市	安顺市	毕节市	兴义市	铜仁市	六盘水市	都匀市	凯里市
2014 年 1 月	8.05	9.35	2.91	2.40	1.85	2.72	2.43	2.51	1.99
2014 年 2 月	4.44	4.94	1.94	1.73	1.12	1.56	1.92	1.23	0.99
2014 年 3 月	4.45	5.60	1.81	1.67	1.05	1.63	1.81	1.17	1.15
2014 年 4 月	4.36	4.79	1.19	1.51	1.03	0.76	1.63	1.17	1.36
2014 年 5 月	4.52	4.96	1.24	1.45	1.01	0.84	1.84	1.42	1.10
2014 年 6 月	3.78	4.18	0.79	1.09	0.96	0.78	1.27	1.08	1.12
2014 年 7 月	3.08	3.49	0.68	1.16	0.73	0.84	1.23	0.81	1.01
2014 年 8 月	3.02	3.75	0.71	1.16	0.83	1.06	1.21	1.00	0.78
2014 年 9 月	3.18	3.58	0.87	1.21	0.76	0.89	1.11	0.75	0.68
2014 年 10 月	4.83	5.03	1.43	1.58	1.22	1.30	1.47	0.69	1.12
2014 年 11 月	3.75	3.63	1.30	1.17	0.80	0.84	1.38	0.71	1.06
2014 年 12 月	6.03	6.05	2.15	1.68	1.02	0.77	1.59	0.95	0.49
2015 年 1 月	5.94	6.22	5.10	5.04	3.93	5.41	5.11	3.46	4.85
2015 年 2 月	4.68	5.05	4.00	4.37	3.33	4.48	4.56	3.04	3.42
2015 年 3 月	4.37	4.44	4.16	4.09	2.62	3.22	4.22	3.14	2.75
2015 年 4 月	4.40	4.66	4.46	3.87	2.99	3.43	3.82	3.22	3.32
2015 年 5 月	3.37	3.85	3.13	3.38	2.54	3.23	3.53	2.30	2.77
2015 年 6 月	2.69	2.82	2.22	2.58	2.12	2.57	2.69	1.83	2.04
2015 年 7 月	3.50	3.65	3.24	3.10	3.31	2.81	3.42	3.18	2.66
2015 年 8 月	3.24	3.13	3.20	2.85	2.82	2.37	3.32	2.78	2.64
2015 年 9 月	3.05	3.29	2.53	2.50	2.46	2.81	2.75	2.96	2.95
2015 年 10 月	4.04	4.06	3.59	3.34	3.12	3.53	3.47	3.09	3.38
2015 年 11 月	3.32	3.35	2.72	3.41	2.65	2.80	3.54	2.54	2.56
2015 年 12 月	3.92	4.27	3.54	3.30	2.72	3.49	3.80	3.38	3.11
2016 年 1 月	3.99	4.22	3.13	3.56	3.07	3.57	4.51	2.96	3.17
2016 年 2 月	5.08	5.35	3.83	4.25	3.67	3.15	4.41	3.70	3.87
2016 年 3 月	4.34	4.55	3.26	3.96	2.93	3.38	4.32	3.95	3.71
2016 年 4 月	3.87	3.55	2.74	3.03	3.40	2.32	3.57	3.04	2.71

续表

月份	贵阳市	遵义市	安顺市	毕节市	兴义市	铜仁市	六盘水市	都匀市	凯里市
2016 年 5 月	3.59	4.17	2.65	3.31	2.15	2.41	3.41	2.64	2.61
2016 年 6 月	3.12	4.10	2.12	2.78	1.89	2.19	2.80	1.97	2.16
2016 年 7 月	2.49	3.09	1.69	2.79	1.97	2.14	2.92	1.74	2.00
2016 年 8 月	3.47	3.53	2.65	3.01	2.60	2.23	3.68	2.39	2.78
2016 年 9 月	4.13	4.76	3.58	3.19	2.86	2.65	3.91	3.40	3.45
2016 年 10 月	3.44	3.8	2.91	3.10	2.61	2.30	3.30	3.07	2.98
2016 年 11 月	3.62	3.49	2.77	3.42	2.68	2.85	4.20	2.78	2.51
2016 年 12 月	5.35	5.25	4.52	4.01	3.56	3.86	5.06	3.83	4.32
2017 年 1 月	4.10	4.49	3.37	3.78	2.61	4.19	4.19	2.89	4.27
2017 年 2 月	4.10	4.42	3.38	3.53	2.85	3.07	4.47	2.89	3.42
2017 年 3 月	3.82	3.51	2.99	2.90	2.95	2.89	4.66	3.06	2.81
2017 年 4 月	3.61	3.87	2.93	3.62	2.82	3.11	4.36	3.08	2.77
2017 年 5 月	3.20	3.24	2.86	3.10	2.53	2.93	3.68	2.78	2.67
2017 年 6 月	2.58	2.62	2.16	2.61	2.03	2.22	3.06	1.97	2.15
2017 年 7 月	2.73	3.01	2.33	2.83	1.97	2.26	2.94	1.87	2.22
2017 年 8 月	2.64	2.77	2.26	3.06	1.92	2.06	3.00	1.76	2.09
2017 年 9 月	2.65	2.55	2.51	3.04	2.03	2.50	3.10	2.21	2.36
2017 年 10 月	2.74	2.64	2.89	2.59	2.05	2.36	3.05	2.76	2.74
2017 年 11 月	4.46	4.17	4.42	3.76	2.72	3.38	4.74	3.86	3.82
2017 年 12 月	5.09	5.00	5.06	5.00	2.99	4.49	5.26	4.46	4.46
2018 年 1 月	3.83	3.75	3.83	4.10	2.56	3.40	4.54	3.18	3.41
2018 年 2 月	4.51	4.49	4.66	4.00	3.04	4.56	4.64	3.66	4.28
2018 年 3 月	4.11	4.07	4.05	4.19	2.64	3.15	4.45	3.22	3.33

从 2013 年 12 月至 2018 年 4 月，贵阳市空气质量为优的有 11 个月，占 20.8%；空气质量为良的有 40 个月，占 75.5%；空气质量为轻度污染的有 2 个月，仅占总体的 3.8%。遵义市空气质量为优的有 6 个月，占总体的 11.3%；空气质量为良的有 44 个月，占总体的 83%。从这些数据来看，安

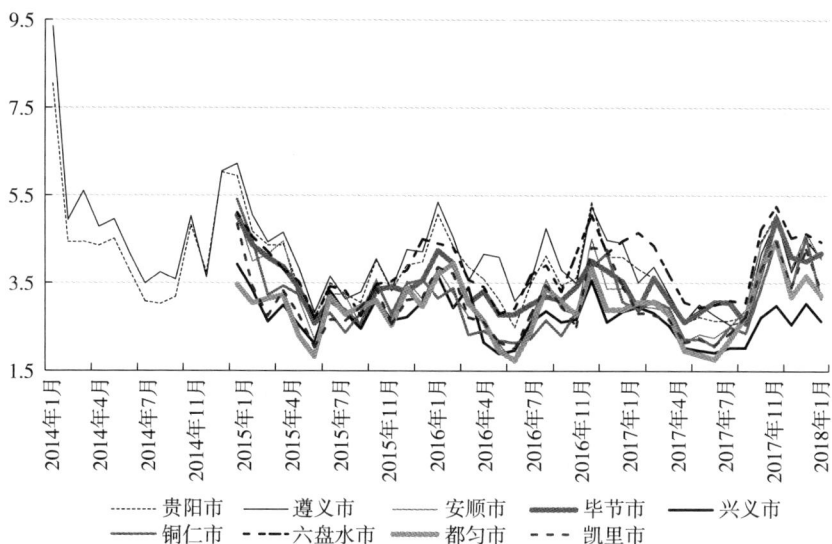

图 8-1　贵州主要城市空气质量指标变化

顺市空气质量为优的有 16 个月，占总体的 39%；空气质量为良的有 25 个月，占总体的 61%。都匀市空气质量为优的有 20 个月，占 51.3%；空气质量为良的有 13 个月，占 33.3%；空气质量为中等污染有 6 个月，占 15.38%。凯里市空气质量指数为优的占 29 个月，占总体的 70.7%；空气质量为良的有 12 个月，占总体的 29.3%。六盘水市空气质量为优的有 7 个月，占总体的 17.1%；空气质量为良的有 33 个月，占 80.5%；空气质量为中度污染的仅有 1 个月，占总体的 2.4%。兴义市空气质量为优的有 29 个月，占总体的 70.7%；空气质量为良的有 12 个月，占 29.3%。毕节市空气质量为优的有 14 个月，占总体的 34.1%；空气质量为良的有 26 个月，占总体的 63.4%；空气质量为中度污染的有 1 个月，占总体的 2.4%。从表 8-2 和图 8-1 可以看出，贵州主要城市空气质量整体保持较好，凯里市、兴义市总体空气质量最好，除六盘水市、毕节市、都匀市曾出现过极少数的中度污染情况之外，全省未出现过中度污染甚至严重污染的情况。

第四节　贵州环境库兹涅茨曲线的推导与实证

贵州在 2005~2016 年经济增速持续居全国前列，人均地区生产总值增长了近 6 倍。从表 8-3 可以看出，经济增长的同时，贵州工业二氧化硫排放总量持续下降，为保护贵州生态发展做出了重要贡献。废水排放总量和工业固体废物产生量 2016 年分别较 2005 年增长 80.8% 和 59.7%，与经济发展成果对比来看，可以说是用相对较小的环境污染换回了经济发展质量的较大提升，这与第三章在与全国的横向比较中贵州生态发展维度为经济发展质量提升做了突出贡献相呼应，真正实现了既要"绿水青山"也要"金山银山"。

表 8-3　贵州 2005~2016 年环境污染与经济增长数据

年份	人均地区生产总值 （元）	工业二氧化硫排放总量 （10^8 立方米）	废水排放总量 （10^8 吨）	工业固体废物产生量 （10^4 吨）
2005	5394.00	65.94	5.57	4854.38
2006	6305.00	103.97	5.54	5827.27
2007	7878.00	92.06	5.51	5988.58
2008	9855.00	74.13	5.59	5843.56
2009	10971.00	62.37	5.92	7317.37
2010	13119.00	63.78	6.08	8187.68
2011	16413.00	90.30	7.80	7660.70
2012	19710.00	83.71	9.14	7835.25
2013	23151.00	77.86	9.31	8194.05
2014	26437.00	70.24	11.09	7394.22
2015	29847.00	59.89	11.28	7054.93
2016	33246.00	41.18	10.07	7753.01

资料来源：国家统计局《贵州统计年鉴》。

一、模型设定

运用 EViews10.0 统计软件对所选取的指标数据进行拟合，根据最终拟合效果来选择最佳的研究模型，本章选择三次函数作为研究模型，采用以下环境—经济回归模型：

$$E_i = \alpha + \beta_1 Y + \beta_2 Y^2 + \beta_3 Y^3 + \varepsilon \tag{8-1}$$

式（8-1）中，E_i 为贵州在 t 时刻所受到的各种环境压力；Y 为 t 时刻的经济产出，用人均地区生产总值表示，α 为特征相关系数；β_1、β_2、β_3 分别为模型参数；ε 为模型随机误差项。根据最终自变量系数的不同，可以得到不同的曲线形态，如果 $\beta_1 = \beta_2 = \beta_3 = 0$，表示环境压力与经济产出之间是不相关的；$\beta_1 > 0$，而 $\beta_2 = \beta_3 = 0$，表示环境压力与经济产出之间是一元递增线性关系；$\beta_1 < 0$，而 $\beta_2 = \beta_3 = 0$，表示环境压力与经济产出之间是一元递减线性关系；$\beta_1 > 0$，而 $\beta_2 < 0$，$\beta_3 = 0$，呈倒"U"形曲线；$\beta_1 < 0$，而 $\beta_2 > 0$，$\beta_3 = 0$，呈"U"形曲线；$\beta_1 > 0$，而 $\beta_2 < 0$，$\beta_3 > 0$，呈"N"形曲线；$\beta_1 < 0$，而 $\beta_2 > 0$，$\beta_3 < 0$，呈倒"N"形曲线。

本章采用二氧化硫（E_1）、工业废水（E_2）、工业固体废物（E_3）作为环境指标，表示贵州所受到的环境压力；自变量 Y 采用人均地区生产总值，表示经济发展状况。贵州人均地区生产总值、污染物排放等数据来自于《贵州统计年鉴》与国家统计局网站。

二、模型分析

经济发展水平是影响环境质量的重要因素，2005~2016 年贵州环境经济计量模型估计结果见表 8-4，废水排放量与工业固体废弃物产生量的拟合曲线相关性比较明显，而二氧化硫排放量与人均地区生产总值的关系在统计上并不显著。二氧化硫排放量、废水排放量的 EKC 曲线呈现倒"N"形曲线（见图 8-2、图 8-3）。工业固体废物产生量的 EKC 曲线呈现"N"形曲线，如图 8-4 所示。

表 8-4　2005~2016 年贵州环境经济计量模型估计结果

环境指标	α	β_1	β_2	β_3	R^2	F 检验值	Sig. f
二氧化硫排放量	115.2000	−0.0080	5.22E−7	−1.05E−11	0.5200	2.8600	0.1040
废水排放量	8.1200	−0.0001	6.42E−8	−1.17E−12	0.9830	155.9000	0.0000
工业固体废物产生量	811.6900	0.9700	−4.24E−5	5.81E−10	0.8440	14.0000	0.0013

注：β_1，β_2，β_3 为模型参数，R^2 为相关系数，Sig. f 为 F 检验值的实际显著水平及相伴概率值。

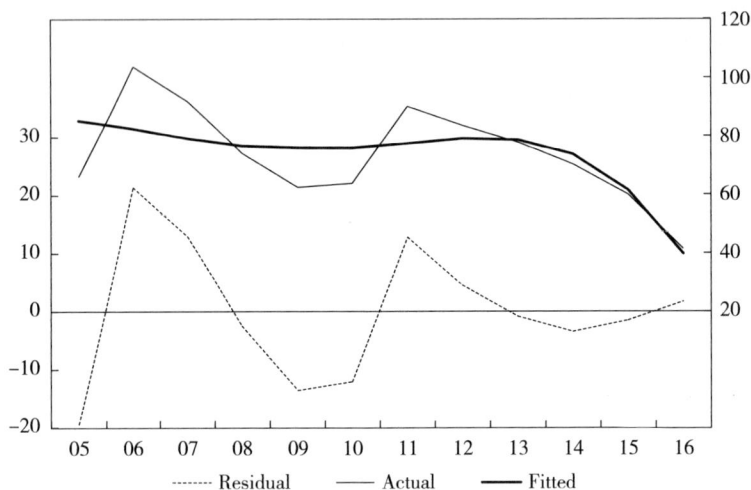

图 8-2　二氧化硫排放量 EKC 曲线

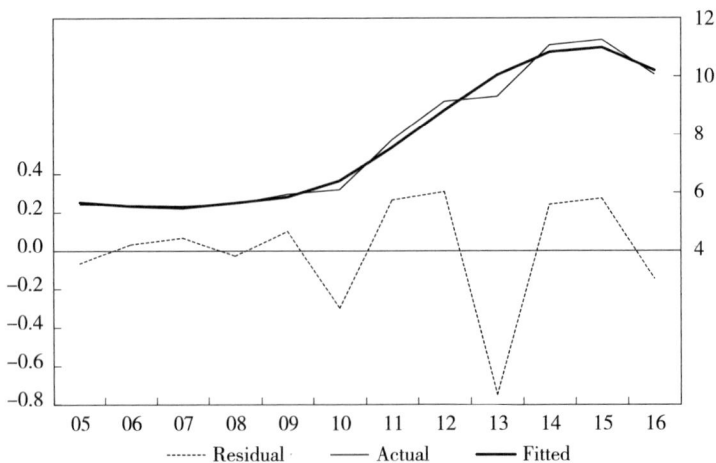

图 8-3　废水排放量 EKC 曲线

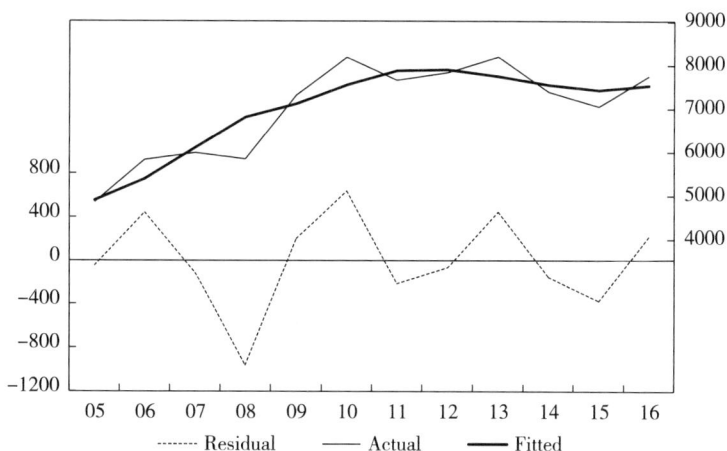

图 8-4　工业固体废物产生量 EKC 曲线

第五节　讨论及结论

　　生态文明是随着社会的不断发展而提出的新型文明形态，与物质文明、精神文明以及政治文明共同构成了社会主义文明，其核心就是在经济社会的发展过程中做到尊重自然、保护自然、合理利用和开发自然，实现人与自然之间的和谐发展。生态补偿就是以保护生态环境、促进人与生态和谐为目的，调整生态保护和受益相关方之间的合法利益关系的环境经济政策。建立健全生态补偿机制是建设生态文明的内在需求。因此，建立健全生态补偿机制，不仅能够加强对环境的保护，还能够得到经济上的发展，促进了人与自然之间的和谐共处，为经济发展质量的可持续性提供能源保障。

　　健全配套制度体系，加快建立生态保护补偿标准体系，根据各领域、不同类型地区特点，以生态产品产出能力为基础，完善测算方法，分别制定补偿标准。创新政策协同机制，研究建立生态环境损害赔偿、生态产品市场交易与生态保护补偿协同推进生态环境保护的新机制。

　　当前，贵州经济增长进入了新常态，通过实时掌握经济发展的动态，升级优化地方产业结构，提高技术主动创新能力，转变经济发展方式，在提高经济增长效率的基础上提高经济发展质量。注重在保护环境的情况下进行经济开发，做到人与自然的和谐相处。这也能够为经济发展质量的可持续发展提供资源保障，更好地实现人民生活水平全面提升的最终目标。

第九章 贵州经济发展质量政府治理维度的分析

第一节 制度度量的模型构建

一、政府治理因素与经济发展质量的关系

经济发展质量本身是多维而且难以量化的，那么界定和衡量一个经济体的政府治理因素为经济发展质量带来的效应就更加困难。本章创新性地将地方政府年度工作报告作为度量基础来评估地方经济发展质量中政府治理的导向性和影响力。

由于地方政府工作报告是各级政府回顾总结上一年度经济成果和治理效果的重要官方文件和政策性文本，其中包含了与经济发展质量紧密相关的投资、产业发展、教育和卫生、环境保护、出口等方面的内容，并且地方各级政府工作报告也包含了下一年度工作计划和预期目标等细节描述。因此，可以说政府工作报告的内容一方面反映了地方政府的努力和成果；另一方面是地方政府未来努力的目标，其具有纲领性、政策性和权威性的特点，这些特点决定了政府工作报告要体现地方各级政府的治理方向。因此，利用历年政府工作报告中的具体内容作为考察地方各级政府制度取向、治理重心的相关依据，并以其结果作为反映政府政策变化情况和关注点变化的客观数据，从逻辑上是可行的。

由于对影响经济发展质量的关键词探索是一项完全创新的研究，因此本章从学术界、舆情监测、政府管理全方位使用文本挖掘技术分别对 2010~2018 年的学术文献、2018~2020 年的舆情数据以及贵州省政府工作报告中与经济发展质量的关键词进行了大量的分析和研究工作，绘制成以经济发展、社会发展、人的发展、生态发展为维度的关键词母表。

二、学术界对经济发展质量制度相关关键词研究

从知网关于"经济发展质量"的研究情况来看，2010~2019 年对于经济发展质量的研究热度逐渐上升，说明该问题受到越来越多研究者的重视和关注，如图 9-1 所示。

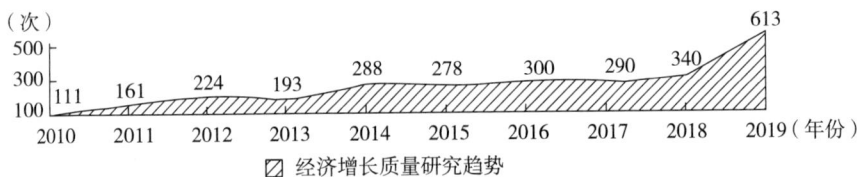

图 9-1　知网中对"经济增长质量"关键词的搜索结果

根据研究态势分析，本章剔除了研究方法和研究指标方面的关联词，选择了和政策制度相关联的关键词，并进行了相近研究领域的合并，如将创新驱动、技术创新、技术进步等一度关联合并；将供给侧结构性改革和产业结构等一度关联合并；将经济发展、经济增长、五大发展理念等一度关联合并。经过这些处理之后，国内近年来经济发展质量相关的研究中关于制度取向的关联词集中在经济增长、技术进步和供给侧结构性改革三大主流方向上，如图 9-2 所示。

根据对国内 2010~2018 年文献的大数据分析①，与经济发展质量相关联的关键词分别有技术进步、技术创新、创新驱动、环境规制、科技创新、中小企业、供给侧结构性改革、产业结构、人力资本、金融发展、能源消费、

---

① 数据分析过程及结果来自"选题宝"公众号——科研大数据付费服务。

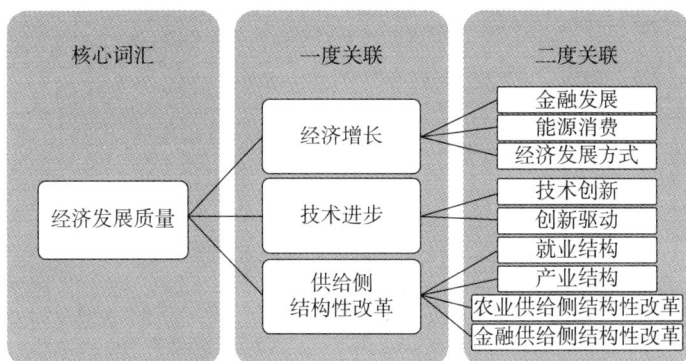

图9-2　国内经济发展质量相关文献制度相关关键词关系分析

经济发展、长期经济增长、对外开放、出口，国外文献增长质量的落脚点也应考虑在内，即教育、卫生等。

三、网络舆情对经济发展质量制度相关关键词研究

本章采用网络爬虫对新浪微博2018~2020年与经济发展质量相关的关键词进行了词频分析，获得关键词101671个，词频共3477527次。去掉无意义的虚词后排名前50的关键词词频如图9-3所示。

四、地方政府工作报告中的词频挖掘

鉴于地方政府工作报告的严肃性和特殊性，本章认为，各级地方政府在提升经济发展质量方面付出的努力越多，在政府工作报告中就会使用更多的文字总结这些努力。从地方政府工作报告的文本中，本章计算以下代理变量：

$$R_{c,t} = \frac{c\,地区\,t\,年政府工作报告中经济发展质量相关的词数}{c\,地区\,t\,年政府工作报告中总词数}$$

其中，$R_{c,t}$为经济发展质量词频。

本章选择将经济增长质量治理变量作为衡量制度因素对经济发展质量的考察，经济增长一向是中央和地方政府关注的重点，但探索政府治理是否有

旅游	3892
战略	3957
服务业	4095
公司	4107
地区	4198
体系	4207
动力	4253
预期	4274
生产	4346
风险	4591
稳定	4621
合作	4850
产品	4983
制造业	4987
转型	5054
需求	5060
供给	5203
政府	5208
贸易	5227
结构	5274
GDP	5276
数据	5279
科技	5505
就业	5532
行业	5538
金融	5539
规模	5568
技术	5785
升级	6484
社会	7382
城市	7399
工业	7607
环境	7808
服务	8412
政策	8441
项目	8988
增速	9127
改革	9381
质量	10513
创新	11906
建设	12961
产业	14167
投资	14476
市场	14749
高质量	15149
消费	15565
企业	19036
增长	47773
发展	58141
经济	73650 （次）

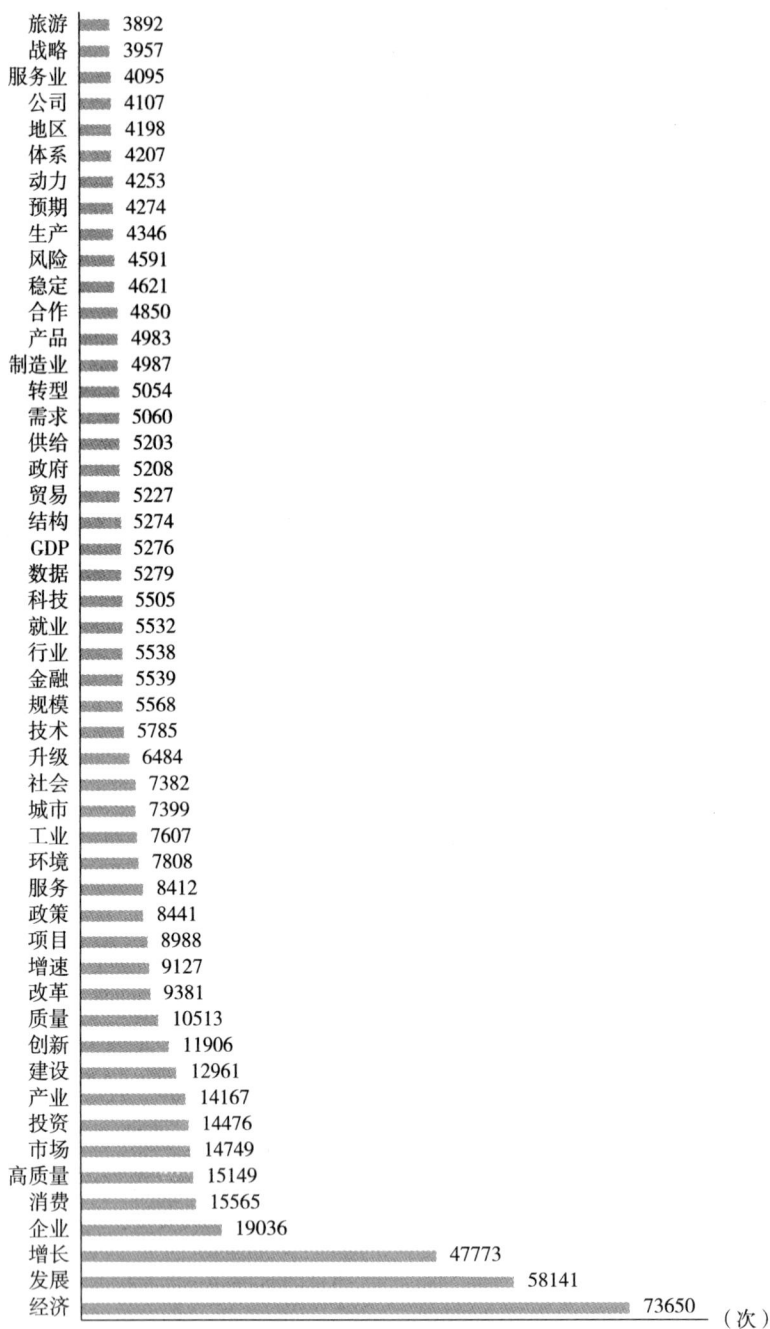

图 9-3 微博舆情中与经济发展质量相关关键词词频

效地促进了经济发展质量是本章的主要目的。由于政府对提升经济发展质量的努力程度难以直接度量且经济发展质量是复杂的系统，投入和产出的逻辑尚不明晰，既包含了经济性手段，又包含了行政性手段。因此，本章选取地方政府工作报告中经济发展质量词汇出现的频数及其比重来衡量政府为提高经济发展质量的治理政策。

第二节　贵州政府治理与经济发展质量

一、数据采集

本章以2007~2020年的贵州省政府工作报告作为数据采集对象，共计24万字，采用经济发展、人的发展、生态发展、社会发展四个维度的动态均衡分析框架，通过对政府工作报告中的关键词、高频词出现的年数、频数和排名开展计量并进行纵向和横向的比较分析，回溯性地测量了自2007年以来制度因素在促进经济发展质量中各个不同历史时期的特点。

从图9-4中可以看出，贵州省政府工作报告篇幅规模相对稳定。2006~2020年平均字数为17163字，这可以保证研究结果的有效性。

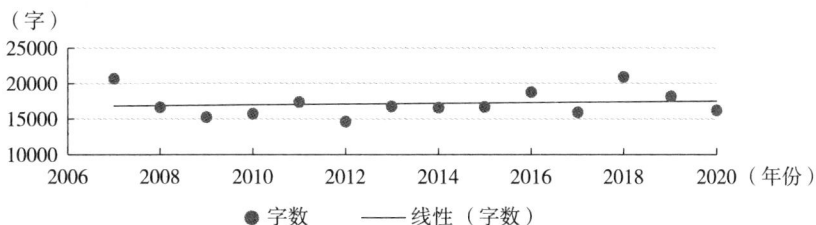

（字）

图 9-4　贵州政府工作报告字数

本章利用软件挖掘出每年政府工作报告中词频数排在前150位的重点词频创建词频库进行分析，共计489个高频词，总词频数为27826次，而对于未进入前150位的词频采取归零处理。这是因为在预调研中发现排名在150

名之后的词频均在 5 次以内，对本章结果不会造成很大影响。

在每年政府工作报告的前 150 位词频中选取经济发展、社会发展、人的发展、生态发展四个维度的高频词分别录入词频库。进一步对各个维度的变化情况加以综合分析。

二、历年报告高频词汇和关键词选取

从表 9-1 可以看出，"建设"一词在 14 年中始终位于词频的第一位，这与全国政府工作报告中近年来将"发展"放在首要位置有很大的区别，"发展"是从有到优，而"建设"是从无到有，这表明了贵州近十四年来在各个领域努力赶超、填补空白的建设历程，显示了贵州在持续建设上的高度重视。从各项工程建设、项目建设、小城镇建设、旅游设施建设、基础设施建设、公用设施建设、研发平台建设、民主政治建设、政府法制建设、廉政建设方面都充分体现了贵州从政府治理角度对农村发展的高度重视；"经济"和"增长"几乎每一年都高频次地出现，显示经济增长始终是贵州的重点努力方向。"大数据"一字在 2016 年、2017 年进入高频词前十位也体现了贵州发展大数据产业的决心。2014 年 3 月 7 日，习近平总书记在参加贵州代表团审议时指出，"绿水青山和金山银山决不是对立的，关键在人，关键在思路"。于是"生态"或"绿色"在 2014 年开始进入高频词前十位并且一直保持到 2020 年，这彰显了政府治理层面对于生态发展的持续聚焦。随着全面小康进程的推进，可以看到自 2014 年起，"扶贫""脱贫""脱贫攻坚"开始成为贵州政府治理的核心要务。此外，"产业"和"改革"等词也常常位于高频词前十位，体现了贵州坚持探索发展道路的决心。

从经济发展质量的视角看，"质量""高质量""高质量发展"均未进入每年的前十位，"高质量""高质量发展"仅从 2019 年、2020 年开始出现，这显示经济发展质量问题刚开始在贵州受到重视。

表 9-1 贵州 2007~2020 年政府工作报告高频词统计

年份	项目	1	2	3	4	5	6	7	8	9	10
2007	高频词	建设	农村	改革	政府	经济	制度	增长	就业	工程	农业
	词频（次）	123	62	56	55	50	44	42	36	40	31
	权重	1.000	0.942	0.927	0.916	0.904	0.897	0.895	0.884	0.884	0.868
2008	高频词	建设	农村	改革	工程	制度	经济	政府	增长	产业	农业
	词频（次）	97	47	45	40	32	34	33	30	30	28
	权重	1.000	0.935	0.921	0.905	0.885	0.884	0.883	0.88	0.878	0.876
2009	高频词	建设	农村	增长	改革	经济	工程	城市	政府	制度	项目
	词频（次）	116	53	35	30	32	29	29	28	26	25
	权重	1.000	0.929	0.879	0.863	0.860	0.853	0.851	0.848	0.844	0.834
2010	高频词	建设	农村	经济	增长	改革	政府	工程	政策	城市	财政
	词频（次）	105	53	40	34	35	36	34	28	28	20
	权重	1.000	0.941	0.894	0.887	0.886	0.885	0.881	0.861	0.856	0.837
2011	高频词	建设	农村	产业	城镇	工程	经济	改革	增长	投资	规划
	词频（次）	125	51	43	36	42	38	35	34	34	31
	权重	1.000	0.918	0.895	0.892	0.886	0.872	0.871	0.869	0.864	0.859
2012	高频词	建设	农村	经济	投资	增长	保障	城镇	产业	工程	改革
	词频（次）	101	45	45	41	34	32	27	31	32	30
	权重	1.000	0.926	0.911	0.906	0.890	0.881	0.880	0.880	0.877	0.872
2013	高频词	建设	增长	产业	经济	改革	农村	生态	工程	投资	城镇
	词频（次）	112	44	41	41	37	31	28	32	30	25
	权重	1.000	0.908	0.901	0.890	0.887	0.873	0.872	0.868	0.861	0.859
2014	高频词	建设	改革	工程	生态	扶贫	经济	政府	投资	贵州	产业
	词频（次）	108	72	45	34	27	39	38	37	28	34
	权重	1.000	0.964	0.908	0.898	0.890	0.889	0.888	0.888	0.884	0.883
2015	高频词	建设	改革	产业	生态	投资	增长	经济	工程	制度	农业
	词频（次）	95	75	44	36	43	37	40	36	32	27
	权重	1.000	0.986	0.925	0.918	0.916	0.906	0.905	0.896	0.888	0.876
2016	高频词	建设	增长	脱贫	产业	扶贫	改革	大数据	工程	生态	农村
	词频（次）	104	58	31	54	38	49	35	46	36	37
	权重	1.000	0.947	0.938	0.937	0.934	0.928	0.919	0.914	0.908	0.902

年份	项目	1	2	3	4	5	6	7	8	9	10
2017	高频词	建设	改革	大数据	投资	工程	增长	农村	经济	产业	绿色
	词频（次）	73	53	30	39	39	35	33	37	33	30
	权重	1.000	0.975	0.938	0.934	0.933	0.927	0.925	0.923	0.919	0.914
2018	高频词	建设	农村	改革	脱贫	产业	生态	增长	经济	建成	扶贫
	词频（次）	94	49	46	27	38	33	37	40	33	27
	权重	1.000	0.944	0.932	0.931	0.908	0.908	0.906	0.905	0.905	0.904
2019	高频词	建设	脱贫	产业	生态	农村	扶贫	经济	改革	增长	脱贫攻坚
	词频（次）	88	40	47	39	42	27	38	34	34	27
	权重	1.000	0.990	0.941	0.935	0.933	0.911	0.906	0.904	0.904	0.895
2020	高频词	建设	脱贫	产业	政府	脱贫攻坚	农村	贵州	增长	经济	生态
	词频（次）	73	33	40	30	24	26	22	26	28	23
	权重	1.000	0.987	0.943	0.903	0.901	0.898	0.896	0.893	0.892	0.892

按照前文的思路和对学术界、网络舆情的分析所得词汇，本章按照增长稳定性、产业结构、技术进步、金融财政、扩大开放、基础设施、教育、卫生、减贫、生态发展、政府治理十一个方面把 2007~2020 年贵州政府工作报告中的高频词归类，如表 9-2 所示。

表 9-2　贵州政府工作报告高频词

一级指标	二级指标	高频词
经济发展	增长稳定性	建设、经济、增长、质量、稳定、收入、生产总值、增加值、城镇化、人均、经济发展、消费、就业、高质量发展
	产业结构	产业、结构、工业、非公有制、产业化、服务业、中小企业、转型、民营、产业发展、建筑业、制造业、旅游业
		农业、农村、农民、农产品、新农村建设、社会主义新农村、支农、乡村、"三农"、农家、农民工、农民增收、乡村振兴
	技术进步	技术、开发、创新、科技、培育、产业园、人才、园区、互联网、数据中心、智能、创业
	金融财政	投资、财政、预算、资金、补贴、金融、融资
	扩大开放	开放、引进、国际、招商引资、进出口
	基础设施	交通、公路、铁路、高速公路、基础设施、饮水、公共服务、快速铁路

一级指标	二级指标	高频词
人的发展	教育	教育、培训、学校、义务教育、高中
	卫生	卫生、医疗、公共卫生、健康
	减贫	贫困、小康、脱贫、脱贫攻坚、贫困人口、异地扶贫搬迁、扶贫开发、贫困村
生态发展	生态发展	环境、节能、环境保护、降耗、节能降耗、节水、生态、环保、绿色、生态环境、减排、污染、污水
社会发展	政府治理	改革、制度、政策、治理、监督、监管

虽然在贵州的三次产业结构中农业占比呈现显著的下降趋势，但农业的就业人口比例仍然占50%以上，因此历年政府工作报告中农业是三次产业中着墨最多的部分，调整农业结构、农业产业化、农业人口市民化、现代山地特色高效农业发展等始终是被关注的重点问题，这也体现出贵州对农业的扶持力度。

总体来看，增长稳定性指标在政府工作报告中始终处于核心地位，在2007~2020年，增长稳定性指标有过4次波峰，分别对应2011年、2013年、2016年和2018年，其中最高峰是2013年。政府治理在2015年之前几乎都在仅次于增长稳定性指标之后，从2015年后逐年下降，从2015年开始重视减贫，体现在"脱贫攻坚"的词频逐年升高。对于生态发展的重视也体现在2012年之后，增加的幅度仅次于减贫方面的幅度；这与政府对减贫工作和环境问题的重视程度高度吻合。产业结构（除农业外）和金融财政领域的词频保持相对稳定，教育、卫生和扩大开放相对其他指标而言持续处于低位，如图9-5所示。

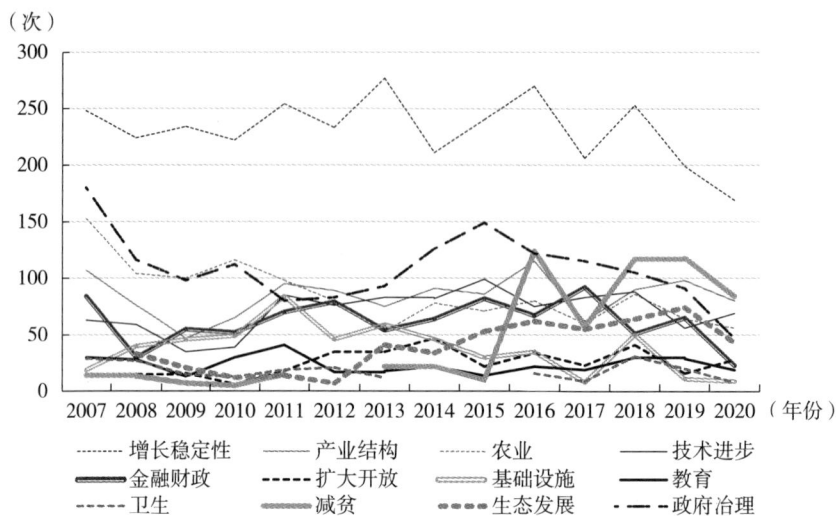

图 9-5　各项指标词频变化情况

第三节　贵州各地市州政府治理
与经济发展质量

一、数据采集

为了进一步衡量政府治理因素对贵州经济发展质量的作用，本章手工收集了贵阳市、安顺市、毕节市、六盘水市、铜仁市、遵义市、黔东南苗族侗族自治州、黔西南布依族苗族自治州、黔南布依族苗族自治州九个地市州的政府工作报告，并使用 TF-IDF 方法进行文本挖掘，试图明确政府治理因素对于经济发展质量的影响。由于上文对省级政府工作报告进行了文本分析，可以发现高质量发展从 2019 年、2020 年才开始高频出现，因此本章选择近三年各市州政府工作报告作为数据采集对象①进行横向比较。

　　本章以贵州九个地市州 2018~2020 年的政府工作报告为研究对象，共计 46 万字，各地市州之间的字数数据较为平稳（见图 9-6）。其中，贵阳市政府工作报告中三年共筛选出高频词 239 个，总词频 5243 次；遵义市政府工作报告中三年共筛选出高频词 236 个，总词频 5243 次；铜仁市政府工作报告中三年共筛选出高频词 222 个，总词频 6850 次；黔西南布依族苗族自治州政府工作报告中三年共筛选出高频词 231 个，总词频 5895 次；黔南布依族苗族自治州政府工作报告中三年共筛选出高频词 195 个，总词频 5370 次；黔东南苗族侗族自治州政府工作报告中三年共筛选出高频词 225 个，总词频 6477 次；六盘水市政府工作报告中三年共筛选出高频词 240 个，总词频 5730 次；汇总后共获得高频词 602 个，总词频共 52527 次。

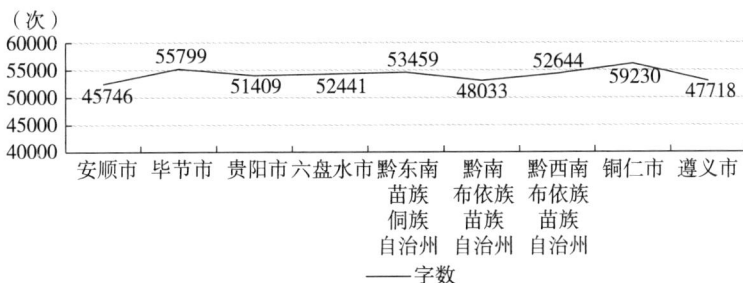

图 9-6　贵州九个地市州 2018~2020 年政府工作报告字数统计

二、历年报告高频词汇和关键词的选取

　　本章采用经济发展、人的发展、生态发展、社会发展四个维度的动态均衡分析框架，通过对政府工作报告中的关键词、高频词出现的年数、频数和排名开展计量并进行纵向和横向的比较分析，回溯性地测量了自 2017 年以来制度因素在促进经济发展质量中各个不同历史时期的特点。

---

　　①　其中在公开渠道无法找到 2018 年安顺市政府工作报告，因此安顺市的数据采用 2017 年、2019 年、2020 年。六盘水市和黔东南苗族侗族自治州 2020 年的政府工作报告尚未公布，因此采用 2017~2019 年的数据。

表 9-3　九个地市州政府工作报告高频词统计

地区	项目	1	2	3	4	5	6	7	8	9	10
遵义市	关键词	建设	增长	产业	农村	项目	建成	改革	城市	政府	工程
	词频（次）	266	106	103	95	87	84	83	80	79	76
铜仁市	关键词	建设	产业	项目	工程	改革	经济	农村	建成	增长	生态
	词频（次）	356	166	143	132	127	116	109	106	102	95
黔西南布依族苗族自治州	关键词	建设	产业	项目	农村	建成	工程	增长	旅游	投资	脱贫
	词频（次）	291	141	114	111	101	100	94	90	85	79
黔南布依族苗族自治州	关键词	建设	政府	农村	项目	增长	改革	产业	经济	脱贫	投资
	词频（次）	228	154	127	103	93	92	87	81	78	77
黔东南苗族侗族自治州	关键词	建设	旅游	产业	改革	农村	工程	经济	文化	增长	投资
	词频（次）	287	169	153	133	127	111	105	101	93	93
六盘水市	关键词	建设	产业	改革	农村	工程	政府	增长	建成	城市	项目
	词频（次）	261	153	143	114	105	94	89	88	85	83
贵阳市	关键词	建设	城市	大数据	项目	经济	增长	产业	农村	政府	改革
	词频（次）	256	145	114	113	111	109	108	108	108	88
安顺市	关键词	建设	产业	项目	旅游	改革	城市	工程	增长	农村	政府
	词频（次）	247	109	99	98	97	90	88	86	81	76
毕节市	关键词	建设	项目	政府	产业	改革	工程	农村	习近平	投资	增长
	词频（次）	251	141	110	107	103	100	90	84	83	80

表 9-3 中统计了九个地市州近三年各自排名前十的高频词，与贵州省 2007~2020 年政府工作报告高频词统计结果相同的是，无论是省级层面还是地区层面，词频最多的都是"建设"，紧接其后的高频词是"产业"，该词在铜仁市、黔西南布依族苗族自治州、六盘水市、安顺市近三年的政府工作报告中出现的频次均排名第二，在遵义市、黔东南苗族侗族自治州该词词频排名第三，体现了各个地市州将产业发展作为政府治理和政策导向的重要抓手。"农村"在各个地市州的词频排位中都进入了前十位，体现了各地市州对于农村建设和发展的高度重视。各个地方的区域特色也在高频词列表中得到体现，如安顺市的词频排列中"旅游"排第四位，黔西南布依族苗族自治

州"旅游"一词排第八位，体现了这两个地区旅游资源优势和地方政府对旅游资源的制度导向性。"大数据"一词仅在贵阳市进入高频词前十位并且排第三位，这显示了大数据产业高度集中于省会城市的特点。"增长"一词在九个地市州都进入了前十名的排位，因此贵州各地市州对增长也高度重视。

由于各个地市州的政府治理需要落实中央和省级政府的政策导向同时兼具本地区实际，本章延续前文观点按照增长稳定性、产业结构、技术进步、金融财政、扩大开放、基础设施、教育、卫生、减贫、生态发展、政府治理十一个方面把 2018～2020 年贵州省九个地市州政府工作报告中的高频词归类，同一个词至少在不同地区出现过两次及以上才被纳入统计范围，如表9-4所示。

表9-4　贵州各地市州政府工作报告高频词

一级指标	二级指标	高频词
经济发展	增长稳定性	建设、经济、增长、质量、稳定、收入、生产总值、增加值、城镇化、人均、经济发展、消费、就业、高质量
	产业结构	产业、结构、工业、服务业、转型、民营、产业发展、建筑业、制造业、旅游业
	农村发展	农业、农村、农民、农产品、乡村、乡村振兴、传统村落、现代农业
	技术进步	技术、开发、创新、科技、培育、产业园、人才、智能、智慧、创业、高新技术
	金融财政	投资、财政、资金、金融、融资
	扩大开放	开放、引进、国际、招商
	基础设施	交通、公路、铁路、高速公路、基础设施、公共服务、快速铁路
人的发展	教育	教育、培训、学校、义务教育
	卫生	卫生、医疗、健康、药品
	减贫	贫困、小康、脱贫、脱贫攻坚、贫困人口、贫困村、贫困县
生态发展	生态发展	环境、生态、环保、绿色、生态环境、污染、污水
社会发展	政府治理	改革、制度、政策、治理、监督、监管、整治

经过比较发现，省级报告中的产业化、非公有制、中小企业、农民工、

补贴、进出口、饮水、数据中心、公共卫生、异地扶贫搬迁、扶贫开发、农民增收、节能、节水、减排等词汇没有出现在地市州政府工作报告的高频词统计中，这说明省级政府在促进公平、再分配等问题上担负着更大的责任。建筑业、传统村落、现代农业、高新技术等词汇仅出现在地市州政府工作报告的高频词中。

从图9-7来看，九个地市州总体的经济发展质量的发展态势高度趋同。增长稳定性指标远高于其他类别，说明各地政府对于增长的稳定性做了大量的工作。技术进步方面，贵阳市遥遥领先，而黔南布依族苗族自治州则在这项指标中排在最后一位。在扩大开放的指标中，贵阳市也与其他八个地市州呈现完全相反的趋势。黔东南苗族侗族自治州在减贫、生态发展和政府治理指标中位居首位。遵义市在扩大开放和产业结构指标中名列末位。

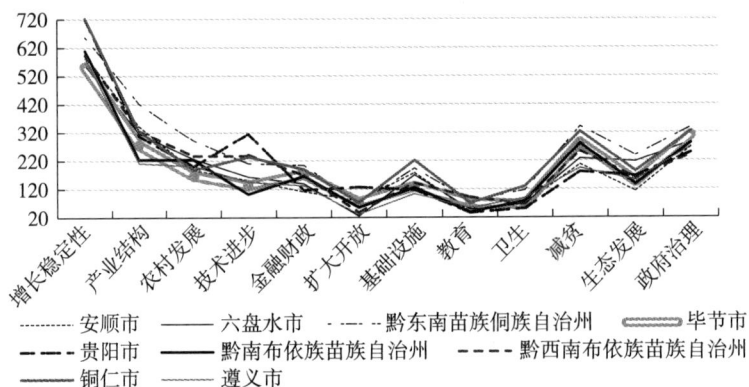

图9-7 贵州九个地市州经济发展质量政府治理指标

第四节 讨论及结论

本章在前文研究的基础上，创新地使用省市两级的政府工作报告从纵向视角和横向视角分别作为制度研究的客体并有以下发现：

无论从省级层面纵向统计还是从市州级层面的横向统计，"建设"始终在政府治理和政策导向上居于首位，与国家政府工作报告相比，揭示了在过去 14 年中，贵州从上至下对各个方面各个领域从无到有、填补空白、后发赶超的制度引领作用。

经济发展质量虽然在近年来才进入政府工作报告的话语体系，但实际上其在生态发展等方面取得的成果与制度引领关联密切，贵州的经济高增长是内涵式增长和质量型增长。

从经济发展质量的各项子指标来看，由于一个地区的财力限制，制度作为稀缺资源也难以在同一时间完全平等分配给所有的子指标，而是结合中央精神和地区特色在一定时间内集中能量解决某些问题，从已经获得的结果可知，这样的制度导向和制度设计有效并且符合地方发展的实际。

从"建设"到"发展"体现了贵州在不断完善各方面"从无到有"的同时，对于"从有到优"还存在巨大的增长空间，在这方面持续发挥制度和政府治理的作用非常重要。

值得高兴的是，贵州持续重视经济增长的内涵与质量，但本章仍然发现贵州在教育、医疗、开放和风险领域的制度导向和治理资源分配上存在不足，这将切切实实成为未来贵州经济质量持续提升的隐忧。

第十章 贵州经济发展质量的提升对策研究

一、利用地缘优势，加强与创新产业集群的联系

根据创新经济地理学的研究成果，从空间角度来看，科技创新活动在地理上比较集中，2019 年进入全球前 100 名的科技集群中有 4 个与贵州在空间上临近。全球科技排名第 21 位的广州距离贵阳 800 千米；排名第 52 位的成都距离贵阳 653 千米；排名第 67 位的长沙距离贵阳 818 千米；排名第 88 位的重庆距离贵阳 379 千米。这些全球领先的产业集群不仅在距离上与贵州接壤且临近，且呈现合围之势。

因此，充分发挥贵州在创新集群中的地理优势，可能是贵州进一步利用技术扩散红利的有利条件。虽然技术创新确实能够极大地带来经济增长，但对贵州的要素禀赋、科研能力、人力资源等现实状况而言，贵州处于全球创新产业链和价值链的中后端。因此，基于贵州实际，本章建议在重视技术创新的基础上，将重点放到技术扩散和条件收敛所带来的红利上，这对贵州经济增长和经济发展质量都是更有效率的路径选择。

二、着力解决经济发展质量中的短板

贵州在经济发展中从基础设施的适度超前建设中抓住了关键机遇，使贵州城乡差距缩小，农村居民生活水平得到了极大的提高。但本章发现，在复杂多变的不利条件下持续改善经济发展质量是困难的。第一，抓住上一轮技术扩散的尾部机遇，但这需要大量的人力资本，而贵州高等教育不仅缺乏头

部效应，其教育平均水平更是长期不振。这样的局面使贵州在多年努力建立起来的基础教育中培养出来的优秀人才选择他乡，且引进外地人力资本需要更多的资金成本。城镇化解决了大量农民进城问题，但新市民如何在自身的教育上进一步提升却是完全空白的。第二，贵州良好环境质量与低平均寿命之间的巨大逻辑反差让我们不得不反思一定是某个因素的短板造成了如此违背常理的结果。在现有因素中，医疗软实力的巨大缺口可能是造成这一问题的根本原因。第三，急剧下降的人口出生率使贵州有可能在未来失去人口红利优势，而在全国"抢人大战"日趋激烈之时，贵州却没有出台更具吸引力的政策措施，再加上研发投入的不足，这无疑为人力资本"留不足、引不来"的局面雪上加霜，陷入恶性循环。第四，金融发展滞后造成了地区信用创造能力的不足和市场竞争不充分，金融产品的创新应用跟不上时代步伐，使金融需求不能被有效满足，从而对新经济企业、民营企业等难以获得所需的金融资源。除此之外，人们的保险需求也因为没有具有创新意识的保险机构进入而不能被有效满足。以上各个方面的困局相互制约，形成一股向下拉动经济发展的旋涡。

三、维护发展的稳定性不可忽视风险因素

防范地方金融债务的流动性风险，地方政府债券的发行规模要与金融体系资金供求相协调。从 2015 年贵州大规模发行地方政府债券以来，地方金融机构人民币存贷差分别为 2015 年的 4386.7 亿元，2016 年的 5913.13 亿元，2017 年的 5228.55 亿元，2018 年的 1758.3 亿元。贵州金融体系的流动性不足，因此，防范地方债务向金融系统的流动性风险传导不容忽视。

四、合理分配政府治理资源

为界定和衡量政府治理因素为经济发展质量带来的影响。本书创新性地将地方治理变量引入经济发展质量研究。本书分别从学术界、公众舆论、政府治理这三个方向提取信息，绘制以"经济发展、社会发展、人的发展、生态发展"四个维度的词母表，并据以对于贵州省市两级高质量发展的政府治

理加以定量分析。研究发现经济发展质量虽然在近年来才进入贵州省政府工作报告的话语体系，但实际上对于生态发展、减贫等方面取得的成果与制度引领关联密切，政府治理的导向对于实现内涵式增长和质量型增长具有积极意义，将政府治理作为稀缺资源进行合理的多维度调节和配置。本书提出结合中央精神和地区要素禀赋，在不同时段集中能量解决和攻克经济发展质量提升中的关键环节这一方法是可行且有效的。从已经获得的结果来看，这样的制度导向和制度设计有效并且符合地方发展的实际。

参考文献

［1］ Abhijit Banerjee and Benjamin Moll. Why Does Misallocation Persist? ［J］. American Economic Journal：Macroeconomics, 2010, 2（1）: 189-206.

［2］ Abramovitz M. Cathing up, Forging Ahead, and Falling Behind ［J］. Journal of Economic History, 1986, 46（2）: 385-406.

［3］ Abramovitz M. Thinking about Growth ［M］. Cambridge：Cambridge University Press, 1989.

［4］ Alexander Gerscherkron. Economic Backwardness in Historical Perspective ［M］. A Book of Essays, Cambridge, The Belknap Press of Havard University Press, 1962: 301-312.

［5］ Angelos A. Antzoulatos, Nicholas Apergis, et al. Financial structure and industrial Structure ［J］. Bulletin of Economic Research, 2011（2）: 109-139.

［6］ Ardichvili A. Knowledge Management, Human Resource Development, and Internet Technology. Advances in Developing Human Resources, 2002, 4（4）: 451-463.

［7］ Arestis P., Demetriades P., Luintel K. Financial Development and Economic Growth：The Role of Stock Markets ［J］. Journal of Money Credit and Banking. 2001, 33（1）: 16-41.

［8］ Atje, Jovanovic. Stock Markets and Development ［J］. European Economic Review, 1993（37）: 632-640.

［9］ Atramovitz, Moses. Catching up, Forging Ahead, and Falling Behind ［J］. The Journal of Economic History, 1986, 46（2）: 385-406.

[10] Ayhan Kose M., Peter Nagle, Franziska Ohnsorge, et al. Global Waves of Debt: Causes and Consequences [M]. Washington DC: The World Bank, 2001.

[11] Barro R. J., Economic Growth in a Cross Section of Countries [J]. The Quanterly Journal of Eonomics, 1991, 106 (2): 407-443.

[12] Barro R. J., Lee J. W. International Comparisons of Educational Attainment [J]. Journal of Monetorry Eonomics, 1993, 32 (3): 363-394.

[13] Barro R. J., Sala-i-Martin X. Economic Growth [M]. New York; London and Montreal: McHraw-Hill, 1995.

[14] Barro R. J., Sala-i-Matin X. Covergence across State and Regions [J]. Brookings Papers on Economic Activity. 1991, 22 (1): 107-182.

[15] Beauchemin, Kenneth R.. Growth or Stagnation? The Role of Public Education [J]. Journal of Development Economics, Elsevier, 2001, vol. 64 (2): 389-416.

[16] Beck T., Levine R. External Dependence and Industry Growth: Does Financial Structure Matter? [R]. World Bank, 2000.

[17] Bils, M., Peter K. Does Schooling Cause Growth? [J]. American Economic Review, 2000 (90): 1160-1183.

[18] Boschma R. Proximity and Innovation: A Critical Assessment [J]. Regional Studies, 2005, 39 (1): 61-74.

[19] Bradford De Long and Laurence Summers. Equipment Investment and Economic Grouth [J]. The Quarterly Journal of Econamics, 1991, vol. 106, issue 2: 445-502.

[20] Brezis, Paul Krugman, Tsiddon. Leap-frogging in International Competition: A Theory of Cycles in National Technological Leadership [J]. American Economic Review, 1993, 83 (5): 1211-1219.

[21] Colin Clark. The Conditions of Economic Progress [M]. London: Macmillan, 1940.

［22］ David B. Audretsch, Paul J. J. Welfens. The New Economy and Economic Growth in Europe and the US ［M］. Berlin: Springer-verlag Berlin Press, 2002.

［23］ de Bruyn, S. M. , van den Bergh, J. C. J. M. , & Opschoor, J. B. Economic Growth and Emissions: Reconsidering the Empirical Basis of Environmental Kuznets Curves ［J］. Ecological Economics, 1998, 25 (2): 161-175.

［24］ Dollar, David, Tatiana Kleinberg, and Aarl Kraay. Growth Still is Good for the Poor ［R］. World Bank Policy Research Working Paper No. 6568, 2013.

［25］ D. S. M. Bruyn. Explaining the environmental Kuznets curve: structural change and international agreements in reducing sulphur emissions ［J］. Environment and Development Economics, 1997, 2 (4): 485-503.

［26］ Easterly, Willian. 1999, "The Ghost of Financing Gap: Testing the Growth Model Used in the International Financial Institutions." Journal of Development Economics 60 (2): 423-438.

［27］ Economic Inquiry, 2004, vol. 42, issue 1: 127-140.

［28］ Fazzari, Steven M. , R. Glenn Hubbard, Bruce C. Petersen, Alan S. Blinder, and James M. Poterba. " Financing Constraints and Corporate Investment." Brookings Papers on Economic Activity 1988, no. 1 (1988): 141-206. Vol. 1988, No. 1 (1988): 141-206.

［29］ Felix Rioja and Neven Valev. Finance and the Sources of Growth at Various Stages of Economic Development ［J］. Economic Inquiry, 42 (1): 127-140.

［30］ Gene M. Grossman, Alan B. Krueger. Environmental Impacts of a North American Free Trade Agreement ［M］. Califolia: National Bureau of Economic Research, 1991.

［31］ Gersehenkron, Alexander. Economic backwardness in historical perspective ［M］. New York: Praeger, 1962.

［32］ Goldsmith, R. W. Financial Structure and Development ［M］. New Haven: Yale University Press, 1969.

［33］ Grossman, G. , & Krueger, A. Economic Growth and the Environment

[J]. The Quarterly Journal of Economics, 1995, 110 (2): 353-377.

[34] Grossman G. M., Helpman E. Quality Ladders and Product Cycles [J]. Quarterly Journal of Economics, 1991 (58): 43-61.

[35] Grossman G. M., Krueger A. B. Environmental Impacts of the North American Free Trade Agreement [Z]. NBER Working Paper, 1991.

[36] Hall, Robert E. and Jones, Charles I., The Productivity of Nations [R]. NBER Working Paper, 1996.

[37] Hugh T. Patrick. Financial Development and Economic Growth in Underdeveloped Countries [J]. Economic Development and Cultural Change, 1966 (14): 174-189.

[38] Jayasuriya, Wodon. Measuring and Explanining the Impact of Productive Efficiency on Economic Development [J]. World Bank Economic Review, 2005, 19 (1): 121-140.

[39] Jeffery D. Sachs, M. Warner. Natural Resource Abundance and Economic Growth [R]. NBER Working Paper, 1995.

[40] Jeremy Greenwood, Boyan Jovanovic. Financial Development, Growth, and the Distribution of Income [J]. Journal of Political Economy, 1990, 98 (5): 1076-1107.

[41] King, Robert G., Rebelo Sergio. Transitional Dynamics and Economic Growth in the Neoclassical Model [J]. American Economic Review, 1993, 83 (4): 908-931.

[42] Kuznets, S. Economic Growth of Nations: Total Output and Production Structure [M]. Cambridge: Harvard University Press, 1966.

[43] Lopez Ramon, Thomas Vinod, Yan Wang. The Quality of Growth [M]. Washington DC: The World Bank, 2000.

[44] Mankiw N. G., Romer D., Weil D. N. A Contribution to the Emprics of Economic Growth [J]. The Quarterly Journal of Economics, 1992, 107 (2): 407-437.

[45] Markus Behn, Rainer Haselmann, Amit Seru, and Vikrant Vig, Does Financial Structure Shape Industry Structure? Evidence from Timing of Bank Liberalization (2014).

[46] Martinez M. , Mlachila M. The Quality of the Recent High-Growth Episode in Sub-Saharan Africa [J]. IMF Working Paper, 2013, 13 (53).

[47] M. Ayhan Fose, Peter Nagle, Franziska Ohnsorge, and Nao taka Sugawara. Global Waves of Debt: Causes and Consequences [R]. The World Bank Working Paper, 2019.

[48] Mckinnon, R. I. Money and Captal in Economic Development [M]. Washington DC: The Brookings Institution, 1973.

[49] Melyantsev, B. The Information Revolution – the Phenomenon of the "new economy" [J]. World Economy and International Relations, 2001 (2): 18-25.

[50] Montfort Mlachila, René Tapsoba, and Sampawende J. A. Tapsoba. A Quality of Growth Index for Developing Countries: A Proposal. Social Indicators Research, 134 (2): 675-710.

[51] Morrissette, S. G. A Profile of Angel Investors [J]. Journal of Private Equity, 2007, 10 (3): 52-66.

[52] Nazrul Slam. Growth Empirics: A Panel Data Approach [J]. Quarterly Journal of Economics, 1995 (110): 1127-1170.

[53] N. Shafik, S. Bandyopadhyay. Economic Growth and Environmental Quality: Time Series and Cross-country Evidence [J]. The World Bank, 1992 (7): 15-24.

[54] Paul A. David. The Dynamo and the Computer: An Historical Perspective on the Moderm Productive [J]. American Economic Review, 1990, 80 (2): 355-361.

[55] Paul Krugman. Increasing Returns and Economic Geography [J]. Journal of Political Economy, 1991, vol. 99, issue 3, 483-499.

［56］Paul Krugman. Will there be a dollar crisis? ［R］. Economic Policy, 2007: 435-467.

［57］Peter J. Klenow, Andrés Rodríguez-Clare. Economic Growth: A Review Essay ［J］. Journal of Monetary Economics, 1997, 40 (3): 597-618.

［58］Popkova E. G. , Tinyakova V. I. New Quality of Economic Growth at the Present Stage of Development of the World Economy ［J］. World Applied Sciences Journal, 2013 (24): 617-622.

［59］Pradhan R. P. , Arvin M. B. , Nair M. , et al. Endogenous Dynamics between Innovation, Financial Markets, Venture Capital and Economic Growth: Evidence from Europe ［J］. Journal of Multinational Financial Management, 2018 (45): 15-34.

［60］Ramon Lopez, Amparo Palacios. Why Has Europe Become Evironmentally Cleaner? Decomposing the Roles of Fiscal, Trade and Environmental Policies ［J］. Environmental and Resource Economics, 2014, 58 (1): 91-108.

［61］Ramon Lopez. The Environment as a Factor of Production: The Effects of Economic Growth and Trade Liberalization ［J］. Journal of Environmental Economics and Management, 1994, 27 (2): 163-184.

［62］Robert M. Solow. A Contribution to the Theory of Economic Growth ［J］. The Quarterly Journal of Economics, 1956, 70 (1): 65-94.

［63］Romer, Paul. Increasing Returns and Long Run Growth ［J］. Journal of Political Economy, 1986, 90 (6): 1002-1037.

［64］Shaw, E. S. Financial Deepening in Economic Develepment ［M］. New York: Oxford University Press, 1973.

［65］Shaw, R. I. Money and Capital in Economic Development ［M］. Washington DC: The Brookings Institution. 1973.

［66］Solw, Robert M. A. Contribution to the Theory of Economic Growth ［J］. Quarterly Journal of Economics, 1956, 70 (1): 65-94.

［67］T Beck, R Levine. External Dependence and Industry Growth: Does

Financial Structure Matter? [R]. The World Bank. 2002.

[68] Thinley L. J. Y. Gross National Happiness and Human. Development – Searching for Common Ground [R]. Gross National Happiness Discussion Papers, Centre for Bhutan Studies, 1999 (3): 123–126.

[69] Thomas M. Selden, Daqing Song. Neoclassical Growth, the J Curve for Abatement, and the Inverted U Curve for Pollution [J]. Journal of Environmental Economics and Management, 1995, 29 (2): 162–168.

[70] Thorsten Beck, Ross Levine. Stock Markets, Banks and Growth: Panel Evidence [J]. NBER Electronic Journal, 2004, 28 (3): 423–442.

[71] Van Elkan R. Catching up and Slowing down, Learning and Growth Patterns in an Open Economy [J]. Journal of International Economics, 1996, 41 (1–2): 95–111.

[72] Vladimir Teles & Joaquim Andrade. Monetary Policy and Country Risk [J]. Economics, Taylor & Francis Journals, 2008, 40 (15): 2021–2028.

[73] W. Easterly. The Ghost of Financing Gap: Testing the Growth Model Used in the International Financial Institutions [J]. Journal of Development Economics, 1999, 60 (2): 423–438.

[74] William Blankenau and Nicole Simpson . Public Education Expenditures and Growth [J]. Journal of Development Economics, 2004, 73 (2): 583–605.

[75] William Easterly, Ross Levine, Pete Klenow. It's Not Factor Accumulation: Stylized Facts and Growth Models [Z]. 2000.

[76] Xavier Sala – i – Martin. I Just Run Two Million Regression [J]. The American Economic Review, 1997, 87 (2): 178–1837.

[77] Yang S. , Li Y. , Wang X. Cohesiveness or Competiliveness: Venture Capital syndication networks and firms' performance in China [J]. Journal of Business Reserch, 2018 (91): 295–303.

[78] Young, Alwyn. The Tyranny of Numbers: Confrontingthe Statistical Realities of the East Asian Growth Experience [J]. Quarterly Journal of Economics,

1995（8）：641-679.

［79］Youn-Suk Kim, Jang-Sup Shin. The Economics of the Latecomers: Catching-up, Technology Transfer and Institutions in Germany, Japan and South Korea ［J］. Journal of Comparative Economics, 1998, 26（2）：395-397.

［80］Yousif Khalifa Al–Yousif. Education Expenditure and Economic Growth: Some Empirical Evidence from the GCC Countries ［J］. Journal of Developing Areas, 2008, 42（1）：69-80.

［81］You Suk Kim, Steven M. Laufer, Karen Pence, Richard Stanton, and Nancy Wallace. Liquidity Crises in the Mortgage Market ［J］. Finance and Economics Discussion Series, 2018（16）.

［82］Zvi Griliches. Productivity, R&D, and the Data Constraint ［J］. American Economic Review, 1994, 84（1）：1-23.

［83］巴里·诺顿. 中国经济：转型与增长 ［M］. 安佳, 译. 上海：上海人民出版社, 2010.

［84］白小滢. 环境库兹涅茨曲线与长期经济增长——内生增长模型与中国的实证研究 ［D］. 武汉：武汉大学博士学位论文, 2010.

［85］钞小静, 任保平. 中国经济发展质量的时序变化与地区差异分析 ［J］. 经济研究, 2011（4）：26-39.

［86］陈红艳. 贵州经济增长与环境质量的灰色关联度分析 ［J］. 安顺学院学报, 2014（2）：89-91.

［87］陈诗一, 陈登科. 雾霾污染、政府治理与经济高质量发展 ［J］. 经济研究. 2018, 53（2）：20-34.

［88］道格拉斯·诺斯. 经济史中的结构与变迁 ［M］. 陈郁, 译. 上海：上海三联书店, 1991.

［89］邓可斌, 曾海舰. 中国企业的融资约束：特征现象与成因检测 ［J］. 经济研究, 2014（2）：47-60.

［90］范学俊. 金融体系与经济增长：来自中国的实证检验 ［J］. 金融研究, 2006（3）：57-59.

[91] 傅晓霞，吴利学．制度变迁对中国经济增长贡献的实证分析［J］．南开经济评论，2002（4）：70-75.

[92] 干春晖，郑若谷，余典范．中国产业结构变迁对经济增长和波动的影响［J］．经济研究，2011（5）：4-16+31.

[93] 郭克莎．论经济增长的速度与质量［J］．经济研究，1996（1）：36-42.

[94] 郭佩颖．产业结构变动和经济增长的收敛性［D］．长春：吉林大学博士学位论文，2013.

[95] 郝颖，辛清泉，刘星．地区差异、企业投资与经济发展质量［J］．经济研究，2014（3）：101-113.

[96] 何强．要素禀赋、内在约束与中国经济发展质量［J］．统计研究，2014（1）：70-76.

[97] 胡晓登．贵州工业产业结构调整的硬约束与工业强省［J］．贵州财经学院学报，2011（1）：10-12.

[98] 胡晓登．贵州经济发展方式转变的重点领域、重点产业及对策体系构建［J］．贵州社会科学，2014（11）：114-117.

[99] 胡晓登．在调整产权结构和工业产业结构中提高"工业强省"质量［J］．贵州社会科学，2011（1）：81-83.

[100] 胡艺，陈继勇．基于新评价标准的中美经济发展质量比较［J］．经济管理，2010（2）：10-17.

[101] 胡咏梅，唐一鹏．"后4%时代"的教育经费应该投向何处？——基于跨国数据的实证研究［J］．北京师范大学学报（社会科学版），2014（5）：13-24.

[102] 黄宏斌，翟淑萍，陈静楠．企业生命周期、融资方式与融资约束——基于投资者情绪调节效应的研究［J］．金融研究，2016（7）：96-112.

[103] 黄茂兴，李军军．技术选择、产业结构升级与经济增长［J］．经济研究，2009（7）：143-151.

[104] 纪玉山，吴勇民．我国产业结构与经济增长关系之协整模型的建

立与实现［J］. 当代经济研究, 2006（6）: 47-51.

［105］季益烽. 金融结构的变迁与最优金融结构［D］. 天津: 南开大学博士学位论文, 2015.

［106］蒋伏心. 经济增长方式转变: 本质和关键［J］. 江苏社会科学, 1996（5）: 24-27.

［107］库兹涅茨. 现代经济增长［M］. 戴睿, 易诚, 译. 北京: 北京经济学院出版社, 1991.

［108］李变花. 中国经济发展质量研究［D］. 长春: 吉林大学博士学位论文, 2005.

［109］李佼瑞, 白桦, 赵琎. 基于空间视角的西部地区经济增长质量研究［J］. 西北大学学报（哲学社会科学版）, 2015（5）: 125-130.

［110］李京文, 汪同三. 中国经济增长的理论和政策［M］. 北京: 社会科学文献出版社, 1998.

［111］李梅玉, 罗融. 关于经济发展质量与包容性增长研究的理论回顾［J］. 湖北社会科学, 2012（7）: 92-95.

［112］李斯特. 政治经济学的国民体系［M］. 陈万煦, 译. 北京: 商务印书馆, 1961.

［113］李月. 中国金融发展与经济增长的关系研究——基于省域面板数据的分析［D］. 长春: 吉林大学博士学位论文, 2014.

［114］李子联, 王爱民. 江苏高质量发展: 测度评价与推进路径［J］. 2019（1）: 35-40.

［115］李佐军. 加快新旧动能转换, 促进经济转型升级［J］. 领导科学论坛, 2017（9）: 66-82.

［116］厉以宁. 若干经济问题的思考——在甘肃"资本市场建构与区域经济发展研讨会"上的发言［J］. 社科纵横. 2004（5）: 1-7.

［117］联合国开发计划署, 清华大学中国发展规划研究院, 国家信息中心三方合作指导的联合研究团队. 中国人类发展报告特别版: 历史转型中的中国人类发展40年: 迈向可持续未来［M］. 北京: 中国出版集团, 中译出

版社，2019.

［118］梁琪，滕建州．股票市场、银行与经济增长：中国的实证分析
［J］．金融研究，2005（10）：9-19.

［119］林兆木．关于我国经济高质量发展的几点认识［N］．人民日报，
2018-01-17（007）.

［120］刘丹和，唐诗磊，李杜．技术进步与中国经济发展质量分析
（1978-2007）［J］．经济问题，2009（3）：30-33.

［121］刘海英．中国经济发展质量研究［D］．长春：吉林大学博士学位
论文，2005.

［122］刘树成．论又好又快发展［J］．经济研究，2007（6）：4-13.

［123］刘涛雄，王伟．银行信贷结构对货币政策有效性的影响［J］．清
华大学学报（哲学和社会科学版），2013（3）：138-147.

［124］刘伟，张辉．中国经济增长中的产业结构和技术进步［J］．经济
研究，2008（11）：4-14.

［125］刘艳，马占新．基于省际面板数据的我国经济发展质量测度与分
析［J］．中国物价，2014（1）：45-47.

［126］刘遵义．东亚经济增长的源泉与展望［J］．数量经济技术经济研
究，1997（10）：88-97.

［127］卢君生，张顺明，朱艳阳．高新技术企业认证能缓解融资约束
吗？［J］．金融论坛，2018（1），52-65.

［128］卢现祥．有利于穷人的经济增长的八大问题［J］．湖北经济学院
学报，2009（9）：5-12.

［129］罗伯特·M. 索洛．通货膨胀、失业与货币政策［M］．张晓晶，
李永军，译．北京：中国人民大学出版社，2013.

［130］罗连发．居民对我国经济增长质量主观感知的评价［J］．华南农
业大学学报（社会科学版），2015（3）：132-140.

［131］马秩群，史安娜．金融发展对中国经济发展质量的影响研究——
基于 VAR 模型的实证分析［J］．国际金融研究，2012（11）：30-39.

［132］2019 年全球创新指数——打造健康生活医学创新的未来［EB/OL］. WIPO, https：//www. wipo. int/wipo _ magazine/zh/2019/04/article _ 0001. html, 2019－08.

［133］2019 年人类发展报告——超越收入, 超越平均, 超越当下：21 世纪人类发展的不平等［EB/OL］. 豆丁网, https：//www. docin. com/p－2288826560. html, 2019－12－23.

［134］潘建成, 等 . 2018 高质量发展, 步子这样迈［N］. 人民日报, 2018－01－08（017）.

［135］潘珊, 马松 . 环境质量与经济增长：代际交叠模型下的理论分析［J］. 生态经济, 2013（4）：33-38.

［136］彭智敏, 汤鹏飞, 吴晗晗 . 长江经济带高质量发展指数报告（2019）［M］. 武汉：长江出版社, 2020.

［137］邱晓华, 郑京平, 万东华, 等 . 中国经济增长动力及前景分析［J］. 经济研究, 2006（5）：4-12.

［138］任保平, 韩璐, 崔浩萌 . 进入新常态后中国各省区经济增长质量指数的测度研究［J］. 统计与信息论坛, 2015（8）：3-8.

［139］任保平, 王竹君, 周志龙 . 中国经济发展质量的国际比较［J］. 西安财经学院学报, 2015（2）：42-49.

［140］任保平 . 以质量看待经济增长：对新中国经济发展质量的评价与反思［M］. 北京：中国经济出版社, 2010.

［141］如何推动东部地区率先高质量发展［EB/OL］. 财经期刊总社, http：//www. fegph. cn/tjwz/p/54. html, 2019－12－03.

［142］沈坤荣, 傅元海 . 外资技术转移与内资经济发展质量——基于中国区域面板数据的检验［J］. 中国工业经济, 2010（11）：5-15.

［143］沈利生 . 从投资比重上升看经济发展质量［J］. 宏观经济研究, 2011（1）：25-29.

［144］史丹, 赵剑波, 邓洲 . 从三个层面理解高质量发展的内涵［N］. 经济日报, 2019－09－09.

［145］世界银行增长与发展委员会. 危机后发展中国家的增长［M］. 北京：中国金融出版社，2010.

［146］宋利格，陈迅. 西部地区经济发展质量的综合评价［J］. 统计与决策，2006（7）：113-114.

［147］宋美喆，蔡晓春. 我国经济发展质量与能源消费关系的统计检验［J］. 统计与决策，2010（14）：73-76.

［148］随洪光. 外资引入、贸易扩张与中国经济发展质量提升——基于省际动态面板模型的经验分析［J］. 财贸经济，2013（9）：85-93.

［149］谈儒勇. 中国金融发展和经济增长关系的实证研究［J］. 经济研究，1999（10）：56-60.

［150］汤向俊，任保平. 福利分配平等性与中国经济发展质量——基于新中国六十周年数据的理论和实证分析［J］. 社会科学战线，2009（9）：11-21.

［151］唐毅南. 中国经济真是"粗放型增长"吗——中国经济发展质量的经验研究［J］. 学术月刊，2014（12）：84-90.

［152］田晓文. 双向纯增量模型——以新的理论估计中国经济增长［J］. 经济研究，1997（11）：51-58.

［153］W. W. 罗斯托. 经济成长的级段［M］. 北京：商务印书馆，1962.

［154］万力. 关于贵州省经济发展质量的评价［J］. 统计与决策，2008（8）：127-129.

［155］王发明，龚荣华. 产业结构变动对经济增长的效应分析——基于浙江欠发达地区的实证［J］. 华东经济管理，2009（1）：21-24.

［156］王磊. 职业教育对经济增长贡献研究——基于省际面板数据的实证研究［J］. 中央财经大学学报，2011（8）：80-85.

［157］王维国，杜修立. 现代经济增长理论与实证研究综述［J］. 财经问题研究，2003（8）：88-89.

［158］王晓芳，于江波. 中国产业结构变动驱动要素的动态轨迹——基

于新古典经济学要素流动视角的研究［J］.上海经济研究，2015（1）：69-80.

［159］王远.投资主导的经济增长——结构、效率及转型路径［D］.开封：河南大学博士学位论文，2014.

［160］王子明，周立.中国各地区金融发展与经济增长实证分析：1978-2000［J］.金融研究，2002（10）：5-11.

［161］维诺德·托马斯，王燕著，张绘，唐仲，林渊译，增长的质量［M］.北京：中国财政经济出版社，2017.

［162］魏婕，任保平.中国各地区经济发展质量指数的测度及其排序［J］.经济学动态，2012（4）：27-33.

［163］吴敬琏.拨开经济增长的迷雾［J］.新经济导刊.2010（9）：12-13.

［164］吴敬琏.中国增长方式抉择（第4版）［M］.上海：上海远东出版社，2014.

［165］武志.金融发展与经济增长：来自中国的经验分析［J］.金融研究，2010（5）：58-68.

［166］西奥多·W.舒尔茨.报酬递增的源泉［M］.姚志勇，等译.北京：北京大学出版社，2001.

［167］西蒙·库兹涅茨.现代经济增长［M］.北京：北京经济学院出版社，1989.

［168］小罗伯特·E.卢卡斯.经济发展讲座［M］.罗汉，应洪基，译.南京：江苏人民出版社，2003.

［169］谢德金.金融发展在中国经济增长中的作用研究［D］.天津：南开大学博士学位论文，2014.

［170］谢秀桔.我国教育投资与经济增长的关系——基于面板数据和空间计量模型［J］.福州大学学报（哲学社会科学版）.2015，29（2）：54-58.

［171］邢天才，倪殿鑫.商业银行信贷产业结构效应与优化对策［J］.经济与管理研究，2019（1）：41-49.

［172］许永兵，罗鹏，张月.高质量发展指标体系构建及测度——以河北省为例［J］.河北大学学报（哲学社会科学版），2019，3：23-26.

［173］亚当·斯密．国富论［M］．孙善春，李春长，译．北京：中国华侨出版社，2011．

［174］亚当·斯密．国民财富的性质和原因研究［M］．郭大力，王亚南，译．北京：商务印书馆，1981．

［175］杨俊，李雪松．教育不平等、人力资本积累与及经济增长：基于中国的实证研究［J］．数量经济技术经济研究，2007（2）：37-45．

［176］叶初升，李慧．以发展看经济发展质量：概念、测度方法与实证分析——一种发展经济学的微观视角［J］．经济理论与经济管理，2014（12）：17-28．

［177］易刚，樊纲，李岩．关于中国经济增长与全要素生产率的理论思考［J］．经济研究，2003（8）：18-20．

［178］约瑟夫·阿洛伊斯·熊彼特．经济发展理论：对利润资本信贷利息和经济周期的探究［M］．叶华，译．北京：中国社会科学出版社，2009．

［179］约瑟夫·熊彼特．经济发展理论——对于利润、资本、信贷、利息和经济周期的考察［M］．何畏，易家详，译．北京：商务印书馆，2014．

［180］张蕾蕾，薛洪言．信贷结构变动对产业结构变动的作用机制分析［J］．上海金融，2009（12）：22-24．

［181］张平，刘霞辉，袁富华，等．中国经济增长的低效率冲击与减速治理［J］．经济研究，2014（12）：4-17+32．

［182］张月友，方瑾．如何推动东部地区率先高质量发展［J］．经济研究参考，2019（8）：55-69．

［183］张云云，张新华，李雪辉．经济发展质量指标体系构建和综合评价［J］．调研世界，2019（4）：11-18．

［184］赵树宽，余海晴，刘战礼．高等教育投入与经济增长关系的理论模型及实证研究［J］．中国高教研究，2011（9）：11-15．

［185］周振华．产业融合：产业发展及经济增长的新动力［J］．中国工业经济，2003（4）：46-52．

附　录

附表 1　贵州省政府工作报告词频分析（前 100 词）

单位：次

关键词	2007年	2008年	2009年	2010年	2011年	2012年	2013年	2014年	2015年	2016年	2017年	2018年	2019年	2020年	词频汇总	出现次数
安全	36	21	16	20	16	15	15	15	8	12	19	18	14	7	232	14
产业	29	30	16	16	43	31	41	34	44	54	33	38	47	40	496	14
城市	29	29	29	28	13	16	23	20	15	26	19	15	11	18	291	14
城乡	8	10	12	10	16	12	19	17	14	13	12	19	9	6	183	14
城镇	11	18	19	17	36	27	25	28	20	28	14	28	14	20	305	14
扶贫	11	14	10	11	15	12	6	27	18	38	20	27	27	10	246	14
改革	56	45	30	35	35	30	37	72	75	49	53	46	34	15	612	14
改造	11	10	20	17	19	20	11	11	8	18	17	17	16	16	211	14
工程	40	40	29	34	42	32	32	45	36	46	39	31	20	25	491	14
工业	17	19	18	18	16	22	11	19	13	14	11	21	18	14	231	14
贵阳	8	12	7	11	6	6	10	13	23	13	11	10	10	11	151	14
贵州	17	17	7	11	16	17	19	28	27	26	23	39	30	22	299	14
建成	9	13	11	13	13	8	23	22	24	32	17	33	16	20	254	14
建设	123	97	116	105	125	101	112	108	95	104	73	94	88	73	1414	14
教育	19	21	13	8	23	10	18	22	14	22	13	22	13	10	228	14
经济	50	34	32	40	38	45	41	39	40	36	37	40	38	28	538	14
就业	36	13	14	16	12	16	20	16	8	16	13	13	14	17	224	14
科技	12	14	8	8	15	9	15	16	17	15	9	13	10	8	169	14
旅游	25	18	7	13	12	8	21	11	7	23	19	13	13	14	204	14

关键词	2007年	2008年	2009年	2010年	2011年	2012年	2013年	2014年	2015年	2016年	2017年	2018年	2019年	2020年	词频汇总	出现次数
农村	62	47	53	53	51	45	31	29	19	37	33	49	42	26	577	14
农业	31	28	16	20	27	17	13	21	27	27	10	17	12	10	276	14
群众	30	20	13	16	16	16	12	13	9	16	8	23	16	19	227	14
人口	18	17	19	20	21	14	14	13	11	25	11	20	12	15	230	14
人民	15	16	7	15	17	10	15	12	8	16	11	26	12	11	191	14
设施	24	13	15	18	28	28	27	26	16	18	10	15	19	11	268	14
市场	12	15	18	17	12	9	15	11	16	8	7	11	8	12	171	14
收入	9	14	6	6	10	7	15	8	11	12	9	19	8	7	141	14
投资	23	11	6	15	34	41	30	37	43	32	39	31	23	8	373	14
文化	24	22	9	11	20	17	18	12	11	17	13	19	14	10	217	14
项目	34	18	25	20	28	24	24	33	27	10	23	16	24	19	325	14
新增	12	9	18	20	15	20	16	26	14	25	19	20	13	11	238	14
增长	42	30	35	34	34	34	44	27	37	58	35	37	34	26	507	14
政策	25	8	16	28	15	16	12	17	11	17	14	11	22	19	221	14
政府	55	33	28	36	30	21	29	38	28	35	33	24	31	30	451	14
治理	22	7	8	9	7	10	10	10	10	21	7	13	9	16	156	14
资源	29	26	18	11	22	11	25	20	15	11	10	11	10	14	233	14
保障	10	18	20	18	19	32	18	15	8	14	—	17	12	12	213	13
公共	13	—	10	10	13	7	18	16	15	19	14	17	12	6	170	13
监督	18	12	8	12	—	7	8	11	15	12	12	11	10	7	143	13
居民	—	15	11	7	12	9	17	10	9	12	8	15	7	10	142	13
开工	7	7	16	10	7	7	6	18	12	6	7	—	6	6	115	13
民生	—	5	8	13	13	17	14	14	12	21	14	13	11	9	164	13
强化	10	9	7	10	—	7	8	11	10	9	18	17	14	16	146	13
任务	18	12	17	10	11	8	12	—	11	12	7	12	14	12	156	13
深化	18	10	—	10	16	13	17	20	21	12	12	17	20	11	197	13
特色	10	15	13	6	13	9	19	12	14	17	—	17	12	8	165	13
制度	44	32	26	21	23	14	26	16	32	23	22	24	9	—	312	13
保护	19	11	10	6	13	—	15	8	18	12	—	9	13	11	145	12

续表

关键词	2007年	2008年	2009年	2010年	2011年	2012年	2013年	2014年	2015年	2016年	2017年	2018年	2019年	2020年	词频汇总	出现次数
财政	20	12	21	20	14	9	8	7	9	10	13	—	9	—	152	12
创新	13	7	—	—	24	17	20	12	19	30	25	28	18	22	235	12
行政	20	10	15	16	17	7	17	15	26	16	22	16	—	—	197	12
环境	25	17	11	12	16	10	16	19	17	8	—	—	15	11	177	12
技术	21	15	15	10	8	8	10	—	—	9	14	12	9	10	141	12
结构	20	14	13	9	13	12	7	13	8	12	7	8	—	—	136	12
经济社会	20	23	14	15	18	10	9	—	6	—	8	8	7	5	143	12
领域	7	6	—	8	8	—	8	9	14	9	10	16	18	7	120	12
民族	11	10	12	11	9	9	11	6	7	11	6	10	—	—	113	12
培育	—	5	—	8	10	11	9	11	24	21	11	15	11	7	143	12
贫困	14	7	7	5	8	—	8	6	—	25	11	29	26	20	166	12
生产	33	22	16	16	9	12	10	14	8	11	12	—	—	7	170	12
生态	—	21	9	—	7	7	28	34	36	36	25	33	39	23	298	12
事业	11	17	8	15	15	11	13	7	15	14	8	9	—	—	143	12
统筹	—	8	8	12	7	5	16	10	14	8	8	11	12	—	119	12
医疗	12	12	9	7	8	9	6	—	—	16	9	20	11	8	127	12
资金	20	—	17	10	7	13	8	11	10	13	15	—	21	7	152	12
服务业	8	—	—	6	7	6	—	11	9	13	6	7	11	7	91	11
规划	13	16	17	13	31	21	17	23	17	8	—	—	—	10	186	11
开放	—	9	8	—	—	15	19	21	13	21	9	14	8	8	145	11
试点	20	10	15	—	—	8	7	14	24	8	11	—	6	—	141	11
体制	14	19	6	7	—	8	10	9	10	—	9	10	—	—	112	11
稳定	10	7	10	11	—	11	9	—	9	8	9	—	8	7	99	11
我省	18	29	11	20	24	15	16	15	9	14	—	—	16	—	187	11
中央	7	—	13	15	9	—	—	11	8	10	7	8	11	8	107	11
标准	—	—	11	7	8	6	8	6	10	9	11	10	—	—	86	10
改善	12	10	8	17	13	12	9	7	—	9	6	—	—	—	103	10

关键词	2007年	2008年	2009年	2010年	2011年	2012年	2013年	2014年	2015年	2016年	2017年	2018年	2019年	2020年	词频汇总	出现次数
高速公路	—	8	7	11	10	5	11	7	7	6	—	7	—	—	79	10
贯彻	9	9	10	8	10	7	—	—	—	7	10	—	11	8	89	10
金融	—	—	—	—	9	10	8	9	13	12	16	20	12	8	117	10
生产总值	—	8	5	—	7	8	8	6	—	9	5	11	—	5	72	10
铁路	—	8	13	11	14	9	12	8	6	9	—	10	—	—	100	10
引进	—	6	—	—	7	6	8	13	9	13	14	13	—	7	96	10
增加值	—	5	5	—	—	8	11	—	10	10	7	11	6	—	79	10
增长	12	12	—	14	13	12	19	10	13	26	—	—	16	—	147	10
质量	14	9	—	8	7	—	9	9	9	8	24	25	—	—	122	10
比重	—	6	6	—	7	9	6	9	—	9	—	15	7	—	74	9
城镇化	—	8	—	—	18	5	6	14	8	10	—	7	—	5	81	9
机构	7	—	—	6	9	9	—	8	11	10	8	9	—	—	77	9
基础设施	—	—	—	—	20	16	22	16	10	13	8	10	11	—	126	9
交通	10	7	10	15	9	6	6	—	—	—	—	14	—	9	86	9
精神	7	—	—	—	8	6	7	6	—	—	6	17	16	12	85	9
困难	12	11	15	18	9	15	—	—	—	6	—	7	11	—	104	9
力度	16	18	22	25	7	16	10	—	—	8	—	—	6	—	128	9
农产品	13	9	9	12	—	—	—	—	8	8	11	7	—	6	83	9
农民	23	15	17	19	14	11	9	12	8	—	—	—	—	—	128	9
乡村	—	—	—	—	6	7	—	8	9	8	6	13	10	9	76	9
战略	7	8	6	8	11	—	—	—	9	9	9	10	—	—	77	9
覆盖	—	—	—	—	8	7	6	7	—	13	9	28	12	—	90	8
监管	15	12	10	7	—	9	—	—	6	—	7	—	7	—	73	8
开发	17	18	12	13	18	11	—	12	11	—	—	—	—	—	112	8
人均	—	12	14	11	15	7	15	—	—	6	—	9	—	—	89	8

附表 2 贵州省各地市州政府工作报告词频分析（前 100 词）

单位：次

关键词	安顺	六盘水	黔东南苗族侗族自治州	毕节	贵阳	黔南布依族苗族自治州	黔西南布依族苗族自治州	铜仁	遵义	合计	出现次数
建设	247	261	287	251	256	228	291	356	266	2443	27
产业	109	153	153	107	108	87	141	166	103	1127	27
项目	99	83	79	141	113	103	114	143	87	962	27
农村	81	114	127	90	108	127	111	109	95	962	27
改革	97	143	133	103	88	92	63	127	83	929	27
政府	76	94	90	110	108	154	78	94	79	883	27
工程	88	105	111	100	85	72	100	132	76	869	27
增长	86	89	93	80	109	93	94	102	106	852	27
城市	90	85	55	78	145	67	41	91	80	732	27
建成	72	88	67	66	85	62	101	106	84	731	27
经济	49	62	105	68	111	81	63	116	54	709	27
旅游	98	67	169	53	58	34	90	69	38	676	27
投资	58	64	93	83	49	77	85	78	53	640	27
脱贫	53	40	87	73	62	78	79	84	57	613	27
扶贫	49	69	83	68	31	46	66	79	50	541	27
生态	39	60	71	45	54	44	61	95	55	524	27
新增	45	52	65	52	61	67	55	58	49	504	27
改造	57	52	41	52	55	44	56	60	41	458	27
攻坚	42	49	60	43	48	66	47	67	31	453	27
人民	44	36	52	47	60	61	55	58	38	451	27
习近平	38	64	40	84	54	50	40	36	42	448	27
安全	31	73	40	42	54	32	58	50	66	446	27
创新	46	41	55	42	71	57	39	49	45	445	27
设施	52	50	46	36	32	51	63	58	37	425	27
群众	31	46	56	54	52	42	31	54	48	414	27
环境	37	52	52	43	44	52	43	42	43	408	27
教育	40	48	60	41	27	32	48	61	46	403	27

关键词	安顺	六盘水	黔东南苗族侗族自治州	毕节	贵阳	黔南布依族苗族自治州	黔西南布依族苗族自治州	铜仁	遵义	合计	出现次数
治理	43	39	44	41	58	45	60	29	43	402	27
工业	52	36	40	41	55	51	35	34	43	387	27
农业	39	65	70	29	37	36	36	35	33	380	27
深化	50	27	41	36	32	46	24	54	33	343	27
公共	44	36	62	32	34	34	29	42	21	334	27
就业	22	25	42	36	40	40	57	32	35	329	27
城镇	46	42	72	42	27	61	53	55	34	432	26
特色	55	41	74	49	35	35	64	33	33	419	26
脱贫攻坚	37	28	54	47	43	59	43	52	19	382	26
创建	32	43	36	31	20	35	39	63	50	349	26
乡村	41	32	51	39	26	38	49	32	29	337	26
人口	24	38	56	33	33	40	36	43	24	327	26
医疗	27	34	44	35	22	22	31	50	45	310	26
监督	40	29	32	41	13	35	25	30	43	288	26
民生	15	35	29	27	37	37	31	46	25	282	26
文化	47	51	101	16	18	45	33	58	52	421	25
覆盖	23	52	43	25	16	34	35	33	53	314	25
城乡	36	26	38	35	25	43	17	44	36	300	25
绿色	31	41	57	35	32	19	7	45	30	297	25
金融	20	23	54	39	27	26	24	40	32	285	25
示范	21	25	27	28	42	27	41	41	32	284	25
保障	23	30	25	29	33	40	42	19	26	267	25
贫困	25	52	60	57	29	40	41	49	27	380	24
培育	32	35	59	19	18	26	46	34	32	301	24
扎实	31	9	41	40	20	27	42	29	22	261	24
质量	27	38	27	21	24	18	27	44	33	259	24
政策	23	18	36	33	25	37	17	40	20	249	24
精神	22	32	15	33	36	31	7	26	26	228	24

续表

关键词	安顺	六盘水	黔东南苗族侗族自治州	毕节	贵阳	黔南布依族苗族自治州	黔西南布依族苗族自治州	铜仁	遵义	合计	出现次数
强化	27	28	29	19	34	43	31	44	27	282	23
资金	20	16	25	35	19	27	38	42	18	240	23
领域	34	25	31	28	26	31	22	15	10	222	23
小康	24	25	25	20	15	32	15	30	28	214	23
中国	15	20	22	27	37	20	22	23	27	213	23
大数	25	27	30	20	114	5	55	52	34	362	22
融合	65	7	20	20	52	18	35	39	36	292	22
战略	18	26	31	20	27	22	26	49	28	247	22
省级	33	47	17	35	16	24	18	42	10	242	22
健康	32	14	43	10	29	27	10	49	21	235	22
开放	26	12	25	34	36	28	6	33	18	218	22
增加值	51	15	18	22	28	26	23	12	18	213	22
引进	21	13	31	26	34	9	32	17	13	196	22
收入	9	27	28	10	30	26	14	26	23	193	22
搬迁	21	21	29	16	16	21	21	40	6	191	22
大数据	25	27	30	20	114	—	55	51	34	356	21
整治	18	11	18	44	29	40	42	9	26	237	21
贵州	14	21	22	28	59	12	14	36	8	214	21
任务	12	49	27	11	18	34	29	20	16	216	20
保护	—	27	41	21	17	24	6	39	26	201	20
市场	11	25	32	16	28	28	22	10	27	199	20
攻坚战	12	—	8	52	22	27	29	19	24	193	20
专项	18	22	27	19	16	26	13	18	30	189	20
卫生	9	20	29	19	—	28	26	20	22	173	20
增长1	33	37	7	35	27	24	13	40	35	251	19
制度	29	21	44	28	9	12	8	40	27	218	19
行政	14	29	37	11	10	39	18	28	31	217	19
中央	17	21	17	32	25	38	7	17	5	179	19

续表

关键词	安顺	六盘水	黔东南苗族侗族自治州	毕节	贵阳	黔南布依族苗族自治州	黔西南布依族苗族自治州	铜仁	遵义	合计	出现次数
帮扶	7	—	39	25	16	21	24	24	20	176	19
贯彻	23	8	16	30	21	24	14	8	12	156	19
结构	13	24	13	21	26	24	7	7	20	155	19
规划	19	24	7	35	30	6	29	59	28	237	18
高质量	13	13	10	15	41	43	15	14	26	190	18
生产	20	52	18	17	13	—	31	—	38	189	18
升级	32	32	—	23	8	18	14	34	7	168	18
事业	21	—	26	26	7	21	25	22	6	154	18
基础设施	35	17	32	28	7	26	15	28	—	188	17
债务	13	24	17	6	15	22	21	14	29	161	17
服务业	30	22	40	18	23	—	27	—	—	160	17
统筹	12	40	29	14	—	27	7	22	7	158	17
新时代	11	19	16	32	26	14	7	15	18	158	16
试点	9	33	32	—	27	14	—	24	19	158	16
农产品	15	—	21	8	24	8	35	12	29	152	16
资源	21	29	16	20	14	9	6	11	22	148	16
稳定	17	18	6	8	28	29	10	13	17	146	16

索　引

后　记

经济发展质量看起来是一个人人都能聊上两句的话题，各级地方政府、各个媒体更是言必提"高质量发展"，看起来一切的政策取向和资源分配都在向实现"高质量发展"这个目标倾斜；学术研究中也出现"高质量发展是个筐，什么都能往里装"的现象。可哪怕稍微深入一点的挖掘就会发现，一万个人心中有一万种不同的经济发展质量的评价方式，对于到底什么是经济发展质量尚且没有定论，更别提高质量的增长。在研究的过程中笔者发现，想要对经济发展质量的问题哪怕做上一丁点儿的理论贡献，至少需要深刻理解三四百年来各个经济学流派的观点和主张，并对制度经济学、新结构主义经济学、金融学、财政学、教育经济学、生态学、创新经济地理学等众多领域有足够深入的认识。对外要着眼全球的经济质量变化，对内要洞察身边的点点滴滴。遗憾的是，虽然在中国社科院博士后在站期间我已尽我所能拓展自己的能力边界，对于如此庞大的理论体系仍然感觉到自己就像沧海一粟，也在一次又一次的为经济学的殿堂之美惊艳不已的同时，深刻地体会到自己的渺小和无知。

如何实现经济高质量增长无疑是当前学术界和实践界共同关注的焦点，资本、能源、土地乃至商品和服务质量都受到众多学者的重视。但在国际同行已经公认教育、医疗、减贫、减少不平等是经济发展的重要目标时，大多数的国内文献即使提到人的因素，也仅以人力资本、劳动力等词汇表达，漠视了教育和医疗等指标。当笔者看到时仍然感到痛心和焦虑，教育和医疗不仅是人类的根本需求和构成美好生活的重要基础，也是推进经济质量进一步增长的根基。虽然经济增长会带动一部分教育、医疗的发展，但这与直接将其作为指标体系的一部分起到制度和政策的导向性作用的效果不可相比。是的，我们爱护环境、节约能源、扶持企业，却独独忘了满足自己的需求，缺乏了人性关怀的指标体系可以说是不健全的。只有当每一个人都过得更好的时候，我们才能真正自信地说我们的经济增长是有质量的增长。

从 2015 年在贵州师范大学从事教学科研以来和中国社会科学院工业经济研究所博士后流动站、贵州社会科学院博士后工作站的研究经历，使我对贵州经济发展质量提升问题产生了浓烈的兴趣。

长期以来，无论从外界的认知还是贵州人自己的定位，都被这三句话框定，然而时至今日这三句话的枷锁已被打破。"天无三日晴"，这个实在算不上缺点，湿润的气候造就了爽爽的贵州；"人无三分银"，农村居民的生活质量在持续强劲的经济增长下有了极大的改善；"地无三尺平"，被县县通高速、纵横交错的高铁通达能力所征服。但经过对贵州发展质量全景式的探究，本书发现，这些改变是历史性的突破，但潜伏在下方的短板却没有随着经济增长、交通顺达和人民小康而被解决，因为这些领域只能靠制度变革来实现突破，加大投入也是必须的，但却不足以攻克这些难关。而这些方面却是经济发展中的核心和灵魂。

本书的研究虽然落脚点在贵州，但这并不是一项视野局限的研究，贵州的跨越、成就和与之相伴的风险无论从全国范围来看还是全球范围来看都有着显著的学术价值和实践意义。